新能源汽车关键技术丛书
总顾问 原诚寅

# ModelBase
## 智能驾驶建模仿真与应用

〔澳〕张 农 彭剑坤 王泽兴 主 编
郑敏毅 吴 钊 张 媛 副主编

电子工业出版社·
Publishing House of Electronics Industry
北京·BEIJING

## 内 容 简 介

本书以 ModelBase 为平台，围绕智能驾驶建模仿真与应用，首先介绍智能驾驶仿真测试方法，其次介绍车辆动力学模型与仿真应用、智能驾驶仿真测试场景建模和智能驾驶感知系统建模与仿真应用，再次介绍智能驾驶功能仿真应用和联合仿真测试综合实例，最后介绍智能驾驶仿真软件发展的趋势与展望，形成智能驾驶测试方法—建模—联合仿真完整的智能驾驶仿真流程。本书配有大量的应用实例讲述 ModelBase 智能驾驶仿真测试应用，读者可以通过丰富的仿真实例学习，掌握 ModelBase 智能驾驶仿真技术。

全书共 7 章，图文并茂、案例丰富、逻辑严谨、文字精练、通俗易懂，主要面向车辆工程专业相关的高年级本科生和研究生，以及从事车辆工程研发的人员。

未经许可，不得以任何方式复制或抄袭本书之部分或全部内容。
版权所有，侵权必究。

**图书在版编目（CIP）数据**

ModelBase 智能驾驶建模仿真与应用 /（澳）张农，彭剑坤，王泽兴主编. -- 北京：电子工业出版社，2024. 8. --（新能源汽车关键技术丛书）. -- ISBN 978-7-121-48492-6

Ⅰ. U463.61

中国国家版本馆 CIP 数据核字第 2024A07C30 号

责任编辑：关永娟　　特约编辑：田学清
印　　刷：三河市良远印务有限公司
装　　订：三河市良远印务有限公司
出版发行：电子工业出版社
　　　　　北京市海淀区万寿路 173 信箱　邮编：100036
开　　本：787×1 092　1/16　印张：14.25　字数：364.8 千字　彩插：1
版　　次：2024 年 8 月第 1 版
印　　次：2024 年 8 月第 1 次印刷
定　　价：59.00 元

凡所购买电子工业出版社图书有缺损问题，请向购买书店调换。若书店售缺，请与本社发行部联系，联系及邮购电话：(010) 88254888，88258888。
质量投诉请发邮件至 zlts@phei.com.cn，盗版侵权举报请发邮件至 dbqq@phei.com.cn。
本书咨询联系方式：(010) 88254154，guanyj@phei.com.cn。

# 编委会

总 顾 问：原诚寅

主　　编：张　农　彭剑坤　王泽兴

副 主 编：郑敏毅　吴　钊　张　媛

参编人员：（按姓氏笔画排序）

于双志　马志凯　马雨晗　于　静　王天天　王少洁　王　明

田文博　朱　波　杨义军　杨　军　余安江　杨佳晨　杨卓然

杨恒杰　张凯林　张　星　张　斌　季　双　周嘉璇　赵鸿铭

施烨波　郝　维　黄思德　韩　迪　蔺会光

# 序

　　汽车仿真测试软件是汽车产品与技术研发过程中降本增效的得力工具,尤其是在数字化驱动的汽车智能化开发时代,汽车仿真测试软件更是决定企业产品开发效率与质量、形成竞争优势的重要因素之一。当前,中国已从汽车大国迈向汽车强国,我国在机械加工、航空航天、海洋工程装备甚至是芯片领域都取得了非常大的突破,但是在汽车仿真测试软件方面还一直存在较大的短板,尤其在一些细分领域如整车动力学仿真领域,一直被国外的仿真软件垄断。

　　客观地说,从技术实现层面上,我们完全有能力开发水平相当甚至更好的汽车仿真测试软件产品。国内一些高校、科研院所都曾开发过不同复杂度的车辆动力学仿真软件并且推向了市场,但遗憾的是自主可控的汽车仿真测试软件产业生态没有培育成长起来。究其原因,一方面是国外仿真软件的垄断地位很难撼动,国外软件构建的生态、用户黏性、用户思想观念已经形成了先期优势;另一方面,用户操作类软件都需要大量的用户使用和长期的迭代才能打磨出一款优秀的产品,才能直面国外成熟软件的竞争。这就意味着在软件开发和打磨期间需开发者投入大量的资源,在市场快速变化的今天,很少有企业或者个人有能力且愿意支撑这样的研发投入。

　　ModelBase 是一款成熟的、自主的车辆动力学仿真软件,经过五年的开发迭代,已经成功进入了国内众多主流整车厂商研发体系,在激烈的市场竞争中占据一席之地。一汽、东风、蔚来、比亚迪等汽车厂已开始使用,但市面上关于 ModelBase 软件的相关专著或教材尚比较缺乏。本书基于 ModelBase 软件平台,以"智能驾驶仿真"为主线,围绕智能驾驶仿真建模与应用,系统介绍了测试方法—建模—联合仿真完整的智能驾驶仿真流程。读者可以通过丰富的仿真实例进行学习,掌握 ModelBase 智能驾驶仿真技术。因此,本书不但填补了国产软件平台智能驾驶仿真教材的空白,同时对于推动国产仿真软件使用和相关人才培养,形成自主可控的汽车专业开发软件工具链生态都具有重要意义。

我相信，随着国家政策的支持、汽车软件使用者的包容、软件开发商的坚守，ModelBase 软件会越来越完善，国产自主仿真软件产业会越来越成熟，整个汽车行业也会涌现越来越多优秀的自主汽车工业软件，跟随中国汽车走向世界。作为一个中国汽车人，我感到非常的骄傲和自豪。

2024 年 6 月

# 前言

在汽车智能化发展时代，无论是新能源汽车企业还是传统汽车企业，都在发展智能驾驶技术，高校和科研院所中有越来越多的研究人员从事智能驾驶研究。目前，市面上已有的智能驾驶专著和教材主要以 PreScan、CarSim 等国外软件为平台，缺少以国产软件为平台的智能驾驶仿真教材。本书以国产车辆动力学仿真软件 ModelBase 平台为基础，讲述了智能驾驶仿真测试方法、车辆动力学模型与仿真应用、智能驾驶仿真测试场景建模、智能驾驶感知系统建模与仿真应用、智能驾驶功能仿真应用等内容。本书不仅提供了大量仿真实例，还提供了大量仿真实例的学习视频，便于读者下载学习。

本书共 7 章，第 1 章为绪论，讲述了智能驾驶仿真技术现状，介绍了智能驾驶仿真测试方法及智能驾驶仿真软件，为后续章节奠定了理论基础；第 2 章介绍了车辆动力学模型、汽车智能驾驶试验基础，为后续智能驾驶仿真提供了理论模型；第 3 章介绍了智能驾驶仿真测试场景建模；第 4 章介绍了智能驾驶感知系统建模，如超声波传感器、毫米波雷达等，为后面章节的智能驾驶仿真提供了感知系统模型；第 5 章介绍了智能驾驶功能仿真应用，包括前向碰撞预警系统、自适应巡航控制系统、车道偏离预警系统等；第 6 章介绍了 MIL、SIL 和 HIL 的联合仿真测试综合实例；第 7 章介绍了智能驾驶仿真软件及国创数字化仿真云平台的发展趋势。

本书配套提供电子课件及书中相关案例的素材文件，读者可注册登录华信教育资源网（www.hxedu.com.cn）搜索书名或 ISBN 号，进入本书主页免费下载。感谢您选择本书，希望我们的努力对您的工作和学习有所帮助。因编者水平有限，书中难免有不足和疏漏之处，恳请使用本书的广大教师、读者提出宝贵意见和建议，以便我们不断改进。

编　者
2024 年 6 月

# 目 录

第1章 绪论 ········································································· 001
  1.1 智能驾驶概述 ································································ 001
  1.2 智能驾驶仿真技术现状 ······················································ 002
  1.3 智能驾驶仿真测试方法 ······················································ 002
  1.4 智能驾驶仿真软件 ·························································· 003
    1.4.1 国外智能驾驶仿真软件 ············································· 004
    1.4.2 国内智能驾驶仿真软件 ············································· 006
  思考题 ········································································· 008

第2章 车辆动力学模型与仿真应用 ··················································· 009
  2.1 车辆动力学概述 ····························································· 009
  2.2 车辆动力学模型 ····························································· 010
    2.2.1 车身模型 ·························································· 010
    2.2.2 转向系统模型 ····················································· 012
    2.2.3 悬架系统模型 ····················································· 012
    2.2.4 动力传动系统模型 ················································· 014
    2.2.5 制动系统模型 ····················································· 016
    2.2.6 轮胎模型 ·························································· 017
    2.2.7 风阻模型 ·························································· 022
  2.3 汽车智能驾驶试验基础 ······················································ 023
    2.3.1 整车性能试验 ····················································· 023
    2.3.2 智能驾驶试验 ····················································· 032
  2.4 仿真实现 ··································································· 040

| 思考题 | 050 |

# 第3章 智能驾驶仿真测试场景建模 051

## 3.1 场景建模概述 051
## 3.2 仿真路网建模 052
### 3.2.1 OpenDRIVE 道路标准 052
### 3.2.2 路网建模方法 056
### 3.2.3 路网创建实例 059
## 3.3 仿真场景建模 068
### 3.3.1 OpenSCENARIO 场景标准 069
### 3.3.2 场景建模方法 070
### 3.3.3 场景创建实例 072
## 思考题 080

# 第4章 智能驾驶感知系统建模与仿真应用 081

## 4.1 智能驾驶感知系统概述 081
## 4.2 超声波传感器 082
### 4.2.1 超声波传感器的工作原理 083
### 4.2.2 超声波传感器的建模方法 085
### 4.2.3 超声波传感器的仿真应用 087
## 4.3 毫米波雷达 091
### 4.3.1 毫米波雷达的工作原理 092
### 4.3.2 毫米波雷达的建模方法 094
### 4.3.3 毫米波雷达的仿真应用 096
## 4.4 激光雷达 101
### 4.4.1 激光雷达的工作原理 101
### 4.4.2 激光雷达的建模方法 102
### 4.4.3 激光雷达的仿真应用 103
## 4.5 摄像头 106
### 4.5.1 摄像头的工作原理 107
### 4.5.2 摄像头的建模方法 108
### 4.5.3 摄像头的仿真应用 111
## 4.6 全球导航卫星系统 115
### 4.6.1 GNSS 的工作原理 116
### 4.6.2 GNSS 的建模方法 118
### 4.6.3 GNSS 的仿真应用 119

思考题 …… 122

# 第 5 章　智能驾驶功能仿真应用　123

5.1　智能驾驶功能仿真概述 …… 123
5.2　前向碰撞预警系统 …… 125
　　5.2.1　系统建模 …… 125
　　5.2.2　仿真实例 …… 126
5.3　自适应巡航控制系统 …… 131
　　5.3.1　系统建模 …… 133
　　5.3.2　仿真实例 …… 135
5.4　车道偏离预警系统 …… 138
　　5.4.1　系统建模 …… 138
　　5.4.2　仿真实例 …… 139
5.5　车道保持系统 …… 143
　　5.5.1　系统建模 …… 145
　　5.5.2　仿真实例 …… 146
5.6　自动泊车系统 …… 151
　　5.6.1　系统建模 …… 154
　　5.6.2　仿真实例 …… 156
5.7　基于导航的自动驾驶辅助系统 …… 159
　　5.7.1　系统建模 …… 163
　　5.7.2　仿真应用 …… 165
5.8　自主代客泊车系统 …… 168
　　5.8.1　系统建模 …… 169
　　5.8.2　仿真实例 …… 171
　　思考题 …… 174

# 第 6 章　联合仿真测试综合实例　175

6.1　联合仿真测试概述 …… 175
6.2　MIL 仿真实例 …… 176
6.3　SIL 仿真实例 …… 185
　　6.3.1　FMU 方式联合仿真实例 …… 186
　　6.3.2　API 方式联合仿真实例 …… 191
6.4　HIL 仿真实例 …… 194
　　6.4.1　NI 实时系统 HIL 联合仿真实例 …… 195

  6.4.2 Concurrent 实时系统 HIL 联合仿真实例 ················································ 201

 思考题 ································································································· 205

## 第 7 章 趋势与展望 ················································································ 206

7.1 智能驾驶仿真软件技术展望 ······································································ 206

7.2 工业软件辅助技术展望 ············································································ 207

  7.2.1 工业云平台技术 ············································································ 207

  7.2.2 软件云化技术 ··············································································· 208

  7.2.3 硬件技术 ····················································································· 209

  7.2.4 云端数据管理与分析 ······································································ 209

  7.2.5 辅助工具 ····················································································· 209

7.3 国创数字化仿真云平台 ············································································ 210

  7.3.1 云资源管理 ·················································································· 210

  7.3.2 设计数据管理 ··············································································· 210

  7.3.3 仿真数据管理 ··············································································· 212

  7.3.4 仿真工具链 ·················································································· 212

**参考文献** ································································································· 214

# 第 1 章　绪论

**导读**：本章着重介绍智能驾驶概述、智能驾驶仿真技术现状、智能驾驶仿真测试方法及智能驾驶仿真软件。通过本章的学习，读者将详细了解智能驾驶仿真技术及仿真测试方法，同时对智能驾驶仿真软件具有初步了解，为后面章节的学习奠定基础。

## 1.1　智能驾驶概述

智能驾驶汽车在真正商业化应用前，需要经过大量的道路测试才能达到商用要求。通过实车道路测试优化智能驾驶算法耗费的时间和成本太高，且开放道路测试仍受到法规限制，极端交通条件和场景复现困难，测试安全存在隐患。各国交通环境大相径庭，形成全球产业链体系比较困难。因此，智能驾驶产业链的全球化发展和技术交流仍面临诸多实际问题，基于场景库的仿真测试是解决智能驾驶研发测试挑战的主要路线。

目前，智能驾驶仿真测试已经被行业广泛接受。《中国自动驾驶仿真技术蓝皮书 2020》统计数据显示，目前智能驾驶算法测试大约 90% 通过仿真平台完成，9% 在测试场完成，1% 通过实际道路测试完成。

## 1.2　智能驾驶仿真技术现状

智能驾驶仿真指利用计算机技术模拟车辆、交通环境及驾驶行为，以评估智能驾驶系统的性能和安全性。由于实车测试的成本大、风险高，因此仿真平台在智能汽车研究中发挥了重要作用。

国内诸多高校为智能驾驶仿真平台的搭建做出了突出贡献。其中，清华大学王建强教授团队为驾驶辅助系统（DAS）的开发提供了低成本的仿真平台，该平台结合了两条仿真回路，即硬件在环（HIL）和驱动在环（DIL）。上海交通大学智能车实验室研究团队设计了CyberTORCS仿真平台，旨在模拟传感器行为和周围车辆环境。该仿真平台能够提供各种信息，以帮助实现和评估所开发的算法。军事交通学院团队提出了智能交通半实物仿真平台，该平台能够使缩微智能车实现完全模拟真车在真实道路环境下的驾驶行为，为交通系统仿真与智能交通系统的研究提供了有益借鉴。长安大学团队提出了基于数字孪生技术的车辆在环（VIL）测试方法，并给出了原型系统。该系统不仅有可以生成场景并传输到虚拟机的感知设备，还可以用于模拟智能驾驶汽车行驶路况，并实时监测和评估智能驾驶汽车的性能。同时，国内的诸多实验室和测试中心相继取得杰出成果，如国内CATARC汽车测试中心基于Carmaker动力学软件平台和真实车辆数据构建了车辆动力学模型，实现了车辆动力学模型参数的标定。

广州汽车集团股份有限公司美国硅谷研发中心从原始设备制造商（Original Equipment Manufacturer，OEM）的角度出发，提出灵活、可扩展的虚拟平台。该平台可以根据不同的系统资源，实现不同通道的并行模拟，引入基于地图数据和标准路网格式的半自动方法生成不同场景，并对典型的感知算法进行了可视化和评估。根据NVIDIA的研究，使用DGX系统和新的TensorRT 3进行超实时仿真，在5小时内可以行驶近30万英里，相当于在2天内行驶完美国的每条柏油路。马来西亚工艺大学研究团队开发了车辆驾驶模拟器运动平台，该平台基于6自由度Stewart平台配置，模拟驾驶环境的可视化数据库系统和计算车辆响应的车辆动力学模型与运动平台集成，以模拟虚拟环境中的车辆运动。印度拉夫里科技大学研究团队基于深度卷积神经网络的仿真技术实现了多车同时仿真。

综合来看，智能驾驶仿真技术在国内外都是备受关注的研究领域，各国在平台建设、技术研发等方面积极探索，推动智能驾驶仿真技术快速发展。

## 1.3　智能驾驶仿真测试方法

从20世纪50年代至今，汽车的控制系统一直在不断发展和完善，从起初的发动机控制到底盘控制，到车载信息娱乐系统控制，到先进驾驶辅助系统（Advanced Driving Assistance System，ADAS）控制，再到更高等级的智能驾驶，汽车系统结构越来越复杂，迭代更新速度越来越快。为了保证系统的有效性和高效性，汽车行业诞生了一套先进的测试理论和流程，我们称这套流程为汽车 V 字开发流程。汽车 V 字开发流程如图 1-1 所示。

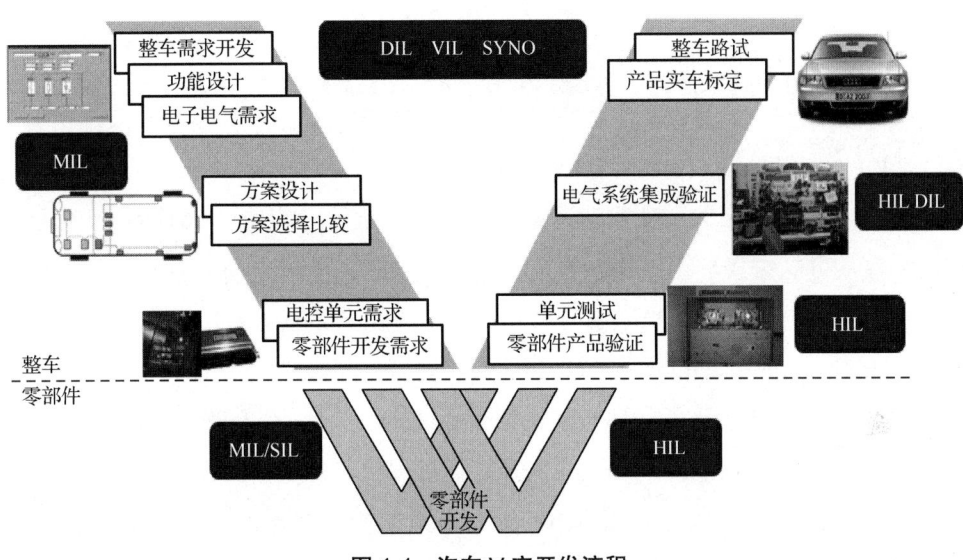

图 1-1　汽车 V 字开发流程

汽车 V 字开发流程是在快速应用开发（Rap Application Development，RAD）模型的基础上演变而来的，包括整车需求开发、功能设计、电子电气需求等。不同于传统的正向开发过程，汽车 V 字开发流程强调软件开发的协作和速度，它将软件实现和验证有机地结合起来，使软件生命周期中每个开发活动都对应一个测试活动，并且二者同时进行，可以在保证较高软件质量的情况下缩短开发周期。

针对智能驾驶的仿真测试同样必须满足汽车 V 字开发流程，具备覆盖模型在环（MIL）、软件在环（SIL）、HIL、VIL 全流程验证能力。除了通过纯软件方式接入感知、决策、控制系统完成闭环测试，还需要通过仿真环境，结合部分硬件系统的计算结果进行测试，验证软件和硬件的兼容性和功能完整性。

## 1.4　智能驾驶仿真软件

智能驾驶仿真主要包含车辆动力学仿真、场景仿真、交通流仿真、传感器仿真等。大部分智能驾驶仿真软件都具备这些模块，只是每款仿真软件的侧重不同，分别占据不同的市场。

## 1.4.1 国外智能驾驶仿真软件

国外智能驾驶仿真软件起步较早，发展较成熟，且大部分仿真软件都有明显的侧重点。其中，侧重车辆动力学仿真的软件有 CarSim、ASM、CarMaker、DYNA4、VI-grade；侧重场景仿真的软件有 VTD、SCANeR、Prescan、CARLA；侧重交通流仿真的软件有 Vissim、SUMO；侧重传感器仿真的软件有 ANSYS 的 VRXPERIENC。也有部分仿真软件同时具备车辆动力学仿真、场景仿真、交通流仿真和传感器仿真等模块，如 IPG 的 CarMaker。

### 1. 车辆动力学仿真软件

CarSim 原属于国际著名的科研机构密歇根大学交通运输研究所（UMTRI），是专门的车辆动力学仿真软件，可以仿真车辆对驾驶员、路面及空气动力学输入的响应，主要用来预测和仿真整车的操纵稳定性、制动性、平顺性、动力性和经济性。该软件被广泛应用于车载控制器的开发和测试，如 SIL 测试和 HIL 测试。CarSim 每年更新一个版本，主要是对车辆结构的进一步细化、对不同仿真平台的支持扩展、提供一些便于测试的小工具，整体而言，软件更新速度很慢。近年来，智能驾驶技术发展迅速，CarSim 也开始提供用于智能驾驶仿真的 ADAS，其包含简单的场景仿真和传感器仿真，但由于产品起步晚、更新速度慢，因此 ADAS 在国内应用很少。

ASM 是德国 dSPACE 公司开发的车辆动力学仿真软件，主要用于车辆动力域、底盘域控制器的虚拟仿真测试，配合 dSPACE 公司的其他软硬件系统，给主机厂提供完整的 MIL、HIL 仿真解决方案。dSPACE 公司也具备场景仿真工具 MotionDesk 和传感器仿真工具 SensorSim，可以配合 ASM 用于 L2 级别的智能驾驶仿真测试，但由于工具渲染效果不佳、传感器种类和精度较差，因此在智能驾驶仿真领域应用较少。近年来，dSPACE 公司也推出了新版场景仿真软件 AURELION，该软件将 MotionDesk 和 SensorSim 的功能集成到一起，并在传感器仿真领域提供扩展功能和更高的精度。

DYNA4 是一款综合性的智能驾驶仿真软件，包含车辆动力学仿真、场景仿真、传感器仿真模块。但是场景仿真、传感器仿真更新速度慢，仿真效果差，在智能驾驶仿真测试中应用较少。

VI-grade 的 VI-CarRealTime 模块专注于车辆动力学仿真，源于 ADAMS，大部分系统采用多体动力学方式求解，具备较高的仿真精度，主要用于驾驶模拟器开发、车载控制器的性能优化和测试。

### 2. 场景仿真软件

VTD（Virtual Test Drive）是德国 VIRES 公司开发的一套用于智能驾驶辅助系统、主动安全和智能驾驶的完整模块化仿真软件。VTD 在 Linux 平台运行，其功能覆盖了道路环境建模、交通场景建模、天气和环境模拟及高精度的实时画面渲染等。德国 VIRES 公司是智能驾驶仿真开放格式 OpenDrive、OpenCRG 和 OpenScenario 的主要贡献者，VTD 的功能和存储也依托于这些开放格式。VTD 的场景搭建主要包括道路环境搭建、动态场景配置这两个步骤。道路环境等静态场景的搭建使用道路编辑器完成；动态场景配置使用场景编辑器实现。

SCANeR studio 是一款综合性的仿真软件，具备构建超真实的虚拟世界所需的所有工具和模型，包括道路环境、车辆动力学、交通、传感器、驾驶员、车头灯、天气条件和场景脚本。SCANeR studio 侧重场景中的灯光渲染，在国内市场需求不多，应用较少。

Prescan 侧重场景仿真，具备传感器仿真模块和车辆动力学仿真模块，不过其车辆动力学仿真模块简单，通常需要与第三方车辆动力学仿真软件（如 CarSim）联合仿真。Prescan 目前主要在高校应用较多，整体市场份额占比较小。

CARLA 是一个开源的场景仿真软件，采用 Unreal 引擎，具备逼真的场景渲染功能。为了适配智能驾驶仿真，CARLA 提供了自动驾驶传感器套件、地图生成、交通场景模拟等功能。

### 3. 交通流仿真软件

目前，市场上专注于交通流仿真的软件有 Vissim 和 SUMO，这两款软件设计的初衷是用于评价交通工程设计和城市规划方案，随着智能驾驶仿真测试的发展，也被用于智能驾驶中的交通流仿真模拟。

Vissim 是基于时间间隔和驾驶行为的仿真软件，用于城市交通和公共交通运行的交通建模。它可以分析在各种交通条件下，如车道设置、交通构成、交通信号、公交站点等，城市交通和公共交通的运行状况，是评价交通工程设计和城市规划方案的有效工具。

SUMO 是一款开源的交通流仿真软件，也是一款微观的交通模拟软件，可以指定每辆车的标识符、出发时间及其在道路网络中的路线。

目前，智能驾驶仿真测试对交通流仿真软件的研发需求并不高，一些非专业做交通流的软件（如 VTD、CarMaker、ModelBase 等）均可用于智能驾驶仿真测试中的交通流仿真。

### 4. 传感器仿真软件

传感器仿真主要依托场景仿真和交通流仿真，所以市场上很少有专注于做传感器仿真的软件。ANSYS 的 VRXPERIENC 依托 SCANeR studio，在仿真模拟上具有较高的逼真度。VTD 依托比较完善的交通流模型和软件开放性，在目标传感器仿真上比较完善。

### 5. 综合性仿真软件

CarMaker 是一款综合性的智能驾驶仿真软件，包含车辆动力学仿真、传感器仿真、场景仿真和交通流仿真等模块，可用于动力域、底盘域及 L2 级别的智能驾驶仿真测试。近年来，CarMaker 加快了场景仿真步伐，增加了丰富的传感器模型，支持更逼真的渲染效果，开始进军高等级的智能驾驶仿真测试。

### 1.4.2　国内智能驾驶仿真软件

国内智能驾驶仿真软件起步较晚，由于市场已经被国外仿真软件完全占据，因此国内仿真软件缺乏市场需求和验证，发展比较缓慢。其中，侧重场景仿真的软件有 TAD Sim、51SimOne、Apollo 等；综合性仿真软件有 PanoSim、ModelBase 等。

场景仿真技术门槛相对较低，国内互联网企业纷纷从场景仿真入手，进军智能驾驶仿真领域。目前，腾讯、中国汽车技术研究中心有限公司、中国汽车工程研究院股份有限公司、百度、51WORLD 等公司均建立了自动驾驶仿真场景库。

基于强大的游戏引擎能力，腾讯智能驾驶仿真平台 TAD Sim 在场景的真实度和精度方面效果较好。该平台场景生成系统能够基于 2000 个逻辑场景衍生出 2000 万个虚拟场景，覆盖 99% 以上的智能驾驶汽车模拟场景。

中国汽车技术研究中心有限公司自研仿真平台 AD Chauffeur，内置场景库涵盖自然驾驶场景、标准法规场景、CIDAS 危险事故场景及经验重组场景等。

百度 Apollo 从云技术入手，提供了一套云仿真测试平台，基于不同的路形、不同的障碍物类型、不同的道路规划、不同的红绿灯信号搭建内置高精地图的仿真场景。该场景在上传调试中支持多场景的高速运行，支持单算法模块的上传与运行，支持系统整套算法的上传与运行。

51SimOne 智能驾驶仿真平台是 51WORLD 公司自主研发的一款由标准产品和定制方案组成的全栈仿真服务，是集静态和动态数据导入、测试场景案例编辑、传感器仿真、车辆动力学仿真、可视化、测试与回放、虚拟数据集生成、在环测试等于一体的智能驾驶仿真与测试平台。

PanoSim 为浙江天行健智能科技有限公司（以下简称天行健）开发的一款国产仿真软件，天行健是国内最早从事汽车智能驾驶仿真技术与产品研发，并具有完全自主知识产权的高科技企业，其在车辆动力学建模、交通流建模与场景生成、环境传感器建模等智能驾驶仿真测试领域拥有独特的技术优势。天行健自主研发的 PanoSim 品牌，包括智能驾驶仿真工具链、驾驶模拟器、数字孪生仿真平台，以及实时多物理体在环仿真实验平台等系列软硬件产品，被广泛用于美国通用汽车、德国戴姆勒汽车、上汽、东风汽车、长安汽车、小鹏汽车和地平线等许多国内外企业。

ModelBase 为北京经纬恒润科技股份有限公司（以下简称经纬恒润）开发的一款国产仿真软件，2020 年正式投入市场，其主要依托经纬恒润本身的仿真测试业务。目前，ModelBase 已经被广泛应用于中国一汽、东风汽车、长安汽车、广汽、吉利汽车、奇瑞汽车、比亚迪、蔚来、岚图、高合、中汽创智、清华大学、北京理工大学等众多企业和高校。ModelBase 分为动力学和智能驾驶两个版本，动力学版本专注车辆动力学仿真，主要用于动力域、底盘域控制器开发和测试；智能驾驶版本涵盖车辆动力学仿真和场景仿真，可用于不同级别的智能驾驶算法仿真测试。

ModelBase 车辆动力学仿真包括车身动力学、动力传动系统、悬架系统、转向系统和制动系统。

（1）车身动力学支持 6 自由度计算，质心、轴距、风力参考点等可配。

（2）动力传动系统支持前驱、后驱、四驱、纯电、混动等不同构型。

（3）悬架系统支持独立和非独立悬架 KC 特性仿真，可对限位块、阻尼器、弹簧、稳定杆进行非线性参数设置。

（4）转向系统支持转角和扭矩输入，包括方向盘、转向柱、万向节、扭杆、齿轮、齿条等；提供电动助力转向系统（Electric Power Steering，EPS）控制示例（Demo）模型。

（5）制动系统可仿真制动踏板位置与主缸压力关系、主缸压力响应迟滞、轮缸压力变化；支持钳式制动盘参数配置；提供汽车防抱死制动系统（Anti-lock Brake System，ABS）控制器模型；提供基于轮胎特性建模和基于魔术公式建模两种轮胎模型。

ModelBase 场景仿真包括静态道路场景仿真、动态交通场景仿真、目标传感器仿真、原始数据传感器仿真、动画渲染仿真等模块。

（1）静态道路场景仿真支持 OpenDrive 文件导入、编辑、导出；支持中心线轨迹、车道数量、车道高程、道路横截面、道路周围交通标志和树木建筑等配置；支持 OpenCRG 格式微观道路元素仿真。

（2）动态交通场景仿真支持车辆、行人、动物、摩托车等配置，至少支持 100 辆交通车和 10 辆主车，交通车至少支持 10 种触发方式和 30 种动作行为；支持在仿真过程中创建、删除、改变交通物体，具备随机交通流生成能力；支持实时设置，如天气、路面特性等。

（3）目标传感器仿真包括摄像头、毫米波、超声波、INS 组合导航，可设置为理想传感器和物理传感器，可设置传感器内参和外参，可输出物体、交通灯、交通标志、车道线等信息。

（4）原始数据传感器仿真包括摄像头、激光雷达和毫米波雷达，摄像头包括广角和鱼眼。激光雷达包含机械式和固态激光，至少可模拟 528 线激光雷达的实时输出。摄像头、激光雷达、毫米波雷达均可配置内参和外参，以共享内存或网络通信方式输出的像素和点云信息。

（5）动画渲染仿真支持多动画模块，每个摄像头都具备一个动画模块并独立配置，至少支持 1080p、60 帧显示；支持动静态场景中各类目标物渲染；支持路灯光源仿真和湿滑路面的反光效果；支持大灯、转向灯、刹车灯、日间行车灯等灯光效果模拟；支持天气的实时配置，可以修改云层状态、雨雪情况、光照强度和角度、路面积水情况、雾天能见度。ModelBase 动画渲染效果如图 1-2 所示。

图 1-2　ModelBase 动画渲染效果

# 思考题

1. 智能驾驶仿真技术主要解决什么问题?
2. 智能驾驶仿真测试方法有哪些?

# 第2章 车辆动力学模型与仿真应用

**导读**：本章主要介绍车身、转向系统、悬架系统等车辆系统建模方法，以及常规的整车性能试验和智能驾驶试验。通过本章的学习，读者将深入了解车辆动力学模型及典型试验仿真的理论方法，为后面章节的学习奠定理论基础。

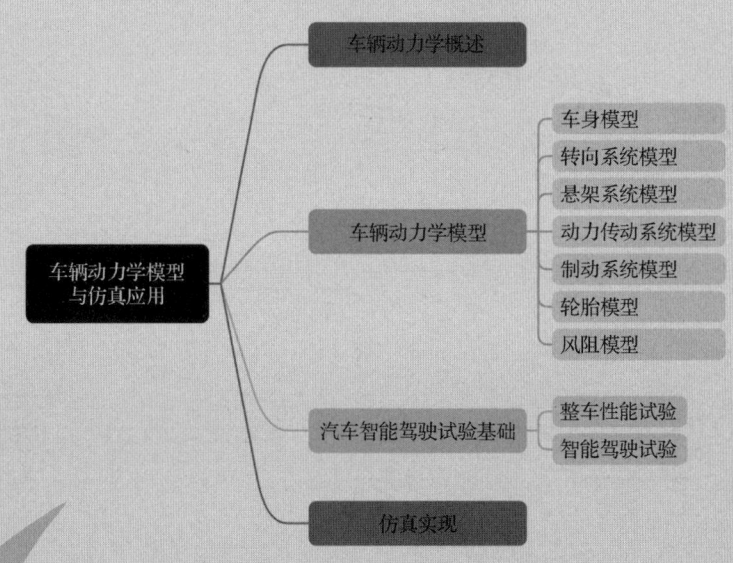

## 2.1 车辆动力学概述

车辆动力学可以分析车辆在不同路面行驶过程中的运动行为和受力情况，了解车辆各部件之间的相互作用力、各系统的动力学特性，以及整车的性能，如车辆的平顺性、操纵稳定性和越野通过性等。车辆动力学对汽车的设计、制造和改进具有非常重要的作用。车辆动力学模型是车辆动力学研究的基础,在实际应用中根据研究问题的侧重点不同,可建立不同的车辆动力学模型。

## 2.2 车辆动力学模型

车辆动力学建模需要根据研究问题的重点,建立合适的动力学模型。以研究车辆的平顺性为例,如果只关注车辆质心处的垂向振动对平顺性的影响,则需要建立 1/4 车辆模型;如果还需要考虑车身的侧倾运动或俯仰运动对平顺性的影响,则需要建立半车模型;如果同时需要考虑车身的垂向、俯仰和侧倾运动对平顺性的影响,则至少需要建立 7 自由度整车模型。

车辆系统由各个系统总成组成,为方便大家研究车辆各系统动力学特征,建立整车动力学模型,如图 2-1 所示。各系统总成建模的主要任务是建立各系统总成的运动微分方程,常见的建模方法有两种,即利用牛顿力学建模和利用拉格朗日方法建模。牛顿力学建模利用牛顿第二定律建立系统的微分方程,而拉格朗日方法建模需要计算系统整体的动能和势能,利用拉格朗日方程建立系统的微分方程。牛顿力学建模更适用总成系统建模。

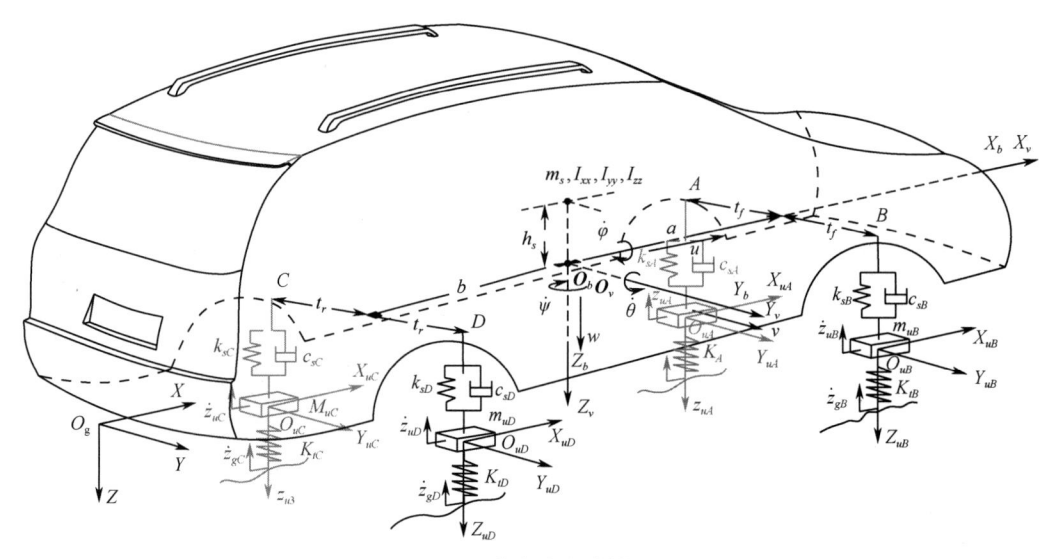

图 2-1 整车动力学模型

### 2.2.1 车身模型

车身是车辆的整体,其功能为载人或载物。在车辆动力学建模的过程中,需要对车身进行一定的简化,即将车身视为刚体,具有纵向、横向和垂向 3 个方向的平动自由度,具有俯仰、侧倾和横摆 3 个方向的转动自由度。根据整车动力学模型,定义两个坐标系,一个坐标系是固定在大地的绝对坐标系 $X\text{-}Y\text{-}Z$,坐标原点为 $O_g$,另一个坐标系是固定在车身质心的随动坐标系 $X_b\text{-}Y_b\text{-}Z_b$,车身质心为坐标原点 $O_b$,质心到前桥和后桥的距离分别为 $a$ 和 $b$,前、后悬架左右减振器上支点间距的一半分别为 $t_f$ 和 $t_r$,车身质量、俯仰转动惯量、侧倾转动惯量和横摆转动惯量分别为 $m_s$、$I_{yy}$、$I_{xx}$ 和 $I_{zz}$,车身 $A$、$B$、$C$、$D$ 4 处的悬架力分别为 $F_{sA}$、$F_{sB}$、$F_{sC}$ 和 $F_{sD}$,由悬架力产生的力矩分别为 $M_{sA}$、$M_{sB}$、$M_{sC}$ 和 $M_{sD}$。

根据牛顿第二定律,平动方向的微分方程为

$$\boldsymbol{F}_b = m(\dot{\boldsymbol{v}}_b + \boldsymbol{\omega} \times \boldsymbol{v}_b) \tag{2-1}$$

转动方向的微分方程为

$$\boldsymbol{M}_b = \boldsymbol{I}\dot{\boldsymbol{\omega}} + \boldsymbol{\omega} \times (\boldsymbol{I}\boldsymbol{\omega}) \tag{2-2}$$

式中,$\boldsymbol{v}_b$ 为车身的速度矢量,单位为 m/s,$\begin{pmatrix} v_x \\ v_y \\ v_z \end{pmatrix}_b = \begin{pmatrix} \dot{x} \\ \dot{y} \\ \dot{z} \end{pmatrix}$,$x$、$y$、$z$ 分别为车身纵向、横向和垂向 3 个方向的位移,单位为 m;$\boldsymbol{\omega}$ 为车身的角速度矢量,单位为 rad/s,$\begin{pmatrix} \omega_x \\ \omega_y \\ \omega_z \end{pmatrix} = \begin{pmatrix} \dot{\varphi} \\ \dot{\theta} \\ \dot{\psi} \end{pmatrix}$,$\varphi$、$\theta$、$\psi$ 分别为车身绕质心的 3 个旋转角,单位为 rad 或 °;$\boldsymbol{I}$ 为车身的转动惯量矩阵,$\boldsymbol{I} = \begin{pmatrix} I_{xx} & -I_{xy} & -I_{xz} \\ -I_{xy} & I_{yy} & -I_{yz} \\ -I_{xz} & -I_{yz} & I_{zz} \end{pmatrix}$,$I_{xx}$、$I_{yy}$、$I_{zz}$ 分别为车身的侧倾、俯仰和横摆转动惯量,单位为 kg·m²,$I_{xy}$、$I_{yz}$、$I_{xz}$ 为车身的极惯性矩,单位为 kg·m²。

车身的力分别由阻力、重力、外部激励和悬架力组成:

$$\boldsymbol{F}_b = \begin{pmatrix} F_{dx} \\ F_{dy} \\ F_{dz} \end{pmatrix} + \begin{pmatrix} F_{gx} \\ F_{gy} \\ F_{gz} \end{pmatrix} + \begin{pmatrix} F_{extx} \\ F_{exty} \\ F_{extz} \end{pmatrix} + \begin{pmatrix} F_{sAx} \\ F_{sAy} \\ F_{sAz} \end{pmatrix} + \begin{pmatrix} F_{sBx} \\ F_{sBy} \\ F_{sBz} \end{pmatrix} + \begin{pmatrix} F_{sCx} \\ F_{sCy} \\ F_{sCz} \end{pmatrix} + \begin{pmatrix} F_{sDx} \\ F_{sDy} \\ F_{sDz} \end{pmatrix} \tag{2-3}$$

车身的力矩矢量为

$$\boldsymbol{M}_b = \begin{pmatrix} M_{dx} \\ M_{dy} \\ M_{dz} \end{pmatrix} + \begin{pmatrix} M_{extx} \\ M_{exty} \\ M_{extz} \end{pmatrix} + \begin{pmatrix} M_{sAx} \\ M_{sAy} \\ M_{sAz} \end{pmatrix} + \begin{pmatrix} M_{sBx} \\ M_{sBy} \\ M_{sBz} \end{pmatrix} + \begin{pmatrix} M_{sCx} \\ M_{sCy} \\ M_{sCz} \end{pmatrix} + \begin{pmatrix} M_{sDx} \\ M_{sDy} \\ M_{sDz} \end{pmatrix} \tag{2-4}$$

式中,$F_{dx}$、$F_{dy}$、$F_{dz}$ 分别为阻力在 $x$、$y$、$z$ 方向的分量,单位为 N;$M_{dx}$、$M_{dy}$、$M_{dz}$ 分别为阻力矩在 $x$、$y$、$z$ 方向的分量,单位为 N·m;$F_{gx}$、$F_{gy}$、$F_{gz}$ 分别为车身的重力在 $x$、$y$、$z$ 方向的分量,单位为 N;$F_{extx}$、$F_{exty}$、$F_{extz}$、$M_{extx}$、$M_{exty}$、$M_{extz}$ 分别为外部激励或力矩在 $x$、$y$、$z$ 方向的分量;$F_{sAx}$、$F_{sAy}$、$\cdots$、$M_{sDy}$、$M_{sDz}$ 分别为悬架力或悬架力矩在 $x$、$y$、$z$ 方向的分量,单位分别为 N 及 N·m。

## 2.2.2 转向系统模型

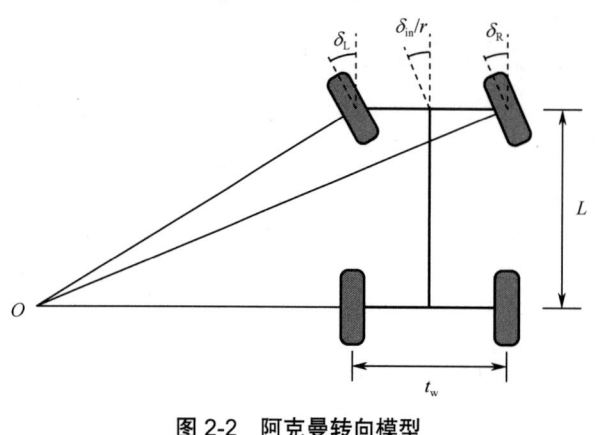

图 2-2 阿克曼转向模型

转向系统的主要功能为保证车辆能够按照驾驶员意图转向或保持行驶方向。转向系统主要由转向盘、转向器、转向传动机构和转向轮组成,若不考虑转向系统的振动问题,则只需要建立转向系统的动力学模型,阿克曼转向模型如图 2-2 所示。理想的转向系统的运动学关系用理想的阿克曼转向模型描述,$\delta_L$ 和 $\delta_R$ 分别表示左侧转向轮的转角和右侧转向轮的转角,且满足以下关系:

$$\cos(\delta_L) - \cos(\delta_R) = \frac{t_w}{L} \tag{2-5}$$

$$\delta_L = \arctan\left(\frac{L\tan(\delta_{in}/r)}{L - 0.5t_w\tan(\delta_{in}/r)}\right) \tag{2-6}$$

$$\delta_R = \arctan\left(\frac{L\tan(\delta_{in}/r)}{L + 0.5t_w\tan(\delta_{in}/r)}\right) \tag{2-7}$$

式中,$\delta_{in}$ 为转向盘的输入转角,单位为 rad 或°;$r$ 为转向系统的角传动比;$L$ 为轴距,单位为 m;$t_w$ 为左右转向轮主销轴线与地面交点的间距,单位为 m。

## 2.2.3 悬架系统模型

悬架系统连接车身与车轴,传递车身和车轴之间的力和力矩,能够有效缓和路面传递给车身的冲击载荷,保证车辆平衡行驶,同时悬架系统的导向机构可以保证车轮具有理想的运动特性,保证车辆稳定操纵。悬架系统一般由弹性元件、阻尼元件、导向机构和横向稳定杆组成。弹性元件为悬架系统提供一个刚度力,起到缓和冲击的作用,常见的弹性元件有螺旋弹簧、钢板弹簧、扭杆弹簧和空气弹簧等;阻尼元件为悬架提供阻尼力,起到衰减振动的作用,常见的阻尼元件有传统的被动减振器、CDC 减振器、磁流变减振器等;导向机构的主要作用是传递悬架的侧向力、纵向力,保证车轮和车身的相对运动关系;横向稳定杆将左右车轮通过机械方式互连,为车辆提供侧倾刚度。

根据导向机构的形式不同,悬架可分为独立悬架和非独立悬架。独立悬架汽车的车轮之间运动相对独立,整车的操稳性和平顺性较好;而非独立悬架汽车的左右车轮通过一个车桥连接,两个车轮的运动互相影响,整车的平顺性较差。轿车的悬架一般为独立悬架,下面着重介绍独立悬架的动力学建模。

以带有横向稳定杆的麦弗逊独立悬架为例,$A$、$B$、$C$、$D$ 4 处的悬架弹簧力和减振器阻尼力的合力分别为

$$\begin{cases} F_{sA} = k_{sA}(\delta_1 z_{uA} - z_{sA}) + c_{sA}(\delta_1 \dot{z}_{uA} - \dot{z}_{sA}) \\ F_{sB} = k_{sB}(\delta_1 z_{uB} - z_{sB}) + c_{sB}(\delta_1 \dot{z}_{uB} - \dot{z}_{sB}) \\ F_{sC} = k_{sC}(\delta_2 z_{uC} - z_{sC}) + c_{sC}(\delta_2 \dot{z}_{uC} - \dot{z}_{sC}) \\ F_{sD} = k_{sD}(\delta_2 z_{uD} - z_{sD}) + c_{sD}(\delta_2 \dot{z}_{uD} - \dot{z}_{sD}) \end{cases} \quad (2\text{-}8)$$

式中，$k_{sA}$、$k_{sB}$、$k_{sC}$、$k_{sD}$ 分别为 $A$、$B$、$C$、$D$ 4 处悬架的弹簧刚度系数，单位为 N/m；$c_{sA}$、$c_{sB}$、$c_{sC}$、$c_{sD}$ 分别为 $A$、$B$、$C$、$D$ 4 处减振器的阻尼系数，单位为 N·s/m；$z_{uA}$、$z_{uB}$、$z_{uC}$、$z_{uD}$ 分别为车辆前后左右 4 个非簧载质量的垂向位移，单位为 m；$\dot{z}_{uA}$、$\dot{z}_{uB}$、$\dot{z}_{uC}$、$\dot{z}_{uD}$ 分别为车辆前后左右 4 个非簧载质量的垂向速度，单位为 m/s；$\delta_1$ 和 $\delta_2$ 分别为前后悬架的杠杆比，即悬架弹簧或减振器下支点到下控制臂转动中心的距离与轮胎中心到下控制臂转动中心的距离的比值；$z_{sA}$、$z_{sB}$、$z_{sC}$、$z_{sD}$ 分别为 $A$、$B$、$C$、$D$ 4 处悬架弹簧或减振器与车身连接处的垂向位移，单位为 m，具体表达式为

$$\begin{cases} z_{sA} = z_s - a\theta + t_f\phi \\ z_{sB} = z_s - a\theta - t_f\phi \\ z_{sC} = z_s + b\theta + t_r\phi \\ z_{sC} = z_s + b\theta - t_r\phi \end{cases} \quad (2\text{-}9)$$

式中，$z_s$ 为车身的垂向位移，单位为 m；$\theta$ 为车身的俯仰角位移，单位为 rad 或°；$\phi$ 为车身的侧倾角位移，单位为 rad 或°；$a$ 和 $b$ 分别为车身质心到前桥的距离和质心到后桥的距离，单位为 m；$t_f$ 和 $t_r$ 分别为前后悬架弹簧或减振器的上支点到车身纵向对称面的距离，单位为 m。

前后悬架横向稳定杆提供的垂向力偶为

$$\begin{cases} F_{\phi f} = \dfrac{k_{\phi f}}{l_f^2}(\delta_{\phi 1} z_{uA} - \delta_{\phi 1} z_{uB} - z_{sa} + z_{sb}) \\ F_{\phi r} = \dfrac{k_{\phi r}}{l_r^2}(\delta_{\phi 2} z_{uC} - \delta_{\phi 2} z_{uD} - z_{sc} + z_{sd}) \end{cases} \quad (2\text{-}10)$$

式中，$k_{\phi f}$、$k_{\phi r}$ 分别为前后悬架的侧倾刚度，单位为 N·m/rad；$l_f$、$l_r$ 分别为前后悬架的横向稳定杆的左右安装间距，单位为 m；$\delta_{\phi 1}$、$\delta_{\phi 2}$ 分别为前后悬架横向稳定杆的杠杆比，即悬架横向稳定杆两端固定点到对应的下控制臂转动中心的距离与轮胎中心到下控制臂转动中心的距离的比值；$z_{sa}$、$z_{sb}$、$z_{sc}$、$z_{sd}$ 表示前后悬架的横向稳定杆与车身连接处的垂向位移，单位为 m，具体表达式为

$$\begin{cases} z_{sa} = z_s - a_1\theta + \dfrac{1}{2}l_f\phi \\ z_{sb} = z_s - a_1\theta - \dfrac{1}{2}l_f\phi \\ z_{sc} = z_s + b_1\theta + \dfrac{1}{2}l_r\phi \\ z_{sd} = z_s + b_1\theta - \dfrac{1}{2}l_r\phi \end{cases} \quad (2\text{-}11)$$

式中，$a_1$、$b_1$ 分别表示前后悬架横向稳定杆到质心的纵向距离，单位为 m。

$A$、$B$、$C$、$D$ 4 处的悬架力为

$$\begin{cases} F_A = F_{sA} + F_{\phi f} \\ F_B = F_{sB} - F_{\phi f} \\ F_C = F_{sC} + F_{\phi r} \\ F_D = F_{sD} - F_{\phi r} \end{cases} \quad (2\text{-}12)$$

则车身受到的垂向力 $F_z$、俯仰力矩 $M_\theta$ 和侧倾力矩 $M_\phi$ 分别为

$$F_z = \sum F_{si} \quad (i=A, B, C, D) \quad (2\text{-}13)$$

$$M_\theta = (F_{sC} + F_{sD})b - (F_{sA} + F_{sB})a \quad (2\text{-}14)$$

$$M_\phi = (F_{sA} - F_{sB})t_f + (F_{sC} - F_{sD})t_r + F_{\phi f}l_f + F_{\phi r}l_r \quad (2\text{-}15)$$

4 个非簧载质量受到的垂向力 $F_{zuA}$、$F_{zuB}$、$F_{zuC}$、$F_{zuD}$ 分别为

$$\begin{cases} F_{zuA} = -F_A \\ F_{zuB} = -F_B \\ F_{zuC} = -F_C \\ F_{zuD} = -F_D \end{cases} \quad (2\text{-}16)$$

### 2.2.4 动力传动系统模型

动力传动系统将发动机或电机的输出扭矩经过离合器、变速器、传动轴和驱动桥传递给驱动轮，使车辆获得行驶所需的驱动力。动力传动系统建模主要分为 3 个部分，发动机或电机的动力输入模型、变速器的动力传动模型和驱动桥的动力输出模型。以发动机和 DCT 变速器组成的动力传动系统为例，其模型如图 2-3 所示。其中 $J_{E1} \sim J_{E4}$ 为 4 个发动机每个气缸的等效转动惯量；$J_F$、$J_D$、$J_T$ 和 $J_V$ 分别为飞轮等效转动惯量、离合器等效转动惯量、变速箱等效转动惯量和整车等效转动惯量；$K_E$、$K_F$、$K_D$ 和 $K_T$ 分别为发动机曲轴等效扭转刚度、飞轮轴等效扭转刚度、离合器轴等效转动刚度和变速箱轴等效扭转刚度；$C_E$、$C_D$ 和 $C_T$ 分别为发动机曲轴等效扭转阻尼、离合器轴等效扭转阻尼和变速箱轴等效扭转阻尼；$T_{E1} \sim T_{E4}$ 为 4 个发动机每个气缸的输入扭矩；$T_{C1}$ 和 $T_{C2}$ 分别为离合器 1 和离合器 2 的扭矩；$T_V$ 为整车的负载扭矩；$\gamma_1$ 和 $\gamma_2$ 为变速器的传动比。

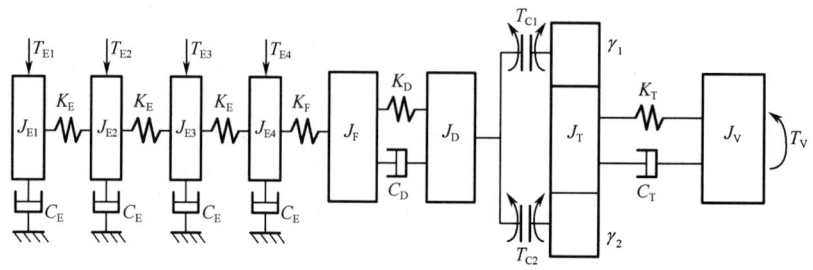

图 2-3 动力传动系统模型

则动力传动系统模型为

$$J_{E1}\ddot{\theta}_{E1} - C_E\dot{\theta}_{E1} - K_E(\theta_{E1} - \theta_{E2}) = T_{E1} \tag{2-17}$$

$$J_{E2}\ddot{\theta}_{E2} - C_E\dot{\theta}_{E2} + K_E(\theta_{E1} - \theta_{E2}) - K_E(\theta_{E2} - \theta_{E3}) = T_{E2} \tag{2-18}$$

$$J_{E3}\ddot{\theta}_{E3} - C_E\dot{\theta}_{E3} + K_E(\theta_{E2} - \theta_{E3}) - K_E(\theta_{E3} - \theta_{E4}) = T_{E3} \tag{2-19}$$

$$J_{E4}\ddot{\theta}_{E4} - C_E\dot{\theta}_{E4} + K_E(\theta_{E3} - \theta_{E4}) - K_F(\theta_{E4} - \theta_F) = T_{E4} \tag{2-20}$$

$$J_F\ddot{\theta}_F - C_D(\dot{\theta}_F - \dot{\theta}_D) - K_D(\theta_F - \theta_D) + K_F(\theta_{E4} - \theta_F) = 0 \tag{2-21}$$

$$J_D\ddot{\theta}_D + C_D(\dot{\theta}_F - \dot{\theta}_D) + K_D(\theta_F - \theta_D) = -T_{CL1} - T_{CL2} \tag{2-22}$$

$$J_T\ddot{\theta}_T - C_T(\dot{\theta}_T - \dot{\theta}_V) - K_T(\theta_T - \theta_V) = \gamma_1 T_{CL1} + \gamma_2 T_{CL2} \tag{2-23}$$

$$J_V\ddot{\theta}_V + C_T(\dot{\theta}_T - \dot{\theta}_V) + K_T(\theta_T - \theta_V) = -T_V \tag{2-24}$$

式中，$\theta_{E1} \sim \theta_{E4}$ 为发动机气缸曲轴连杆的转角，单位为 rad 或°；$\theta_F$、$\theta_D$、$\theta_T$ 和 $\theta_V$ 分别为飞轮转角、离合器转角、变速器转角和整车转角，单位为 rad 或°；$\dot{\theta}_{E1} \sim \dot{\theta}_V$ 为对应的角速度，单位为 rad/s 或°/s；$\ddot{\theta}_{E1} \sim \ddot{\theta}_V$ 为对应的角加速度，单位为 rad/s² 或°/s²。以上方程组表示离合器 1 和离合器 2 都断开的动力学模型，如果离合器 1 闭合，则需要将式（2-21）和式（2-22）用式（2-24）替换；如果离合器 2 闭合，则需要将式（2-21）和式（2-22）用式（2-24）替换。

$$(\gamma_1^2 J_D + J_T)\ddot{\theta}_D - C_D\gamma_1(\gamma_1\dot{\theta}_T - \dot{\theta}_F) + C_T(\dot{\theta}_V - \dot{\theta}_T) - K_D\gamma_1(\gamma_1\theta_T - \theta_F) + K_T(\theta_V - \theta_T) = 0 \tag{2-25}$$

$$(\gamma_2^2 J_D + J_T)\ddot{\theta}_D - C_D\gamma_2(\gamma_2\dot{\theta}_T - \dot{\theta}_F) + C_T(\dot{\theta}_T - \dot{\theta}_V) - K_D\gamma_2(\gamma_2\theta_T - \theta_F) + K_T(\theta_T - \theta_V) = 0 \tag{2-26}$$

离合器扭矩模型可以用以下方程表示：

$$T_C = \begin{cases} 0, & X < X_0 \\ n\mu_D F_A \dfrac{r_O^3 - r_I^3}{r_O^2 - r_I^2}, & X \geq X_0, |\Delta\dot{\theta}| \geq 0 \\ T_{avg}, & X \geq X_0, |\Delta\dot{\theta}| < 0, T_{avg} < T_{C,S} \\ n\mu_S F_A \dfrac{r_O^3 - r_I^3}{r_O^2 - r_I^2}, & X \geq X_0, |\Delta\dot{\theta}| < 0, T_{avg} \geq T_{C,S} \end{cases} \tag{2-27}$$

$$T_{avg} = \frac{T_{C1a} + T_{C1b}}{2} \tag{2-28}$$

$$T_{C1a} = -J_D\ddot{\theta}_D - K_D(\theta_D - \theta_F) - C_D(\dot{\theta}_D - \dot{\theta}_F) - T_{C2} \tag{2-29}$$

$$T_{C1b} = (J_T\ddot{\theta}_T + K_T(\theta_V - \theta_T) + C_T(\dot{\theta}_V - \dot{\theta}_T) + \gamma_2 T_{C2})/\gamma_1 \tag{2-30}$$

式中，$n$ 为摩擦盘的数量；$\mu_D$ 和 $\mu_S$ 分别为摩擦盘的动摩擦系数和静摩擦系数；$r_O$ 和 $r_I$ 分别为离合器片的外半径和内半径，单位为 m；$F_A$ 为离合器片的正压力，单位为 N。

## 2.2.5 制动系统模型

制动系统能够使行驶的汽车减速或停车，或者使下坡行驶的汽车保持稳定的车速，或者使已停止的汽车在斜坡上驻留不动。制动系统主要分为行车制动系统、驻车制动系统和紧急制动系统。

在制动系统的研究中，行车制动系统研究是比较基础的。行车制动系统通过制动踏板操纵车轮制动器，从而实现全部车轮的制动，保证驾驶员能控制车辆安全、有效地减速或停车。行车制动系统由基础制动部件、制动传输管路、制动输入部件、制动控制部件等组成，其基本原理为人给制动踏板施加力，真空增力器受力，传至主缸，机械力转为液压力，液压通过管道线路传输到执行部件，通过部件之间摩擦进行制动，由此操控汽车速度的大小。

由于技术、成本和法规等因素的限制，目前，电动汽车应用较多的行车制动系统仍为液压制动系统，执行机构多为盘式制动器或鼓式制动器。

在不考虑压力损失的情况下，真空助力器推杆受到的推力与制动主缸第一活塞顶杆受到的推力之间的关系可以表示为

$$\begin{cases} F_r = (p - p_f)S \\ m_p \dot{X}_p = F - F_d - K_p X_p \\ m_d \ddot{X}_d = F + F_d - F' \end{cases} \quad (2\text{-}31)$$

式中，$F_r$ 为真空力，单位为 N；$p$ 为真空助力器后工作腔的单位压力，单位为 N/m²；$p_f$ 为真空助力器前工作腔的压力，单位为 N/m²；$S$ 为真空助力器膜片的工作面积，单位为 m²；$m_p$ 为推杆质量，单位为 kg；$X_p$ 为推杆位移，单位为 m；$F$ 为踏板机构作用在推杆上的力，单位为 N；$F_d$ 为推杆对反馈盘的作用力，单位为 N；$K_p$ 为推杆回位弹簧的刚度，单位为 N/m；$m_d$ 为真空助力器反馈盘与顶杆总成的质量，单位为 kg；$F'$ 为主缸第一活塞顶杆受到的推力，单位为 N；$X_d$ 为反馈盘的位移，单位为 m。

制动主缸的压力可以表示为

$$P_{mc} = (F_{mc} - F_{cs} - F_{sf}) / A_{mc} \quad (2\text{-}32)$$

式中，$P_{mc}$ 为制动主缸的单位压力，单位为 N/m²；$A_{mc}$ 为制动主缸的横截面面积，单位为 m²；$F_{mc}$ 为制动主缸第一活塞受到的推力，单位为 N；$F_{cs}$ 为制动主缸回位弹簧的反作用力，单位为 N；$F_{sf}$ 为制动主缸活塞与主缸内壁之间的滑动摩擦力，单位为 N。

将前腔活塞初始位置作为坐标原点，向右为正。前腔活塞的动力学方程表达式为

$$m_1 \ddot{x}_1 = F_c - k_1(x_1 - x_2) - c_1(\dot{x}_1 - \dot{x}_2) - P_1 S_0 - F_1 \quad (2\text{-}33)$$

后腔活塞的动力学方程表达式为

$$m_2 \ddot{x}_2 = P_1 S_0 + k_1(x_1 - x_2) + c_1(\dot{x}_1 - \dot{x}_2) + F_1 - k_2 x_2 - c_2 \dot{x}_2 - P_2 S_0 - F_2 \quad (2\text{-}34)$$

在式（2-33）和式（2-34）中，$m_1$、$m_2$ 为前后腔活塞质量，单位为 kg；$x_1$、$x_2$ 为前后腔活塞位移，单位为 mm；$c_1$、$c_2$ 为前后腔活塞阻尼系数，单位为 N·s/mm；$k_1$、$k_2$ 为前后腔回位弹簧刚度，单位为 N/mm；$P_1$、$P_2$ 为前后腔液压压强，单位为 MPa；$F_1$、$F_2$ 为前后腔回位弹簧预紧力，单位为 N；$S_0$ 为活塞横截面面积，单位为 mm²；$F_C$ 为主缸推杆作用力，单位为 N。

下面以盘式制动器为例，分析制动管路压力与制动钳加紧力之间的关系。制动轮缸压力与制动器输出制动转矩的关系可以用以下方程表示：

$$\begin{cases} T_f = 2fNR \\ N = \dfrac{\pi p_w \eta d^2}{4} \end{cases} \quad (2\text{-}35)$$

式中，$T_f$ 为盘式制动器的制动转矩，单位为 N·m；$f$ 为制动块与制动盘的摩擦系数；$N$ 为单侧制动块对制动盘的压紧力，单位为 N；$R$ 为作用半径，单位为 m；$p_w$ 为制动轮缸的单位压力，单位为 N/m²；$\eta$ 为制动器总效率；$d$ 为制动轮缸直径，单位为 m。

通过对制动活塞进行受力分析，得到制动活塞的动力学方程表达式为

$$m_c \ddot{x}_c = P_c S_c - k_c x_c - c_c \dot{x}_c - F_p \quad (2\text{-}36)$$

式中，$m_c$ 为活塞质量，单位为 kg；$x_c$ 为活塞位移，单位为 mm；$P_c$ 为制动轮缸制动液压压强，单位为 MPa；$S_c$ 为活塞横截面面积，单位为 mm²；$k_c$ 为等效弹簧刚度，单位为 N/mm；$c_c$ 为阻尼系数，单位为 N·s/mm；$F_p$ 为制动盘反作用力，单位为 N。

### 2.2.6 轮胎模型

轮胎是汽车与地面接触的介质，轮胎直接影响汽车的操稳性和乘客乘坐的舒适性。地面对汽车的作用力直接通过轮胎传递，在汽车行驶过程中轮胎受到来自地面的纵向力、横向力及垂向力的作用，这些力经过轮胎的缓冲作用到汽车上，进而影响汽车的操稳性。轮胎模型主要包括魔术公式轮胎模型、Gim 轮胎模型、Fiala 轮胎模型和 SaKai 轮胎模型。以下对魔术公式轮胎模型和 Gim 轮胎模型进行详细介绍。

**1. 魔术公式轮胎模型**

魔术公式轮胎模型具有以下 4 个特点。

（1）用一个公式就可以表示轮胎的纵向力、横向力和回正力矩，避免了烦琐的计算，容易在计算机上模拟。

（2）在变量变化范围不大的情况下对轮胎的拟合程度高。

（3）拟合参数需要通过大量的试验分析得到，拟合参数的准确性影响模拟结果的精确性。

（4）个别参数对拟合结果影响较大。

假设轮胎所受的力作用于轮胎中心，以轮胎与地面接触的中心点为原点 $O$，以轮胎的滚动

方向为 $x$ 轴，垂直于轮胎侧面的方向为 $y$ 轴，以与 $xOy$ 平面垂直的方向为 $z$ 轴建立轮胎坐标系（见图 2-4）。

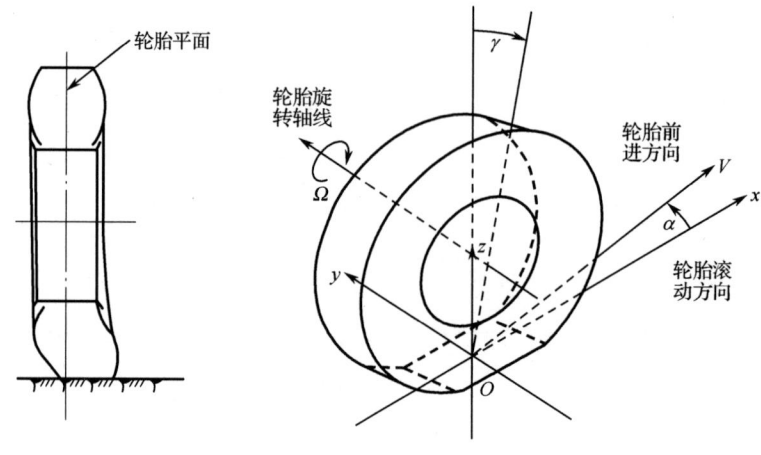

图 2-4　轮胎坐标系

在汽车行驶过程中，轮胎受到的力包括纵向力 $F_x$、横向力 $F_y$、回正力矩 $M_z$ 等，以下分别介绍这些力或力矩的计算公式。

轮胎在转动过程中会产生侧偏角 $\alpha$ 的计算公式为

$$\alpha_1 = \arctan \frac{v+ar}{u-\frac{1}{2}dr} - \delta \tag{2-37}$$

$$\alpha_2 = \arctan \frac{v+ar}{u+\frac{1}{2}dr} - \delta \tag{2-38}$$

$$\alpha_3 = \arctan \frac{v-br}{u-\frac{1}{2}dr} \tag{2-39}$$

$$\alpha_4 = \arctan \frac{v-br}{u+\frac{1}{2}dr} \tag{2-40}$$

4 个轮胎的中心速度计算公式为

$$u_1 = \left(u - \frac{rd}{2}\right)\cos\delta + (v+ar)\sin\delta \tag{2-41}$$

$$u_2 = \left(u + \frac{rd}{2}\right)\cos\delta + (v+ar)\sin\delta \tag{2-42}$$

$$u_3 = u - \frac{rd}{2} \tag{2-43}$$

$$u_4 = u + \frac{rd}{2} \tag{2-44}$$

轮胎的纵向滑移率 $\kappa$ 计算公式为

$$\kappa_1 = 1 - \frac{R\omega_1}{u_1} \tag{2-45}$$

$$\kappa_2 = 1 - \frac{R\omega_2}{u_2} \tag{2-46}$$

$$\kappa_3 = 1 - \frac{R\omega_3}{u_3 - \frac{rd}{2}} \tag{2-47}$$

$$\kappa_4 = 1 - \frac{R\omega_4}{u_4 + \frac{rd}{2}} \tag{2-48}$$

在上述表达式中，$\kappa_i$ ($i=1,2,3,4$) 为纵向滑移率；$\alpha_i$ ($i=1,2,3,4$) 为轮胎侧偏角，单位为 rad 或°；$u_i$ ($i=1,2,3,4$) 为汽车沿 $x$ 轴方向的速度分量，单位为 m/s；$v$ 为汽车沿 $y$ 轴方向的速度分量，单位为 m/s；$r$ 为横摆角速度，单位为 rad/s 或°/s；$a$ 为质心距前轴的距离，单位为 m；$b$ 为质心距后轴的距离，单位为 m；$d$ 为轮距，单位为 m；$\delta$ 为前轮转角，单位为 rad 或°。

魔术公式的一般表达式为

$$Y(X) = D\sin(C\arctan(BX - E(BX - \arctan(BX)))) + S_V \tag{2-49}$$

式中，$X = x + S_V$，$X$ 为轮胎侧偏角或滑移率；$B$ 为刚度因子；$Y$ 为汽车纵向力、横向力或回正力矩；$C$ 为曲线形状因子；$D$ 为峰值因子；$E$ 为曲线曲率因子；$S_V$ 为曲线垂直方向位移，单位为 m。

以稳态纯侧向滑移或纯纵向滑移工况为例，作用在车轮上的纵向力、侧向力及回正力矩可表示如下。

纵向力 $F_x$ 为

$$F_x = D_x \sin((C_x \arctan(B_x \kappa_x - E_x(B_x \kappa_x - \arctan(B_x \kappa_x)))) + S_{Vx}) \tag{2-50}$$

其中，

$$\kappa_x = \kappa + (p_{Hx1} + p_{Hx2}\Delta f_z)\lambda_{Hx} \tag{2-51}$$

$$C_x = p_{Cx1}\lambda_{Cx} \tag{2-52}$$

$$D_x = (p_{Dx1} + p_{Dx2}\Delta f_z)(1 - p_{Dx3}\gamma^2)\lambda_{ux}F_z\zeta_1 \tag{2-53}$$

$$E_x = (p_{Ex1} + p_{Ex2}\Delta f_z + p_{Ex3}\Delta f_z^2)(1 - p_{Ex4}\mathrm{sgn}(\kappa_x))\lambda_{Ex} \tag{2-54}$$

$$B_x = F_z(p_{Kx1} + p_{kx2}\Delta f_z)\exp(p_{Kx3}\Delta f_z)\lambda_{Kx}/(C_x D_x) \tag{2-55}$$

$$S_{Vx} = F_z(p_{Vx1} + p_{Vx2}\Delta f_z)\lambda_{Vx}\lambda_{\mu x}\zeta_1 \tag{2-56}$$

在上述表达式中，$\kappa$ 为纵向滑移率；$\gamma$ 为轮胎外倾角，单位为 rad 或°；$\zeta_1$ 为权重因子；$F_z$ 为轮胎垂向载荷，单位为 N；$\Delta f_z$ 为垂直载荷增量，单位为 N/s；$\lambda_{yx}$、$\lambda_{Cx}$、$\lambda_{\mu x}$、$\lambda_{Ex}$、$\lambda_{Kx}$、$\lambda_{Hx}$、$\lambda_{Vx}$ 为纯纵向滑动工况下的权重因子；$p_{Cx1}$、$p_{Dx1}$、$p_{Dx2}$、$p_{Dx3}$、$p_{Ex1}$、$p_{Ex2}$、$p_{Ex3}$、$p_{Ex4}$、$p_{Kx1}$、$p_{Kx2}$、$p_{Kx3}$、$p_{Hx1}$、$p_{Hx2}$、$p_{Vx1}$、$p_{Vx2}$ 为纵向力特性参数。

侧向力 $F_y$ 为

$$F_y = D_y \sin((C_y \arctan(B_y \alpha_y - E_y(B_y \alpha_y - \arctan(B_y \alpha_y)))) + S_{Vy}) \tag{2-57}$$

其中，

$$\alpha_y = \alpha + (p_{Hy1} + p_{Hy2}\Delta f_z)\lambda_{Hy} + p_{Hy3}\gamma_y \zeta_0 + \zeta_4 - 1 \tag{2-58}$$

$$C_y = p_{Cy1}\lambda_{Cy} \tag{2-59}$$

$$D_y = \mu_y F_z \zeta_2 \tag{2-60}$$

$$E_y = (p_{Ey1} + p_{Ey2}\Delta f_z)[1 - (p_{Ey3} + p_{Ey4}\gamma_y)\text{sgn}(\alpha_y)]\gamma_{Ey} \tag{2-61}$$

$$B_y = p_{Ky1} F_{z0} \sin\left[2\arctan\left(\frac{F_z}{p_{Ky2}F_{z0}\lambda_{Fz0}}\right)\right]\lambda_{Fz0}\lambda_{Ky}(1 - p_{Ky3}|\gamma_y|)\zeta_3 / (C_y D_y) \tag{2-62}$$

$$S_{Vy} = F_z[(p_{Vy1} + p_{Vy2}\Delta f_z)\lambda_{Vy} + (p_{Vy3} + p_{Vy4}\Delta f_z)\gamma_y]\lambda_{\mu y}\zeta_4 \tag{2-63}$$

在上述表达式中，$\alpha$ 为侧偏角，单位为 rad 或°；$\zeta_2$、$\zeta_3$、$\zeta_4$ 为权重因子；$F_{z0}$ 为车轮额定垂向载荷，单位为 N；$\lambda_{yy}$、$\lambda_{Cy}$、$\lambda_{\mu y}$、$\lambda_{Ey}$、$\lambda_{Ky}$、$\lambda_{Hy}$、$\lambda_{Vy}$ 为纯侧偏工况下的权重因子；$p_{Cy1}$、$p_{Dy1}$、$p_{Dy2}$、$p_{Dy3}$、$p_{Ey1}$、$p_{Ey2}$、$p_{Ey3}$、$p_{Ey4}$、$p_{Ky1}$、$p_{Ky2}$、$p_{Ky3}$、$p_{Hy1}$、$p_{Hy2}$、$p_{Hy3}$、$p_{Vy1}$、$p_{Vy2}$、$p_{Vy3}$、$p_{Vy4}$ 为侧向力特性参数。

回正力矩 $M_z$ 为

$$M_z = -D_{t\cos}(C_t \arctan\{B_t\alpha_t - E_t[B_t\alpha_t - \arctan(B_t\alpha_t)]\})\cos(\alpha)F_y + D_r \cos[C_r \arctan(B_r\alpha_r)]\cos\alpha \tag{2-64}$$

其中，

$$\alpha_t = \alpha + q_{Hz1} + q_{Hz2}\Delta f_z + (q_{Hz3} + q_{Hz4}\Delta f_z)\gamma_z \tag{2-65}$$

$$\alpha_r = \alpha + S_{Hf} \tag{2-66}$$

$$B_t = (q_{Bz1} + q_{Bz2}\Delta f_z + q_{Bz3}\Delta f_z^2)(1 + q_{Bz4}\gamma_z + q_{Bz5}|\gamma_z|)\lambda_{Ky}/\lambda_{\mu y} \tag{2-67}$$

$$C_t = q_{Cz1} \tag{2-68}$$

$$D_t = F_z(q_{Dz1} + q_{Dz2}\Delta f_z)(1 + q_{Dz3}\gamma_z + q_{Dz4}\gamma_z^2)\frac{R_0}{F_{z0}}\lambda_t \zeta_5 \tag{2-69}$$

$$B_r = \left(q_{Bz9}\frac{\lambda_{Ky}}{\lambda_{\mu y}} + q_{Bz10}B_y C_y\right)\zeta_6 \tag{2-70}$$

$$C_r = \zeta_7 \tag{2-71}$$

$$D_r = F_z((q_{Dz6} + q_{Dz7}\Delta f_z)\lambda_r + (q_{Dz8} + q_{Dz9}\Delta f_z)\gamma_z)R_0\lambda_{\mu r} + \zeta_8 - 1 \tag{2-72}$$

$$E_t = (q_{Ez1} + q_{Ez2}\Delta f_z + q_{Ez3}\Delta f_z^2)(1 + (q_{Ez4} + q_{Ez5}\gamma_z)(0.5\pi \arctan(B_t C_t \alpha_t))) \tag{2-73}$$

在上述表达式中，$\zeta_5$、$\zeta_6$、$\zeta_7$ 为权重因子；$\lambda_{rz}$、$\lambda_{Ky}$、$\lambda_{\mu y}$、$\lambda_r$、$\lambda_t$、$\lambda_{\mu r}$ 为纯侧偏工况下的权重因子；$p_{Bz1}$、$p_{Bz2}$、$p_{Bz3}$、$p_{Bz4}$、$p_{Bz5}$、$p_{Bz9}$、$p_{Bz10}$、$p_{Cz1}$、$p_{Dz1}$、$p_{Dz2}$、$p_{Dz3}$、$p_{Dz4}$、$p_{Dz5}$、$p_{Dz6}$、$p_{Dz7}$、$p_{Dz8}$、$p_{Dz9}$、$p_{Ez1}$、$p_{Ez2}$、$p_{Ez3}$、$p_{Ez4}$、$p_{Ey5}$、$p_{Hz1}$、$p_{Hz2}$、$p_{Hz3}$、$p_{Hz4}$ 为垂向力特性参数。

### 2. Gim 轮胎模型

Gim 轮胎模型具备以下 3 个优点。

（1）Gim 轮胎模型中的待定参数很少，通过简单的试验测量即可获取，可节约大量建模成本，降低建模的难度。

（2）当道路环境发生变化时，Gim 轮胎模型只需调整摩擦系数，无须改变轮胎的刚度数据。

（3）Gim 轮胎模型可以与整车模型相结合进行各类仿真试验，这是因为该模型中轮胎的力、力矩仅与路面附着系数、车速及行车工况有关。定义驱动与制动工况下轮胎纵向滑移率的绝对值为

$$S = |k| = \begin{cases} \left|\dfrac{V_C - V_W}{V_W}\right|, & \text{制动工况} \\ \left|\dfrac{V_C - V_W}{V_C}\right|, & \text{驱动工况} \end{cases} \tag{2-74}$$

侧向滑移率的绝对值为

$$S_\alpha = \begin{cases} |\tan\alpha|, & \text{制动工况} \\ (1 - S_s)|\tan\alpha|, & \text{驱动工况} \end{cases} \tag{2-75}$$

在不考虑轮胎外倾角的情况下，轮胎的综合滑移率可以描述为

$$S_{s\alpha} = \sqrt{S_s^2 + S_\alpha^2} \tag{2-76}$$

简化后的综合附着系数可以描述为

$$\mu = \mu_0(1 - A^* S_{s\alpha}) \tag{2-77}$$

轮胎的纵向附着系数 $\mu_x$ 及侧向附着系数 $\mu_y$ 分别为

$$\begin{cases} \mu_x = \mu \dfrac{S_s}{S_{s\alpha}} \\ \mu_y = \mu \dfrac{S_\alpha}{S_{s\alpha}} \end{cases} \tag{2-78}$$

定义轮胎的纵向临界滑移率 $S_{sc}$ 和侧向临界滑移率 $S_{\alpha c}$ 分别为

$$\begin{cases} S_{sc} = 3\mu\dfrac{F_z}{C_s} \\ S_{\alpha c} = \dfrac{C_s}{C_\alpha}\sqrt{S_{sc}^2 - S_s^2} \end{cases} \tag{2-79}$$

则可以得到轮胎的纵向力和侧向力表达式为

$$\begin{cases} F_x = [C_s S_s l_n^2 + \mu_x F_z(1 - 3l_n^2 + 2l_n^3)]\mathrm{sgn}(k), & S_s < S_{\alpha c} \\ F_x = \mu_x F_z \mathrm{sgn}(k), & S_s \geq S_{\alpha c} \end{cases} \tag{2-80}$$

$$\begin{cases} F_y = -[C_\alpha S_\alpha l_n^2 + \mu_y F_z(1 - 3l_n^2 + 2l_n^3)]\mathrm{sgn}(\alpha), & S_s < S_{\alpha c} \\ F_y = -\mu_y F_z \mathrm{sgn}(\alpha), & S_s \geq S_{\alpha c} \end{cases} \tag{2-81}$$

$$l_n = 1 - \dfrac{\sqrt{(C_\alpha S_\alpha)^2 + (C_s S_s)^2}}{3\mu F_z} \tag{2-82}$$

在上述表达式中，$V_C$ 表示车轮的圆周速度，单位为 m/s；$V_W$ 表示车轮在轮胎中心平面上的纵向速度（轮心速度），单位为 m/s；$\alpha$ 表示轮胎侧偏角，单位为 rad 或 °；$A^*$ 表示附着系数的减少因子，可利用 $S_{s\alpha} - \mu$ 曲线中的两点求取。

## 2.2.7 风阻模型

汽车空气动力学是研究空气与汽车相对运动时的现象和作用规律的一门学科。当汽车在路面上行驶时，除了受到路面通过轮胎传递给车身的作用力，周围大气气流也会对车辆产生各种力和力矩。在这些力和力矩的作用下，会对汽车的操稳性、动力性和经济性产生直接影响。气流将以面载荷的形式作用于车身上，在空气动力学中常常将车身表面的压力合成得到一个合力，称为气动力。气动力在车身上的作用点称为风压中心。当风压中心的位置不与中心转向轴重合时，汽车除了受到气动阻力、气动升力和侧向力的影响，还会受到它们产生的附加气动力矩、纵倾力矩、侧倾力矩及横摆力矩的影响。

气动阻力对汽车的动力性及燃油经济性有直接影响，它的方向与汽车的运动方向相反，大小由以下表达式表示：

$$F_w = \dfrac{1}{2}\rho A C_w v^2 \tag{2-83}$$

式中，$\rho$ 表示空气密度，单位为 kg/m³；$A$ 表示汽车的迎风面积，单位为 m²；$C_w$ 表示汽车的风阻系数；$v$ 表示车辆的行驶速度，单位为 m/s。

## 2.3 汽车智能驾驶试验基础

### 2.3.1 整车性能试验

汽车在进入小批量生产之前,必须进行整车性能试验,以验证汽车整车性能是否达到设计要求。整车性能试验包括动力性试验、燃油经济性试验、制动性能试验、操稳性试验和平顺性试验等。由于实车试验的费用高、周期长,不可能把整车性能问题留到实车试验阶段。随着仿真技术的发展,整车性能仿真可以充分地暴露汽车设计阶段的整车性能问题,为汽车改进设计提供了理论基础,有效地缩短了汽车研发周期,降低了汽车开发成本。以下主要针对汽车制动性能试验、稳态回转试验、蛇形试验、双移线试验、鱼钩试验和平顺性试验进行介绍。

**1. 制动性能试验**

整车的制动性能关系汽车的行驶安全,良好的制动性能可以保障汽车行驶安全,避免交通事故。评价整车制动性能的一般指标包括制动距离、制动平均减速度、制动力和制动时间。

(1)制动距离是制动性能最直观的参数,主要受汽车初速度 $v_0$、驾驶员反应时间 $t_1$、机械滞后时间 $t_2$、整车质量 $m$、车轮质量 $\Delta m$、总制动力 $F$ 的影响,具体计算公式如下:

$$S = \frac{(t_1 + t_2)v_0}{3.6} + \frac{(m + \Delta m)v_0^2}{25.9F} \tag{2-84}$$

(2)制动平均减速度与制动距离相关,制动平均减速度越大,制动距离越小,制动效果越好。制动平均减速度的影响因素包括 0.8 倍汽车初速度 $v_b$、0.1 倍汽车初速度 $v_e$、车速达到 0.8 倍汽车初速度时行驶过的距离 $S_b$、车速达到 0.1 倍汽车初速度时行驶过的距离 $S_e$,具体计算公式如下:

$$v_m = \frac{v_b^2 - v_e^2}{25.92(S_e - S_b)} \tag{2-85}$$

(3)制动力是制动器摩擦片(或摩擦衬块)与制动鼓(或制动蹄)作用产生的摩擦阻力。制动力越大,制动减速度越大,制动效果越好。汽车制动力 $F_\mu$ 与制动状态下汽车惯性力 $G$、制动减速度 $j$ 有关,具体计算公式如下:

$$F_\mu = \frac{G}{g} j \tag{2-86}$$

(4)制动时间指行驶的汽车从开始制动到完全停止所用的时间,包括驾驶员反应时间和制动器响应时间。驾驶员反应时间指驾驶员从发现制动信号到脚踩刹车所用的时间,一般为 0.4~1.0s;制动器响应时间指制动器从开始工作到汽车安全停止所用的时间,受车型、路况、风速等因素影响。

## 2. 稳态回转试验

稳态回转试验是检验车辆稳态转弯特性的一个重要试验，评价汽车稳态回转性能的指标包括中性转向点侧向加速度、不足转向度和车身侧倾度。为了获得上述指标，在试验过程中需要测量的参数包括汽车横摆角速度、汽车行驶速度、车身侧倾角、汽车侧偏角、汽车纵向加速度和汽车侧向加速度。

稳态回转试验有两种试验方式，即定方向盘转角和定转弯半径。

1）定方向盘转角

驾驶员操纵汽车以稳定车速沿固定半径（15m 或 20m）的圆圈行驶，缓慢、连续而均匀地加速（纵向加速度不超过 0.25m/s²），直到汽车侧向加速度达到 6.5m/s²（或者受发动机限制所能达到的最大侧向加速度，或者汽车出现不稳定状态）。

试验测量得到的数据可按以下方法处理，汽车的实时转弯半径可由以下公式计算：

$$R_k = \frac{57.3 v_k}{r_k} \tag{2-87}$$

式中，$R_k$ 为第 $k$ 点的转弯半径，单位为 m；$v_k$ 为第 $k$ 点的瞬时车速，单位为 m/s；$r_k$ 为第 $k$ 点的瞬时横摆角速度，单位为 rad/s 或 °/s。

汽车实时的侧向加速度 $a_k$ 与第 $k$ 点的瞬时车速 $v_k$、瞬时横摆角速度 $\omega_k$ 满足以下关系：

$$a_k = v_k \omega_k \tag{2-88}$$

汽车的前后轴侧偏角差值可以根据以下公式计算：

$$\delta_1 - \delta_2 = 57.3 L \left( \frac{1}{R_0} - \frac{1}{R_k} \right) \tag{2-89}$$

式中，$\delta_1$ 为前轴侧偏角，单位为 rad 或 °；$\delta_2$ 为后轴侧偏角，单位为 rad 或 °；$L$ 为汽车的轴距，单位为 m。

2）定转弯半径

驾驶员操纵汽车沿半径为 30m 的圆弧行驶（见图 2-5），圆弧两侧沿中心线每隔 5m 放置一个标桩，两侧标桩到圆弧中心的距离为 0.5 倍车宽 +b，b 为标桩距离，其具体取值如表 2-1 所示。汽车以稳定车速通过试验路径，且不能碰到标桩，缓慢增加车速，要求每次增加车速时需要保持汽车横向加速度增加不超过 0.5m/s²，直到汽车侧向加速度达到 6.5m/s²（或者受发动机限制所能达到的最大侧向加速度，或者当汽车出现不稳定状态时）。

在定转弯半径工况下，汽车侧向加速度可以由以下 3 种方式计算获得。

一是利用汽车的横摆角速度 $\omega$ 与汽车车速 $v$ 的乘积获得。

$$a_y = \omega v \tag{2-90}$$

二是利用加速度计测量得到的横向加速度 $a_{\text{measure}}$ 减去因车身侧倾引起的偏差值 $g \sin \Phi$ 获得，

其中 $\Phi$ 为车身的侧倾角。

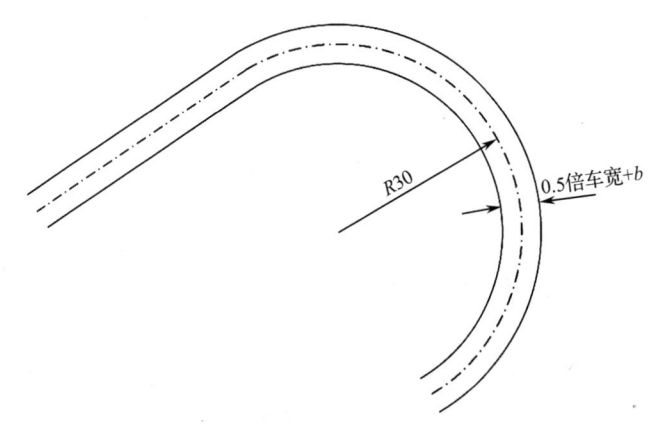

图 2-5　定转弯半径稳态回转试验路径

表 2-1　不同轴距汽车定转弯半径稳态回转试验的标桩距离

| 试验汽车轴距（m） | 标桩距离 $b$（m） |
|---|---|
| 小于或等于 2.5 | 30 |
| 大于 2.5，小于或等于 4.0 | 50 |
| 大于 4.0 | 70 |

$$a_y = a_{\text{measure}} - g\sin\Phi \tag{2-91}$$

三是利用圆周运动的公式计算获得。

$$a_y = \frac{v^2}{R} \tag{2-92}$$

式中，$v$ 为汽车的车速；$R$ 为转弯半径。

汽车的前后轴侧偏角差值可以根据以下公式计算：

$$\delta_1 - \delta_2 = \frac{L}{R}\left(\frac{\theta_i}{\theta_0} - 1\right) \tag{2-93}$$

式中，$\delta_1$ 为前轴侧偏角，单位为 rad 或°；$\delta_2$ 为后轴侧偏角，单位为 rad 或°；$L$ 为汽车的轴距，单位为 m；$R$ 为转弯半径，单位为 m；$\theta_0$ 为最低稳定车速通过试验路径所对应的方向盘转角，单位为 rad 或°；$\theta_i$ 为汽车以某一车速通过试验路径所对应的方向盘转角，单位为 rad 或°。

将上述两种试验方式获得的汽车的前后轴侧偏角差值和侧向加速度绘制 $(\delta_1-\delta_2)-a_y$ 曲线，通过 $(\delta_1-\delta_2)-a_y$ 曲线计算中性转向点的侧向加速度 $a_n$、不足转向度 $U$ 和车身侧倾度 $K_\Phi$，为了方便对 3 个指标进行评分，表 2-2 给出了稳态回转试验评分指标参数，即中性转向点的侧向加速度 $a_n$、不足转向度 $U$ 和车身侧倾度 $K_\Phi$ 的上、下限值。

表 2-2 稳态回转试验评分指标参数

| 车型 | 指标 | | | | | |
|---|---|---|---|---|---|---|
| | $a_{n60}$ (m/s²) | $a_{n100}$ (m/s²) | $U_{60}$ (°)/(m/s²) | $U_{100}$ (°)/(m/s²) | $K_{\varPhi 60}$ (°)/(m/s²) | $K_{\varPhi 100}$ (°)/(m/s²) |
| 质量≤2.5t | 5 | 9 | 1<br>0.6① | 0.4<br>0.24① | 1.2 | 0.7 |
| 2.5t<质量≤6t | 4 | 8 | 1.2 | 0.5 | 1.2<br>0.4② | |
| 质量>6t | 3 | 6 | | | | |

注：①表示最高车速小于160km/h的汽车；②表示最大总质量大于9t的汽车。

中性转向点的侧倾加速度 $a_n$ 评分可以由以下公式计算：

$$N_{a_n} = 60 + \frac{40(a_n - a_{n60})}{a_{n100} - a_{n60}} \tag{2-94}$$

不足转向度 $U$ 评分由以下公式计算：

$$N_U = 60 + \frac{40U(U_{60} - U)(\lambda - U)}{U_{100}(U_{60} - U_{100})(\lambda - U_{100})} \tag{2-95}$$

式中，$\lambda = \dfrac{2U_{60}}{U_{60} - 2U_{100}}$。

车身侧倾度 $K_\varPhi$ 评分可以由以下公式计算：

$$K_\varPhi = 60 + \frac{40(K_{\varPhi 60} - K_\varPhi)}{K_{\varPhi 60} - K_{\varPhi 100}} \tag{2-96}$$

稳态回转试验3个指标的评分越高，稳态回转性能越好。

### 3. 蛇形试验

蛇形试验的目的是让汽车连续通过预先设置的标桩，通过考察车速、方向盘转角、横摆角速度和车身侧倾角等数据，评价汽车的随动性、收敛性、方向操纵轻便性和事故可避性等。

在蛇形试验中，驾驶员先操纵汽车以近似基准车速二分之一的稳定车速按预定的行驶轨迹（见图2-6）通过有效标桩区，然后提高车速重复试验，直到汽车不能通过有效标桩区或车速达到80km/h。蛇形试验的标桩距离根据不同车型布置不同，具体如表2-3所示。在蛇形试验过程中需要测量方向盘转角、横摆角速度、车身侧倾角、通过有效标桩区的时间和侧向加速度。

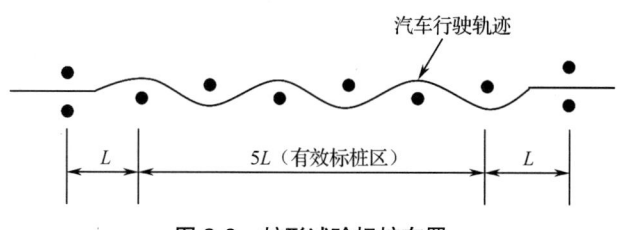

图 2-6 蛇形试验标桩布置

表 2-3 不同车型蛇形试验的标桩距离

| 车型 | 标桩距离（m） | 基准车速（km/h） |
|---|---|---|
| 轿车、轻型客车及最大总质量小于或等于 2.5t 的货车和越野车 | 30 | 65 |
| 中型客车及最大总质量大于 2.5t 而小于或等于 6t 的货车和越野车 | 30 | 50 |
| 大型客车及最大总质量大于 6t 而小于或等于 15t 的货车和越野车 | 50 | 60 |
| 特大型客车及最大总质量大于 15t 的货车和越野车 | 50 | 50 |

试验车速、平均方向盘转角、平均横摆角速度、平均车身侧倾角和平均侧向加速度可以按以下方法计算获得。

1）试验车速

第 $i$ 次试验的蛇形车速由式（2-97）确定：

$$v_i = 18L/t_i \tag{2-97}$$

式中，$v_i$ 为第 $i$ 次试验的车速，单位为 km/h；$L$ 为标桩距离，单位为 m；$t_i$ 为第 $i$ 次试验通过有效标桩区的时间，单位为 s。

2）平均方向盘转角

第 $i$ 次试验的平均方向盘转角由式（2-98）确定：

$$\bar{\delta}_{swi} = \frac{1}{4}\sum_{j=1}^{4}|\delta_{swi}| \tag{2-98}$$

式中，$\bar{\delta}_{swi}$ 为第 $i$ 次试验平均方向盘转角，单位为 rad 或 °；$\delta_{swi}$ 为在有效标桩区内，方向盘转角的时间历程曲线峰值，单位为 rad 或 °。

3）平均横摆角速度

第 $i$ 次试验的平均横摆角速度由式（2-99）确定：

$$\bar{\omega}_i = \frac{1}{4}\sum_{j=1}^{4}|\omega_{ij}| \tag{2-99}$$

式中，$\bar{\omega}_i$ 为第 $i$ 次试验的平均横摆角速度，单位为 rad/s 或 °/s；$\omega_{ij}$ 为在有效标桩区内，横摆角速度的时间历程曲线峰值，单位为 rad/s 或 °/s。

4）平均车身侧倾角

第 $i$ 次试验的平均车身侧倾角由式（2-100）确定：

$$\bar{\phi}_i = \frac{1}{4}\sum_{j=1}^{4}|\phi_{ij}| \tag{2-100}$$

式中，$\bar{\phi}_i$ 为第 $i$ 次试验的平均车身侧倾角，单位为 rad 或 °；$\phi_{ij}$ 为在有效标桩区内，车身侧倾角的时间历程曲线峰值，单位为 rad 或 °。

5）平均侧向加速度

第 $i$ 次试验的平均侧向加速度由式（2-101）确定：

$$\bar{a}_{yi} = \frac{1}{4}\sum_{j=1}^{4}|a_{yij}| \quad （2\text{-}101）$$

式中，$\bar{a}_{yi}$ 为第 $i$ 次试验的平均侧向加速度，单位为 m/s²；$a_{yij}$ 为在有效标桩区内，侧向加速度真实值的时间历程曲线峰值，单位为 m/s²。在蛇形试验工况中，方向盘转角输入信号可以采用正弦信号（见图 2-7）。

由上述方法计算获得平均横摆角速度和平均方向盘转角峰值，需要进一步对这两个指标进行评分。为了方便对这两个指标进行评分，表 2-4 给出了平均横摆角速度 $\omega$ 和平均方向盘转角峰值 $\theta$ 的上、下限值。

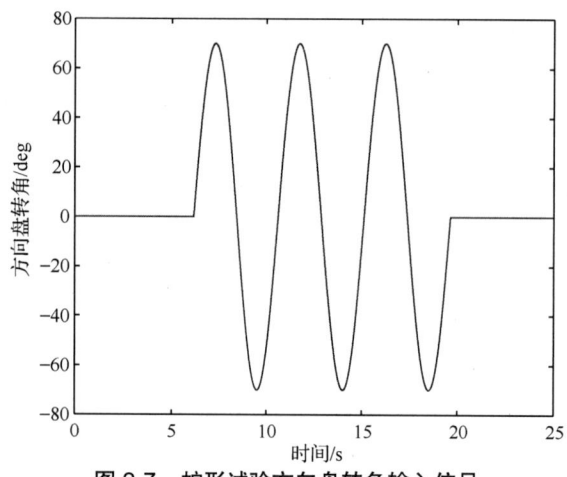

图 2-7 蛇形试验方向盘转角输入信号

表 2-4 蛇形试验评分指标参数

| 车型 | 标桩间距(m) | 基准车速(km/h) | $\omega_{60}$ (°/s) | $\omega_{100}$ (°/s) | $\theta_{60}$ (°) | $\theta_{100}$ (°) |
|---|---|---|---|---|---|---|
| 质量 ≤ 2.5t | 30 | 60①, 65 | 25 | 10 | 180 | 60 |
| 2.5t< 质量 ≤ 6t | 30 | 50 | 20 | 8 | 180 | 60 |
| 6t< 质量 ≤ 15t | 50 | 60 | 10 | 4 | 180 | 60 |
| 质量 >15t | 50 | 50 | 10 | 4 | 180 | 60 |

注：①表示用于最高车速小于 100km/h 的汽车。

平均横摆角速度 $\omega$ 评分的计算公式为

$$N_\omega = 60 + \frac{40(\omega_{60} - \omega)}{\omega_{60} - \omega_{100}} \quad （2\text{-}102）$$

平均方向盘转角峰值 $\theta$ 评分的计算公式为

$$N_\theta = 60 + \frac{40(\theta_{60} - \theta)}{\theta_{60} - \theta_{100}} \quad （2\text{-}103）$$

平均横摆角速度和平均方向盘转角峰值评分越大，蛇形试验操稳性越好。

### 4. 双移线试验

双移线试验主要用于评价汽车在紧急变线时车辆动力学性能及车道保持能力。在双移线试验中，驾驶员操纵汽车按预定的轨迹行驶（见图 2-8），车速从 50km/h 开始测试，每次车速增加 10km/h，直到汽车无法通过有效标桩区或车速达到 80km/h。试验过程需要测量车速、横摆角速度、车身侧倾角和方向盘转角等信号。双移线试验方向盘转角输入信号如图2-9所示。

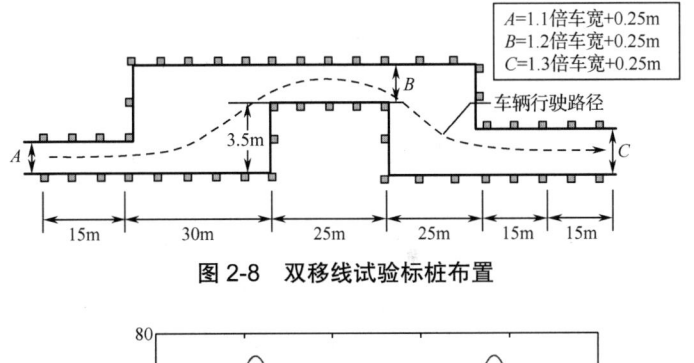

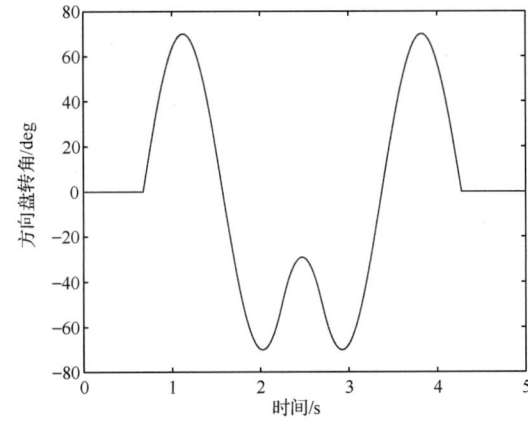

图2-8 双移线试验标桩布置

图2-9 双移线试验方向盘转角输入信号

### 5. 鱼钩试验

鱼钩试验主要用于测试车辆避免高速碰撞的能力。鱼钩试验首先要求汽车以56～80km/h的速度沿直线行驶，然后突然左转，使方向盘转过270°，最后方向盘右转540°，并在转向过程中汽车不断加速，直至车速达到80km/h或两个内侧车轮离地间隙达到5.08cm以上，结束本试验。鱼钩试验车辆运动轨迹如图2-10所示。鱼钩试验方向盘转角输入信号如图2-11所示。

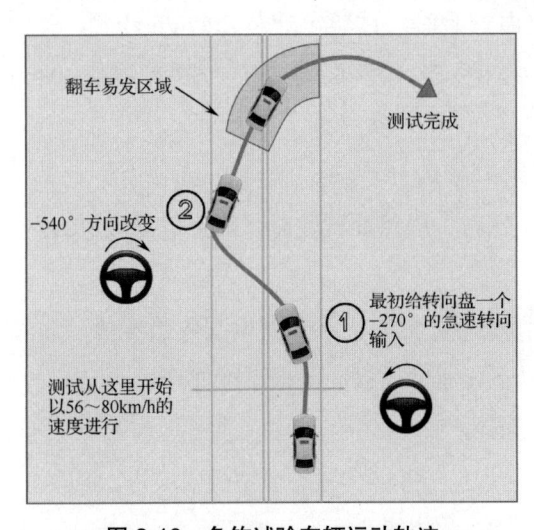

图2-10 鱼钩试验车辆运动轨迹

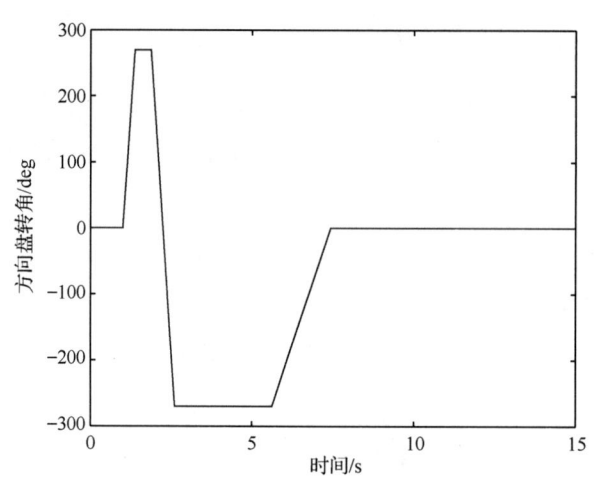

图 2-11  鱼钩试验方向盘转角输入信号

鱼钩试验主要是模拟汽车在高速避障后返回原车道时汽车的运动状态，评价汽车的抗侧翻能力，如果在试验过程中汽车内侧车轮离地间隙超过 5.08cm，则说明汽车抗侧翻性能差，安全性不好，还有待改进。如果车速达到了 80km/h，汽车内侧车轮离地间隙仍然小于 5.08cm，则说明汽车抗侧翻性能好，有较好的安全性。

### 6. 平顺性试验

平顺性试验用于评价汽车乘坐舒适性，典型的平顺性试验包括两种，分别为随机路面激励平顺性试验和脉冲路面激励平顺性试验。前者主要考察汽车在随机路面行驶时，随机路面激励引起的振动对乘员或货物的影响；后者主要考察汽车行驶过一个凸包或坑洼时，冲击振动对乘员或货物的影响。以下分别对这两种试验情况进行说明。

1）随机路面激励平顺性试验

在随机路面激励平顺性试验中，试验车速按照以下规律进行测试。

当 M 类车辆在良好路面试验时，试验车速从 40km/h 开始，每隔 10km/h 或 20km/h 递增，直到达到最高车速；当 M 类车辆在一般路面试验时，试验车速从 40km/h 开始，每隔 10km/h 递增，直到 70km/h。

当 N 类车辆在良好路面试验时，试验车速从 40km/h 开始，每隔 10km/h 或 20km/h 递增，直到达到最高车速；当 N 类车辆在一般路面试验时，试验车速从 30km/h 开始，每隔 10km/h 递增，直到达到 60km/h。

在随机路面激励平顺性试验过程中，需要测量驾驶员座椅、后轴上方座椅和最后排座椅上的三向加速度信号，并按以下加速度加权均方根进行处理。

单轴向加权加速度均方根为

$$\bar{a}_{wj} = \left[\frac{1}{T}\int_0^T a_{wj}^2(t)\mathrm{d}t\right]^{\frac{1}{2}} \qquad (2\text{-}104)$$

式中，$a_{wj}(t)$ 是时域加速度信号 $a_j(t)$ 经过频率加权函数 $w(f)$ 加权得到的加速度信号。

座椅垂向频率加权函数为

$$w_k(f) = \begin{cases} 0.5, & 0.5 < f < 2 \\ f/4, & 2 < f < 4 \\ 1, & 4 < f < 12.5 \\ 12.5/f, & 12.5 < f < 80 \end{cases} \qquad (2\text{-}105)$$

座椅纵向、横向频率加权函数为

$$w_d(f) = \begin{cases} 1, & 0.5 < f < 2 \\ 2/f, & 2 < f < 80 \end{cases} \qquad (2\text{-}106)$$

驾驶员座椅上方的总加权加速度均方根为

$$a_v = [(1.4a_{xw})^2 + (1.4a_{yw})^2 + a_{zw}^2]^{\frac{1}{2}} \qquad (2\text{-}107)$$

总加权加速度均方根与人的主观感受之间的关系如表 2-5 所示。

表 2-5 总加权加速度均方根与人的主观感受之间的关系

| 总加权加速度均方根 $a_v$ /(m/s²) | 人的主观感受 |
| --- | --- |
| 小于 0.315 | 没有不舒服 |
| 0.315～0.63 | 有些不舒服 |
| 0.5～1 | 比较不舒服 |
| 0.8～1.6 | 不舒服 |
| 1.25～2.5 | 很不舒服 |
| 大于 2.5 | 极不舒服 |

2）脉冲路面激励平顺性试验

在脉冲路面激励平顺性试验中，脉冲激励为三角形单凸块，凸块高度为 40mm，宽度为 400mm，长度须大于车宽，试验车速按照以下规律进行测试。

试验车速从 10km/h 开始，每隔 10km/h 递增，直到达到 60km/h。在脉冲路面激励平顺性试验过程中，需要测量驾驶员座椅、后轴上方座椅和最后排座椅上的三向加速度信号，并按以下两种方法处理。

（1）最大（绝对值）加速度响应 $\ddot{Z}_{\max}$ 为

$$\ddot{Z}_{\max} = \frac{1}{n}\sum_{j=1}^n \ddot{Z}_{\max j} \qquad (2\text{-}108)$$

式中，$n$ 为试验次数；$\ddot{Z}_{\max j}$ 为第 $j$ 次试验结果的最大加速度响应，单位为 m/s²。

（2）振动剂量值 VDV 为

$$\mathrm{VDV} = \left[ \int_0^T a_w^4(t) \mathrm{d}t \right]^{\frac{1}{4}} \qquad (2\text{-}109)$$

式中，$a_w(t)$ 为加权加速度时间历程，单位为 m/s²；$T$ 为作用时间，单位为 s。

### 2.3.2 智能驾驶试验

随着智能驾驶技术的发展，越来越多的汽车配备不同的辅助驾驶功能，如前向碰撞预警（Forward Collision Warning，FCW）系统、车道偏离预警系统（Lane Departure Warning System，LDWS）、车道保持系统（Lane Keeping System，LKS）和自适应巡航控制（Adaptive Cruise Control，ACC）系统。这些辅助驾驶功能不仅可以提升驾驶员的驾驶体验，还能保证汽车的行驶安全。为了确保辅助驾驶功能的安全性和可靠性，需要对其进行场景测试。以下分别介绍几种辅助驾驶功能的场景测试。

**1. 前向碰撞预警系统**

前向碰撞预警系统的主要功能是通过雷达系统时刻监控前方车辆，判断主车与前车之间的距离、方位和相对速度，当存在潜在的碰撞危险时系统对驾驶员发出预警信号。

主车与前车的相对速度为

$$v_r(t) = v_{\mathrm{TV}}(t) - v_{\mathrm{SV}}(t) \qquad (2\text{-}110)$$

式中，$v_r(t)$ 为相对速度，单位为 m/s；$v_{\mathrm{TV}}(t)$ 为前车车速，单位为 m/s；$v_{\mathrm{SV}}(t)$ 为主车车速，单位为 m/s。

通过主车与前车的距离和相对速度计算距离碰撞时间（Time to Collision，TTC）：

$$\mathrm{TTC} = \frac{x_c(t)}{v_r(t)} \qquad (2\text{-}111)$$

式中，$x_c(t)$ 为主车与前车的距离，单位为 m。

当主车加速度与前车加速度不同时，无法用 TTC 预计碰撞时间，此时需要考虑主车与前车的加速度对碰撞时间的影响，因此提出了强化距离碰撞时间 ETTC：

$$\mathrm{ETTC} = \frac{[-(v_{\mathrm{TV}} - v_{\mathrm{SV}}) - \sqrt{(v_{\mathrm{TV}} - v_{\mathrm{SV}})^2 - 2(a_{\mathrm{TV}} - a_{\mathrm{SV}})x_c}]}{(a_{\mathrm{TV}} - a_{\mathrm{SV}})} \qquad (2\text{-}112)$$

式中，$a_{\mathrm{TV}}$ 为前车加速度，单位为 m/s²；$a_{\mathrm{SV}}$ 为主车加速度，单位为 m/s²。

为了避免碰撞，需要计算主车与前车车速相等，且不发生碰撞的最小减速度 $a_{\mathrm{req}}$，其公式为

$$a_{\mathrm{req}} = a_{\mathrm{TV}} + \frac{v_r^2(t)}{2 \times [x_c(t) - x_r(t)]} \qquad (2\text{-}113)$$

式中，$x_r(t)$ 为由驾驶员对报警的反应时间而造成的车间距离减少量的总和。

前向碰撞预警系统工作时的最低车速 $v_{min}$ 应不高于 11.2m/s，最高车速 $v_{max}$ 应不低于 27.8m/s 或车辆能够达到的最高车速，相对车速的最小值应不高于 4.2m/s，最大值应不低于 20m/s。

前向碰撞预警系统的报警距离范围可以由以下公式计算：

$$X_{c\_min\_Warning} = \frac{v_r^2}{2 \times (a_{req} - a_{TV})} + T_{resp} \times v_r \quad (2\text{-}114)$$

式中，$X_{c\_min\_Warning}$ 为最短报警距离，单位为 m；$a_{req}$ 为避免碰撞的最小减速度，单位为 m/s²，一般取 6.67m/s²；$a_{TV}$ 为前车的加速度，单位为 m/s²；$T_{resp}$ 为驾驶员对报警的反应时间，单位为 s，一般取 0.8s；$v_r$ 为相对速度，单位为 m/s。

前向碰撞预警系统根据适用道路不同曲率半径可分为 3 种类型，分别为 Ⅰ 型系统，具有在曲率半径不低于 500m 的道路上检测到前车的能力；Ⅱ 型系统，具有在曲率半径不低于 250m 的道路上检测到前车的能力；Ⅲ 型系统，具有在曲率半径不低于 125m 的道路上检测到前车的能力。

前向碰撞预警系统的最小检测区域如图 2-12 所示。其中，$d_0$ 为不具备距离测量能力时的最小可检测距离，单位为 m；$d_1$ 为具备距离测量能力时的最小可检测距离，单位为 m；$d_2$ 为对切入车辆的最小检测距离，单位为 m；$d_{max}$ 为最大可检测距离，单位为 m；$h$ 为最大可检测离地高度，单位为 m；$h_1$ 为最小可检测离地高度，单位为 m；$W_L$ 为车道宽度，单位为 m；$W_V$ 为主车宽度，单位为 m。

图 2-12 前向碰撞预警系统的最小检测区域

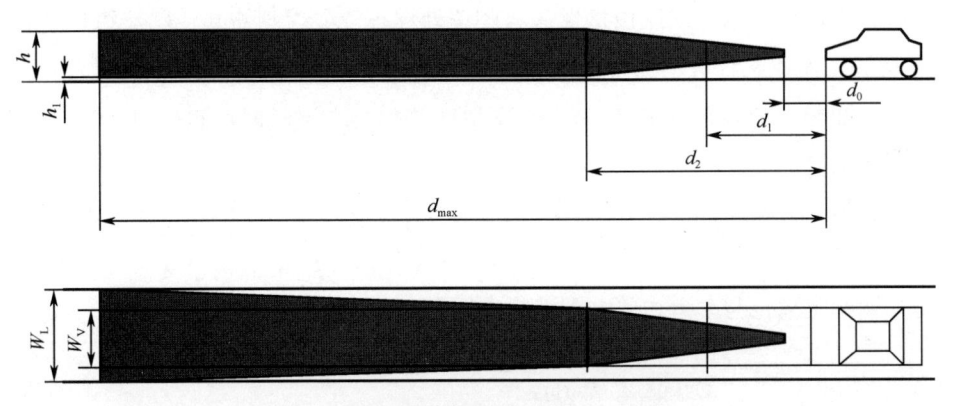

前向碰撞预警系统的检测距离要求如表 2-6 所示。

表 2-6 前向碰撞预警系统的检测距离要求

| 距离 | 公式或值 | 含义 |
| --- | --- | --- |
| $d_{max}$ | $V_{max\_rel} \times T_{max} + V_{max\_rel}^2 / 2a_{min}$ | 最大可检测距离 |
| $d_2$ | Ⅰ 型系统：≤10m；<br>Ⅱ 型系统：≤47.5m；<br>Ⅲ 型系统：≤5m | 对具有 20% 横向偏移量的前车的最小检测距离 |

续表

| 距离 | 公式或值 | 含义 |
|---|---|---|
| $d_1$ | $T_{min} \times V_{min}$ | 系统具备距离测量能力时的最小检测距离 |
| $d_0$ | ≤2m | 最小可检测距离 |

前向碰撞预警系统的检测宽度和高度要求如表 2-7 所示。

表 2-7　前向碰撞预警系统的检测宽度和高度要求

| 距离 | 最小检测宽度 | 最小检测高度 |
|---|---|---|
| $d_{max}$ | $W_L/m$ | $h_1=0.2m$, $h=1.1m$ |
| $d_2$ | $W_V/m$ | $h_1=0.2m$, $h=1.1m$ |
| $d_1$ | 无特定要求 | 无特定要求 |
| $d_0$ | 无特定要求 | 无特定要求 |

## 2. 车道偏离预警系统

车道偏离预警系统通过报警方式提醒驾驶员车辆偏离车道线，可避免因汽车偏离车道线引起的交通事故。车道偏离预警系统由摄像头、图像处理芯片、控制器和传感器组成。

介绍车辆偏离预警系统前，需要对车辆偏离进行定义。报警临界线及其设置区域如图 2-13 所示。车道偏离报警概念如图 2-14 所示。当车辆即将偏离车道线时，可通过以下公式计算车辆偏离车道线所需的时间 TTLC：

$$\text{TTLC} = \frac{D}{v} \tag{2-115}$$

式中，$D$ 为车辆特定部位与车道边界之间的横向距离；$v$ 为车辆偏离速度。

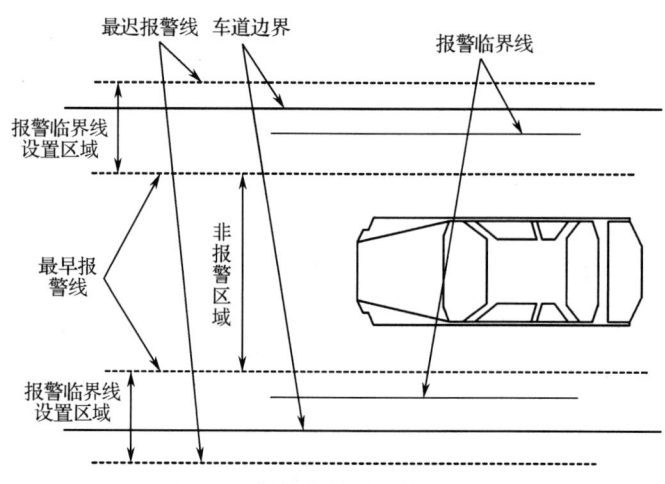

图 2-13　报警临界线及其设置区域

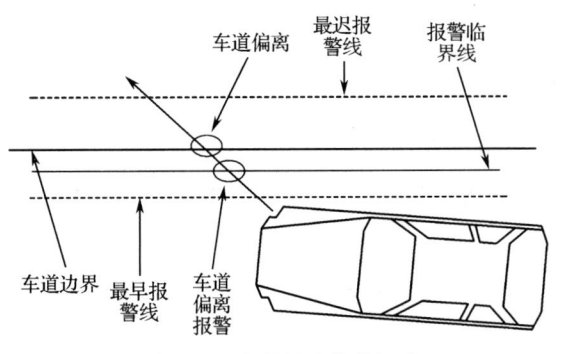

图 2-14 车道偏离报警概念

车道偏离预警系统根据弯道曲率半径和车速的不同，大致可以分为两类，分别为Ⅰ型系统，弯道曲率半径不小于500m，车速不低于20m/s；Ⅱ型系统，弯道曲率半径不小于250m，车速不低于17m/s。

最早报警线在车道线的位置如图 2-15 所示，最早报警线位置参数如表 2-8 所示。

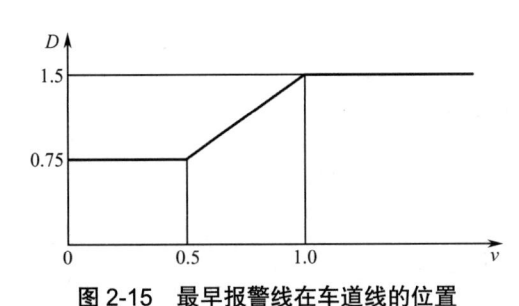

图 2-15 最早报警线在车道线的位置

表 2-8 最早报警线位置参数

| 偏离速度 v (m/s) | 车道线内的最大距离 (m) |
| --- | --- |
| $0 < v \leq 0.5$ | 0.75 |
| $0.5 < v \leq 1$ | $1.5s \times v^a$ |
| $v > 1$ | 1.5 |

注：$a$ 表示 TTLC 乘以偏离速度。

车道偏离预警系统主要从以下 3 个方面进行评价。

(1) 预警生成测试。车道偏离预警系统只能在最早预警线和最迟预警线之间提供预警，不允许车辆未到最早预警线发生预警，也不允许车辆已跨过最迟预警线才开始预警。

(2) 可重复性测试。车道偏离预警系统应在每个测试组的宽度为 30cm 的区域内发出预警。在预警阈值放置区之外不应发出预警。如果一个特定的测试组在规定的速度允许范围内包括 4 个以上的试验，则只考虑在规定的速度允许范围内的前 4 个试验。

(3) 预警错误试验。车辆偏离预警系统在两条最早预警线之间不应发出预警。

### 3. 车道保持系统

车道保持系统是一种智能驾驶辅助系统，该系统在车道偏离预警系统的基础上增加了对转向系统的控制，辅助车辆保持在本车道内行驶。车道保持系统由车道偏离报警、车道偏离辅助、车道保持辅助组成。当车辆偏离车道时，车道保持系统通过控制电子阻力转向系统为驾驶员提供主动纠偏，防止车辆偏离车道，或者通过方向盘振动提醒驾驶员将车辆控制在本车道内。

为了确保车道保持系统的有效性和安全性，需要对以下关键功能制定要求。

1）车道偏离抑制

车道偏离抑制是车道保持系统的核心功能之一，该功能应确保车道偏离不超过车道线外侧0.4m。当车辆偏离距车道线外侧不足0.4m时，系统需要迅速采取有效措施，将车辆重新引导回正确的车道。

2）车道居中控制

车道居中控制是车道保持系统的另一个核心功能，该功能应确保车道偏离不超过车道线外侧。为了实现上述功能，车道保持系统需要对车辆的转向力进行精确控制，确保车辆行驶在车道线之内。

3）纵向加速度、车速减少量

为了保证车辆在偏离车道时不会发生剧烈的减速或速度突然下降，应要求车道保持系统引起的纵向减速度不得超过 $3m/s^2$，同时车速减少量不应超过 $5m/s$。

4）横向加速度、加速度变化率

为了确保车辆在车道保持系统激活期间的稳定性，避免过大的侧向力对行驶稳定性的不利影响，应要求车道保持系统引起的横向加速度不得超过 $3m/s^2$，并且加速度变化率不应超过 $5m/s^3$。

5）正常行驶速度

为了确保车道保持系统的可用性和适用性，要求系统至少应在 70～120km/h 的车速范围内正常运行。

车道保持系统试验主要有以下 3 种类型，分别为直道车道偏离抑制试验、弯道车道偏离抑制试验和车道居中控制试验。

1）直道车道偏离抑制试验

在直道车道偏离抑制试验中，试验车辆在车道内沿直线行驶，待试验车辆达到并以（70±2）km/h 的恒定车速行驶后，使试验车辆以（0.4±0.2）m/s 的偏离速度向左或右偏离（见图 2-16），试验过程应满足车道偏离抑制的要求。

2）弯道车道偏离抑制试验

弯道车道偏离抑制试验的试验道路为一段直道连接一段弯道，其中弯道的长度应保证车辆能够行驶 5s 以上，弯道分为定曲率部分和变曲率部分，其中，定曲率部分的曲率为 $2×10^{-3}m^{-1}$（半径≤500m）；变曲率部分为直道和定曲率部分弯道的连接段，其曲率随弯道长度从 0 线性增加到 $2\times10^{-3}\mathrm{m}^{-1}$，曲率变化率 $dc/ds$ 不超过 $4\times10^{-5}\mathrm{m}^{-2}$，弯道车道偏离抑制试验如图 2-17 所示，其中 S1 表示变曲率部分，S2 表示定曲率部分，S3 表示弯道部分。

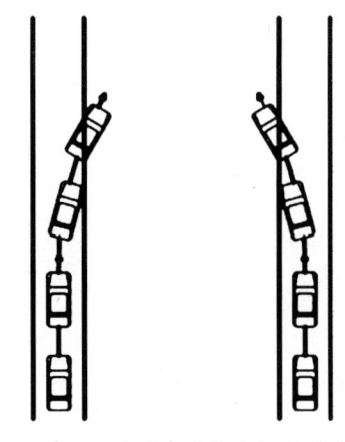

图 2-16 直道车道偏离抑制试验

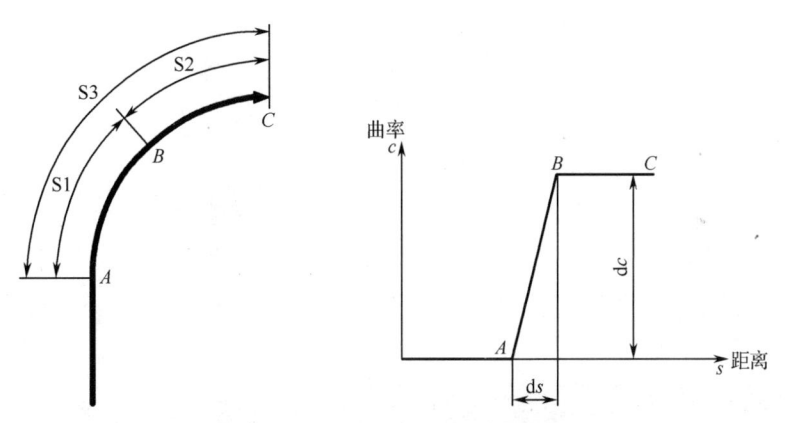

图 2-17 弯道车道偏离抑制试验

在弯道车道偏离抑制试验中，试验车辆在车道中心区域沿直线行驶，待试验车辆达到并以（70±2）km/h 的恒定车速行驶后，车辆从直道进入弯道，并在弯道内行驶至少 5s，试验包括一次左弯道试验和一次右弯道试验，试验过程中应满足车道偏离抑制的要求。当试验车辆达到并保持试验车速后，不应对车辆的转向进行人为干预。

3）车道居中控制试验

车道居中控制试验的试验道路为一段直道连接一段弯道，具体要求与弯道车道偏离抑制试验的试验道路要求一致。

在车道居中控制试验中，车辆在车道中心区域沿直线行驶，待试验车辆达到并以（70±2）km/h 的恒定车速行驶后，车辆从直道进入弯道，并在弯道内行驶至少 5s。试验包括一次左弯道试验和一次右弯道试验,在试验过程中应满足车道居中控制的要求。当试验车辆达到并保持试验车速后,不应对车辆的转向进行人为干预。

**4. 自适应巡航控制系统**

自适应巡航控制系统是定速巡航的一种升级功能,该系统利用摄像头和雷达探测主车与前车之间的距离和位置,通过控制主车的发动机、动力传动系统或制动系统与前车保持适当的跟车车距。自适应巡航控制系统由传感器、数字信号处理器和控制模块组成。

为了确保自适应巡航控制系统的有效性和安全性,需研究自适应巡航控制系统的基本控制策略、最低的功能要求、基本的人机交互界面、故障诊断及处理的最低要求。

根据纵向执行器的不同,自适应巡航控制系统可以分为4种类型(见表2-9)。

表2-9 基于纵向执行器的自适应巡航控制系统的分类

| 类 型 | 是否需要人工操纵离合器 | 是否有主动制动控制 |
| --- | --- | --- |
| ACC 1a | 是 | 无 |
| ACC 1b | 否 | 无 |
| ACC 2a | 是 | 有 |
| ACC 2b | 否 | 有 |

根据弯道适应能力的不同,自适应巡航控制系统可以分为4种类型(见表2-10)。

表2-10 基于弯道适应能力的自适应巡航控制系统的分类

| 类 型 | 对弯道半径的适应能力 |
| --- | --- |
| ACC Ⅰ | 没有要求 |
| ACC Ⅱ | ≥500m |
| ACC Ⅲ | ≥250m |
| ACC Ⅳ | ≥125m |

自适应巡航控制系统应当满足以下基本性能。

(1)车间时距控制和车速控制应能自行转换。

(2)可供选择的最小稳态车间时距 $\tau_{min}$ 应适用于各种车速 $v$ 下的自适应巡航控制。$\tau_{min}(v)$ 应大于或等于1s,并且至少应提供一个在1.5~2.2s区间内的车间时距 $\tau$。

(3)自适应巡航控制系统可以控制主车车速。

(4)在稳定状态下,自适应巡航控制系统应遵循(2)中规定的车间时距最小临界值。

为了实现自适应巡航控制系统对前车的跟踪,自适应巡航控制系统应具备直道探测距离、目标识别能力和弯道适应能力。以下分别对上述自适应巡航控制系统的3种能力进行阐述。

1）直道探测距离

当前车处于 $d_1$ 和 $d_{max}$ 之间时，自适应巡航控制系统需要测量主车与前车之间的距离；当前车处于 $d_0$ 和 $d_1$ 之间时，自适应巡航控制系统需要探测前车的存在，但不需要测量主车与前车之间的距离和相对速度。当前车处于 $d_0$ 之内时，自适应巡航控制系统无须探测前车的存在。

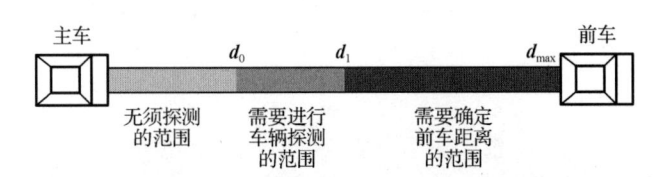

自适应巡航控制系统的探测范围如图 2-18 所示。其中，$d_0$、$d_1$ 和 $d_{max}$ 分别由以下公式计算：

$$d_{max} = \tau_{max(v_{set\_max})} \times v_{set\_max} \tag{2-116}$$

$$d_1 = \tau_{min(v_{low})} \times v_{low} \tag{2-117}$$

$$d_0 = \text{MAX}[2,(0.25 \times v_{low})] \tag{2-118}$$

式中，$d_{max}$ 为直道上的最大探测范围；$d_1$ 为判断是否必要测量距离或相对速度的临界距离；$d_0$ 为判断是否必要探测前车的临界距离；$v_{set\_max}$ 为可供选择的最高设定车速，$v_{low}$ 为允许自动加减速度所需的最低车速；$\tau_{max(v_{set\_max})}$ 为给定车速 $v_{set\_max}$ 时可以获得的最大稳定车间时距；$\tau_{min(v_{low})}$ 为给定车速 $v_{low}$ 时可以获得的最小稳定车间时距。

图 2-18 自适应巡航控制系统的探测范围

2）目标识别能力

如果在直道上前方存在多辆车，或者在弯道上存在多辆车且主车的自适应巡航控制系统属于 ACC Ⅱ、ACC Ⅲ 或 ACC Ⅳ，则与主车处于同一车道的前车（见图 2-19）将被选作自适应巡航控制系统控制的目标车。

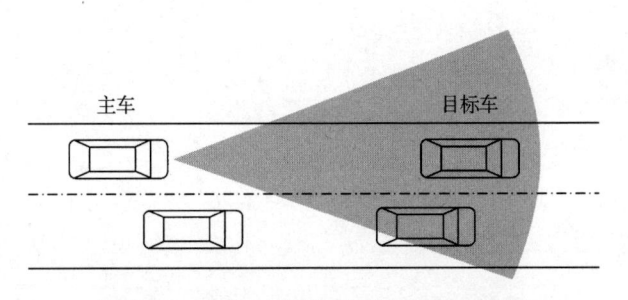

图 2-19 自适应巡航控制系统的目标识别

3）弯道适应能力

自适应巡航控制系统能够使车辆在直道和弯道上以车间时距 $\tau_{max(v_{circle})}$ 稳定跟随前车行驶。因此，如果前车沿半径为 $R_{min}$ 的弯道以恒速 $v_{circle}$ 行驶，则自适应巡航控制系统可使主车以稳定的车间时距 $\tau_{max(v_{circle})}$ 跟随前车。不同类型的自适应巡航控制系统对弯道半径的适应能力不同，ACC Ⅰ仅适用于直道；ACC Ⅱ可适应的弯道最小半径为 $R_{min,Ⅱ}$=500m；ACC Ⅲ可适应的弯道最小半径为 $R_{min,Ⅲ}$=250m；ACC Ⅳ可适应的弯道最小半径为 $R_{min,Ⅳ}$=125m。

$$v_{circle} = \sqrt{a_{lateral\_max} \times R_{min}} \quad (2-119)$$

式中，$a_{lateral\_max}$ 为弯道上的最大设计横向加速度，ACC Ⅱ 的 $a_{lateral\_max}$ 取 2.0m/s²，ACC Ⅲ 的 $a_{lateral\_max}$ 取 2.3m/s²，ACC Ⅳ 的 $a_{lateral\_max}$ 取 2.3m/s²；$v_{circle}$ 为弯道上当给定最大横向加速度 $a_{lateral\_max}$ 时的最高车速；$R_{min}$ 为弯道最小半径。

## 2.4 仿真实现

前面介绍了车辆动力学模型的建模方法和对应的仿真测试工况，下面在 ModelBase 软件中进行实际仿真测试。这里使用 ModelBase 动力学版本，打开软件，新建工程，命名为 Test1。新建工程界面如图 2-20 所示。

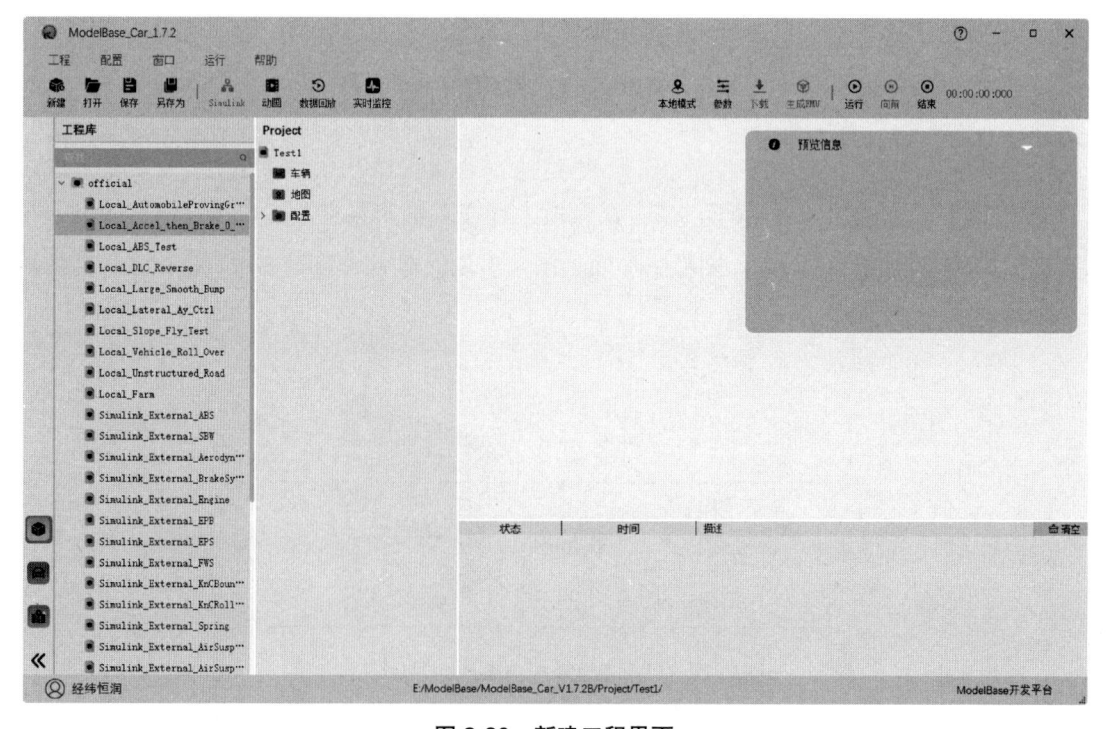

图 2-20 新建工程界面

## 1. 车辆参数配置

从车辆库中拖曳一辆 TypeB 进入工程，可以看到工程 Test1 下的"车辆"节点下多了一个"TypeB"节点，右击"TypeB"节点，在弹出的快捷菜单中选择"编辑车辆"选项。车辆参数配置界面如图 2-21 所示。

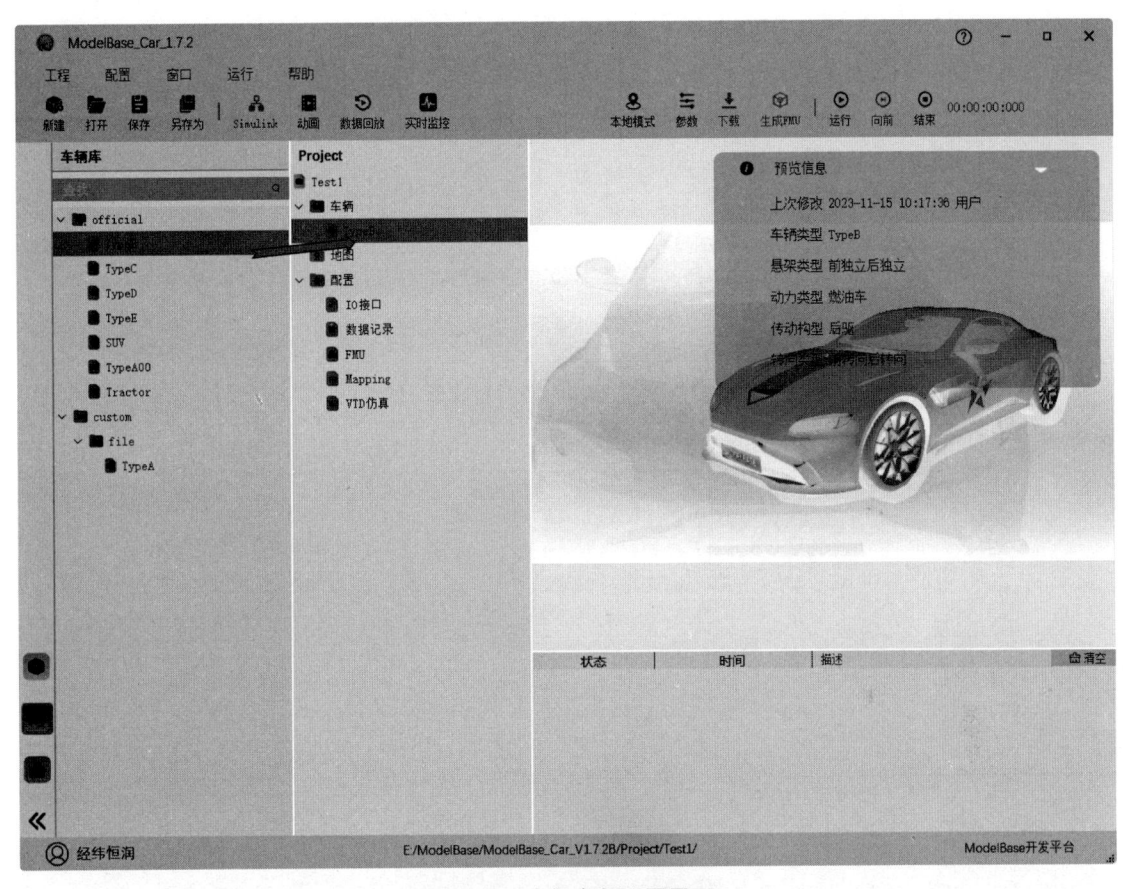

图 2-21 车辆参数配置界面

打开车辆参数配置界面，选择不同的系统，可以配置不同系统的参数。

车身参数配置包含车体作为一个刚体本身的质量、惯量、惯性积，包含轴距、轮距等特征，也可以在车体的任意位置添加负载。车身参数配置界面如图 2-22 所示。

空气动力学需要求解风对车体 3 个方向的力和扭矩，所以其参数包含纵向阻力系数、侧向力系数、升力系数、侧倾系数、俯仰系数、横摆系数，这些系数可以来自实车测试，也可以来自风洞试验。空气动力学参数配置界面如图 2-23 所示。

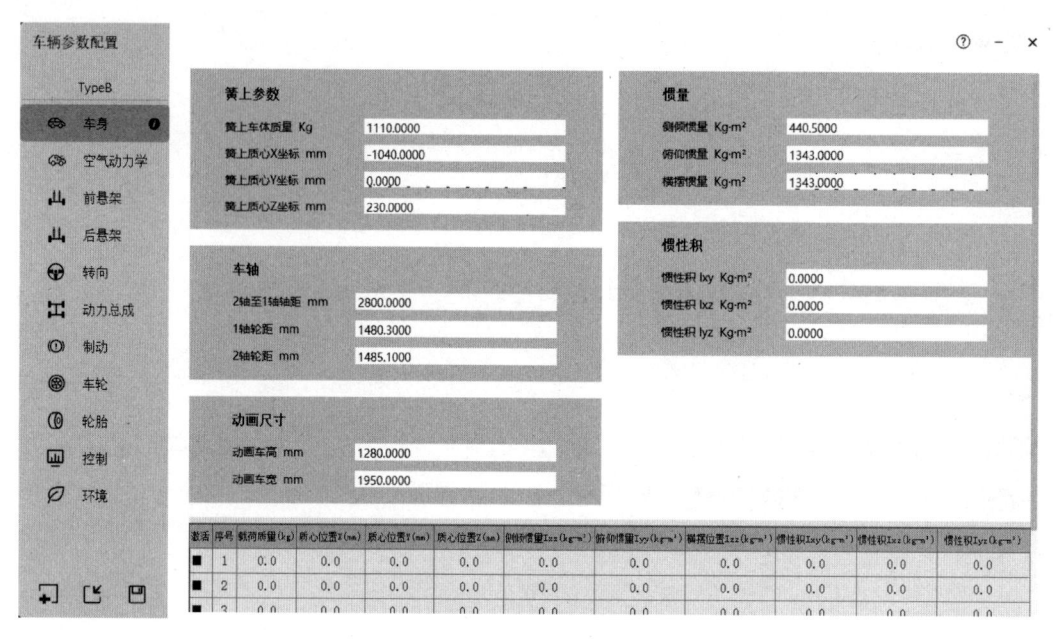

图 2-22 车身参数配置界面

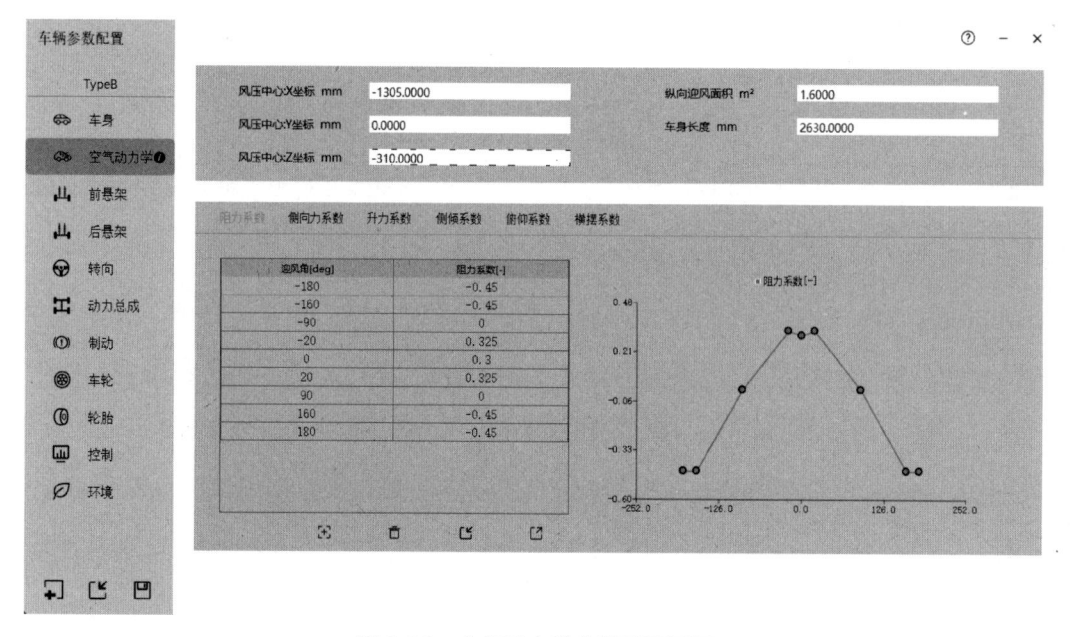

图 2-23 空气动力学参数配置界面

悬架分为独立悬架、半独立悬架、非独立悬架，不同的悬架类型参数不同，不同悬架类型均包含的核心参数是悬架的 KC 特性、悬架刚度特性和阻尼特性。前悬架和后悬架的参数配置页面是相同的，这里就不单独展开了。前悬架参数配置界面如图 2-24 所示。

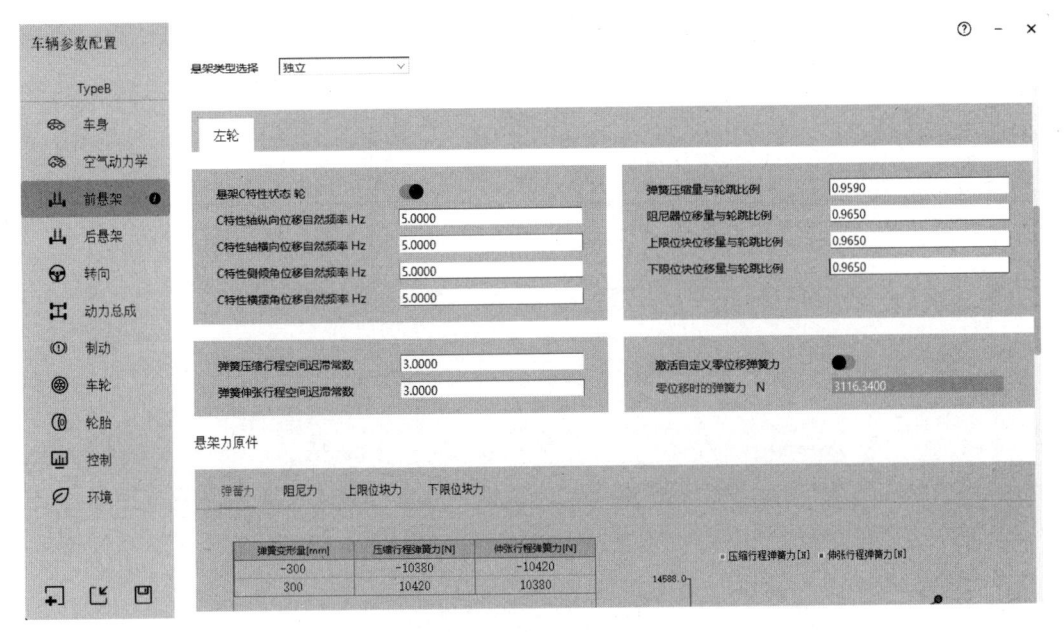

图 2-24 前悬架参数配置界面

转向参数包含方向盘、转向管柱和转向器等部件的惯量、刚度和阻尼特性，还包含从方向盘到左右车轮传动比特性和 EPS 助力特性等。转向参数配置界面如图 2-25 所示。

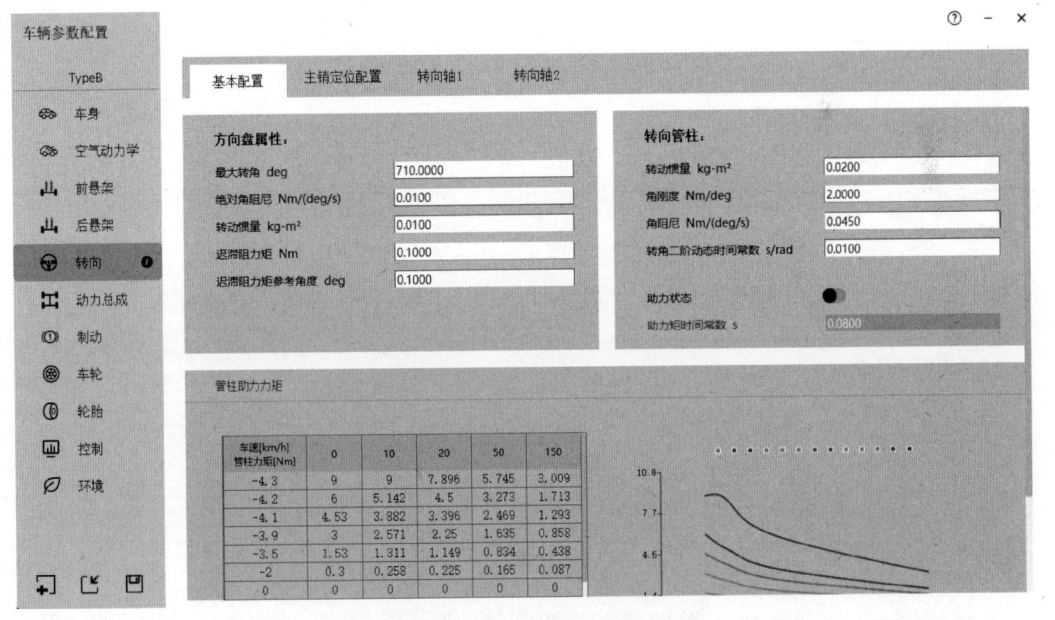

图 2-25 转向参数配置界面

动力总成的种类很多，包含纯油、纯电、混动，不同类别下又可以分为很多构型，如纯电包含单电机前驱、单电机后驱、单电机四驱、双电机前驱、双电机后驱、前轴单电机+后轴单电机、前轴双电机+后轴单电机、前轴单电机+后轴双电机、四驱四电机 9 种构型，虽然构型很多，但是都是对基本部件（如发动机、变速箱、电机、电池、主减速器、差速器）的参数进行配置。动力总成参数配置界面如图 2-26 所示。

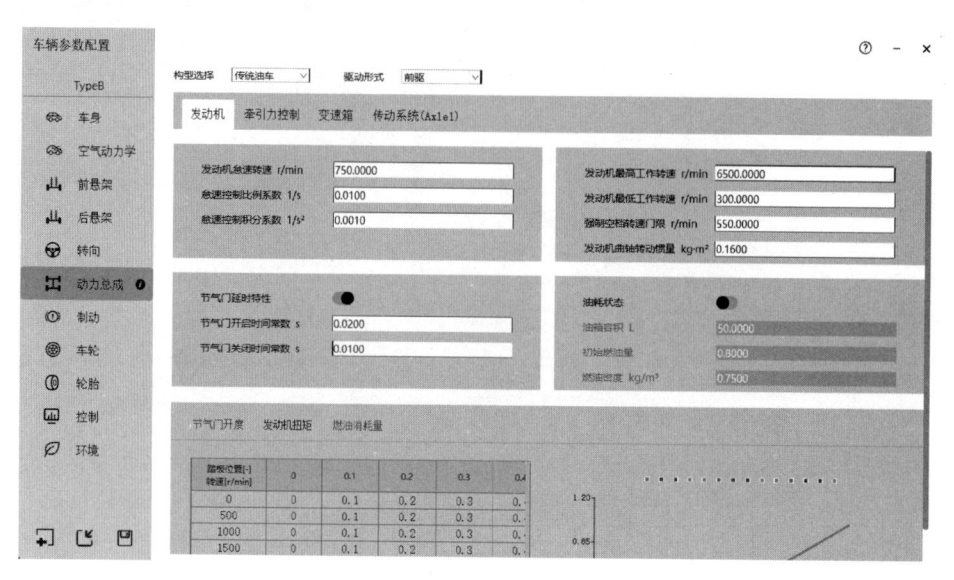

图 2-26 动力总成参数配置界面

制动参数相对较少，主要配置从制动踏板到主缸压力、轮缸压力、制动扭矩的传递特性，同时需要配置制动系统热衰退特性和制动控制器 ABS 的控制参数。制动参数配置界面如图 2-27 所示。

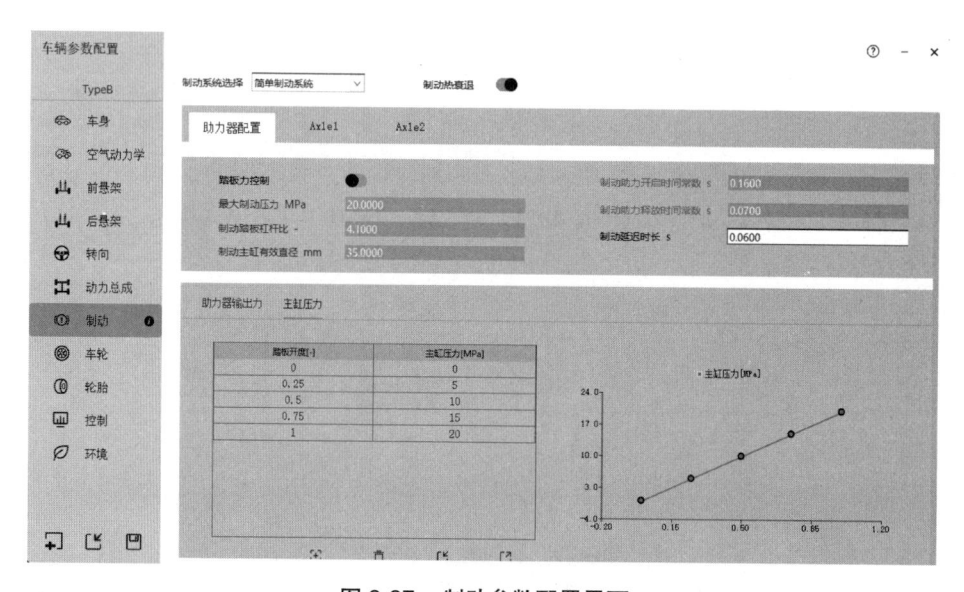

图 2-27 制动参数配置界面

车轮的参数比较简单，主要是车轮定位角及车轮本身的质量和惯量。这里的车轮主要指轮毂，不包含轮辋和轮辐。车轮参数配置界面如图 2-28 所示。

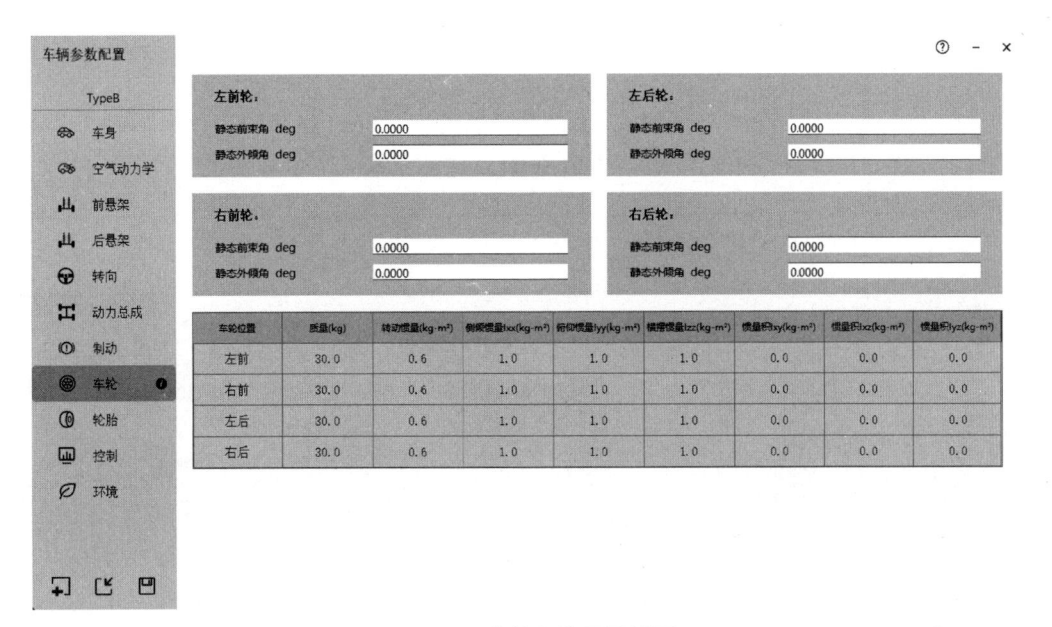

图 2-28　车轮参数配置界面

轮胎主要指轮辋和轮辐，轮胎有多种建模方法，不同建模方法的参数完全不同，这里展示的是 MF5.2 版本魔术公式轮胎参数（见图 2-29），参数数量非常多，可以通过下拉滚动条查看更多参数，魔术公式轮胎参数很难通过实车测试获取，一般只能通过专业的轮胎台架获取。

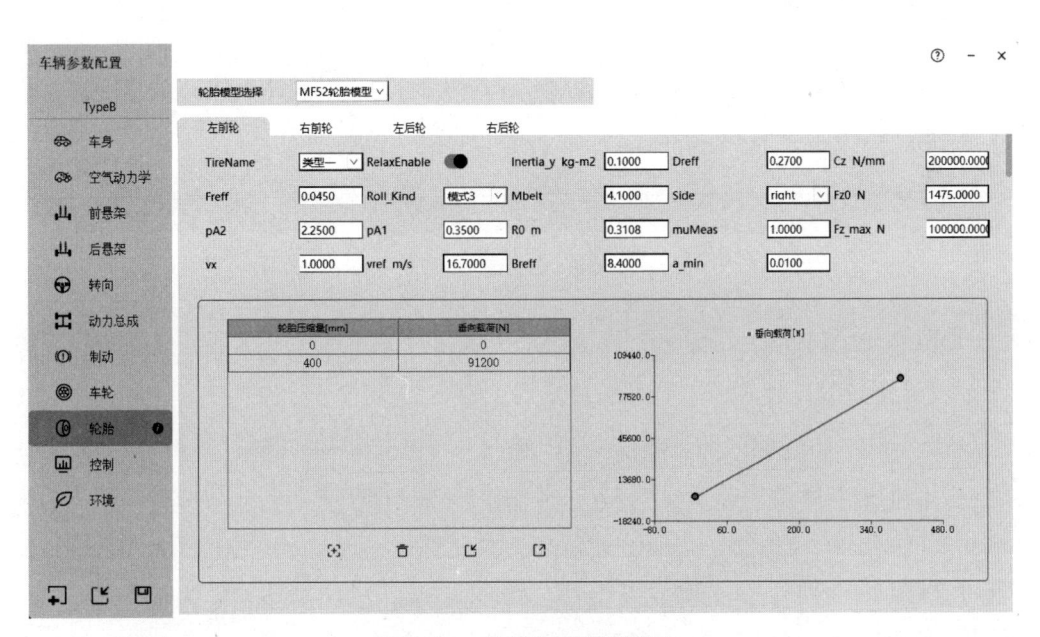

图 2-29　轮胎参数配置界面

环境参数可以采用同样的方式进行修改。在实际仿真时，我们需要根据目标车修改对应的参数，如果没有明确的目标车，可以采用 ModelBase 软件自带的默认参数。

## 2. 道路参数设置

创建道路时，我们可以从零开始创建，也可以直接使用软件自带的道路。这里我们直接使用软件自带的道路，从场景库中拖曳双移线地图DLC进入工程，可以看到Test1工程下的"地图"节点下多了一个"DLC"地图节点（见图2-30）。

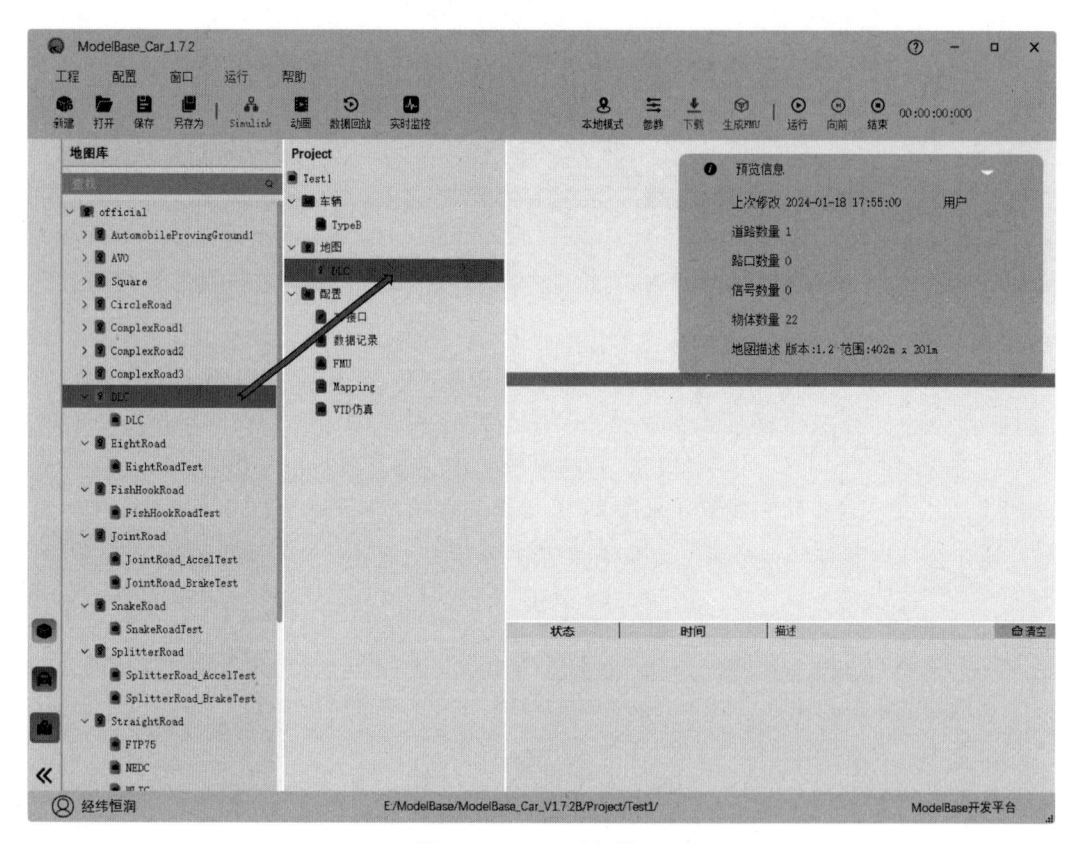

图2-30　DLC选择界面

右击"DLC"地图节点，在弹出的快捷菜单中选择"编辑地图"选项，打开道路编辑器，DLC参数配置界面如图2-31所示。顶部的菜单栏（标号1）主要用于文件的导入、保存、新建、撤销、回退、视图显示、帮助等。左边的工具栏（标号2）和中间的地图编辑器（标号3）用于绘制、修改地图。右边的参数配置界面（标号4）主要用于修改地图中道路和交通路口的参数。中下部区域（标号5）主要用于显示软件诊断信息。下方的状态栏（标号6）用于显示鼠标指针在地图编辑器中的位置。

## 3. 车辆驾驶行为设置

在设置车辆驾驶行为前，我们需要先创建一个场景文件。在创建场景时，可以从零开始创建，也可以直接使用软件自带的场景。这里我们直接使用软件自带的场景，从场景库中拖曳双移线场景DLC进入工程，可以看到在"DLC"地图节点下多了一个"DLC"场景节点。DLC场景创建界面如图 2-32 所示。

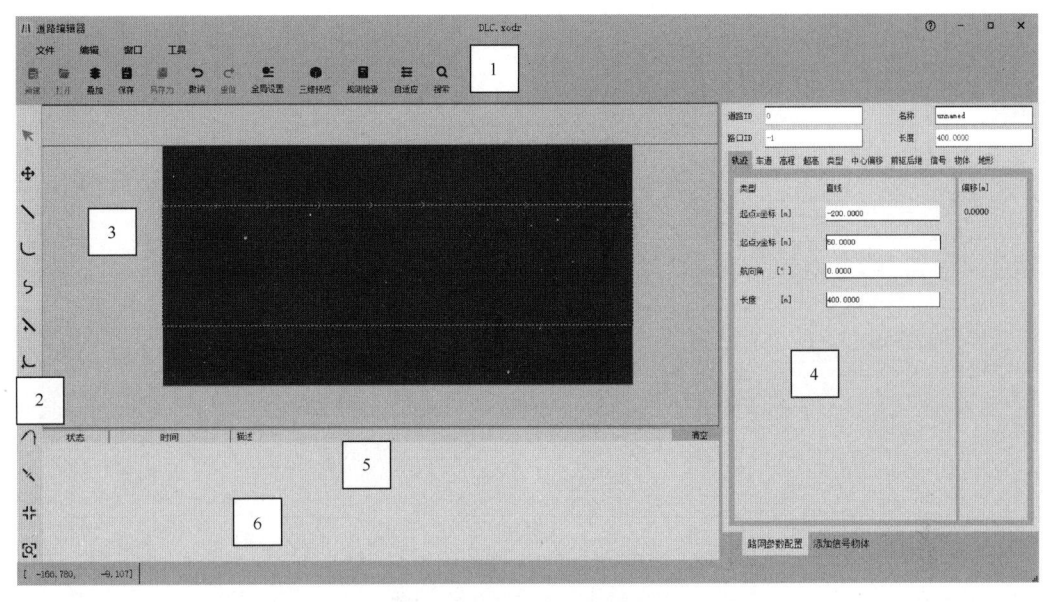

图 2-31 DLC 参数配置界面

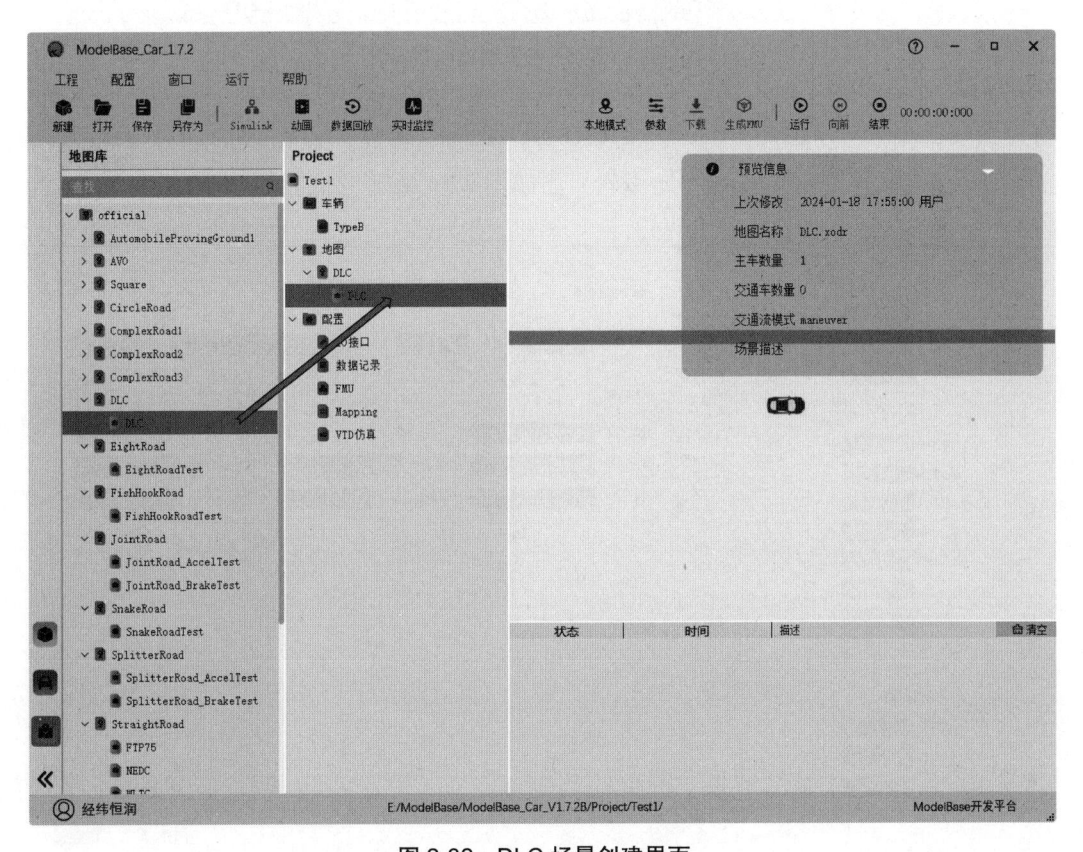

图 2-32 DLC 场景创建界面

右击"DLC"场景节点，在弹出的快捷菜单中选择"编辑场景"选项，打开场景编辑器，总共分为 3 块区域（见图 2-33）。标号 1 是标题栏和工具栏，其中工具栏包含添加车辆、创建行驶路线等功能按钮；标号 2 是用于场景编辑的区域，可以通过鼠标中键实现放大、缩小和平移；标号 3 是状态栏，用于显示鼠标指针当前坐标。

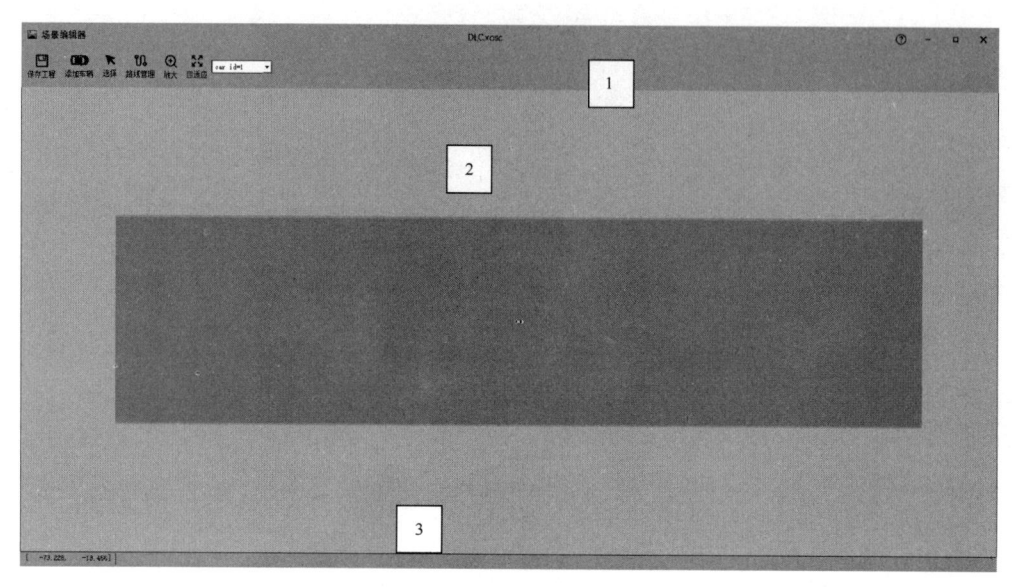

图 2-33  DLC 场景编辑器界面

我们也可以通过右击地图上的黄色车辆图标，选择"编辑"选项（或双击）的方式打开车辆 Maneuver 编辑界面。车辆 Maneuver 编辑界面如图 2-34 所示。

图 2-34  车辆 Maneuver 编辑界面

车辆 Maneuver 编辑界面分为基本参数、初始状态、Maneuver 控制、动作列表和动作参数配置。每辆主车可添加多动作序列 action，每个 action 可以设置持续方式、结束条件、纵向控制和横向控制，纵向控制支持制动踏板和速度控制，横向控制支持路径偏移和路径跟踪控制，横纵向开环支持阶跃、斜坡、正弦、扫频信号输入。

这里设置车辆纵向初速度为 40km/h，横向进行路径跟踪，目标路径为提前设置好的双移线，双移线数据可以更改，也可以导入 Excel 数据。DLC 工况的数据编辑界面如图 2-35 所示。

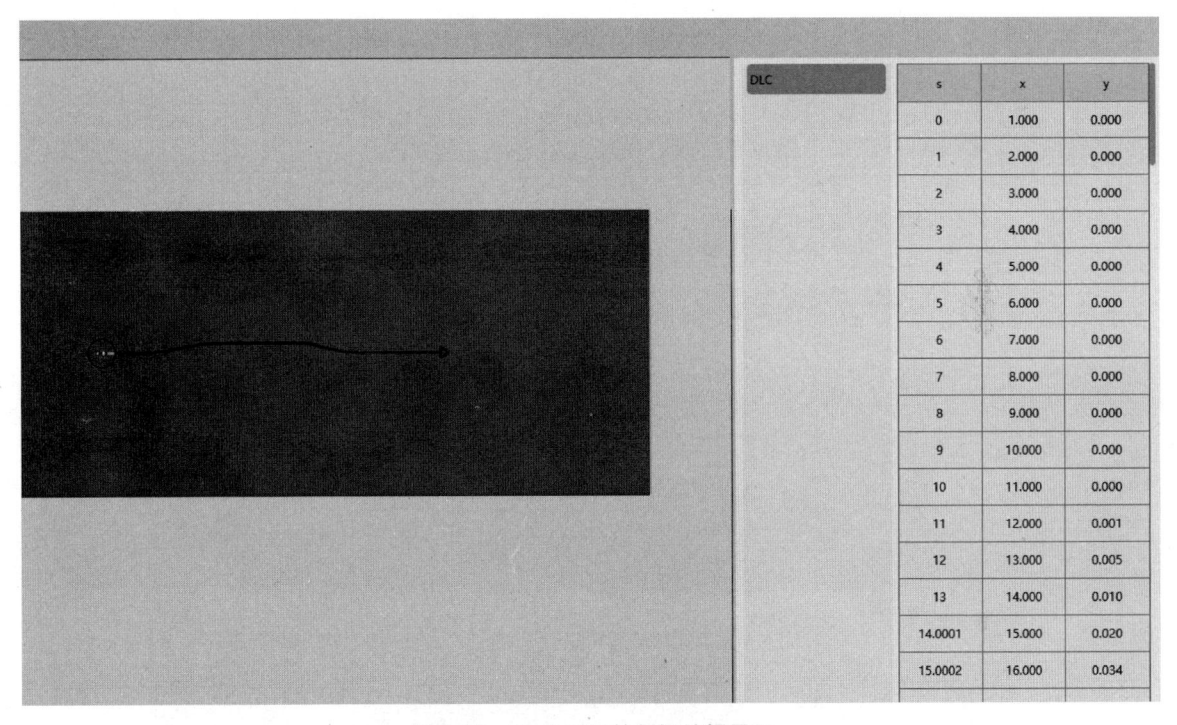

| s | x | y |
|---|---|---|
| 0 | 1.000 | 0.000 |
| 1 | 2.000 | 0.000 |
| 2 | 3.000 | 0.000 |
| 3 | 4.000 | 0.000 |
| 4 | 5.000 | 0.000 |
| 5 | 6.000 | 0.000 |
| 6 | 7.000 | 0.000 |
| 7 | 8.000 | 0.000 |
| 8 | 9.000 | 0.000 |
| 9 | 10.000 | 0.000 |
| 10 | 11.000 | 0.000 |
| 11 | 12.000 | 0.001 |
| 12 | 13.000 | 0.005 |
| 13 | 14.000 | 0.010 |
| 14.0001 | 15.000 | 0.020 |
| 15.0002 | 16.000 | 0.034 |

图 2-35　DLC 工况的数据编辑界面

### 4. 仿真运行

完成上述参数配置后，相当于创建了一段平路，并在平路上画了双移线轨迹，让车辆以 40km/h 的速度匀速通过双移线。在仿真开始前，我们选择需要监控的信号，如车辆 $x$、$y$、$z$ 方向的速度、角速度、车辆 3 个姿态角等。DLC 工况的监测参数配置界面如图 2-36 所示。

同时打开动画和数据监控界面，单击"运行"按钮，从动画中可以看到车辆以 40km/h 的速度匀速沿着目标双移线移动，从数据监控界面上可以看到车辆纵向车速、横摆角速度和横摆角变化。动画和数据监控界面如图 2-37 所示。

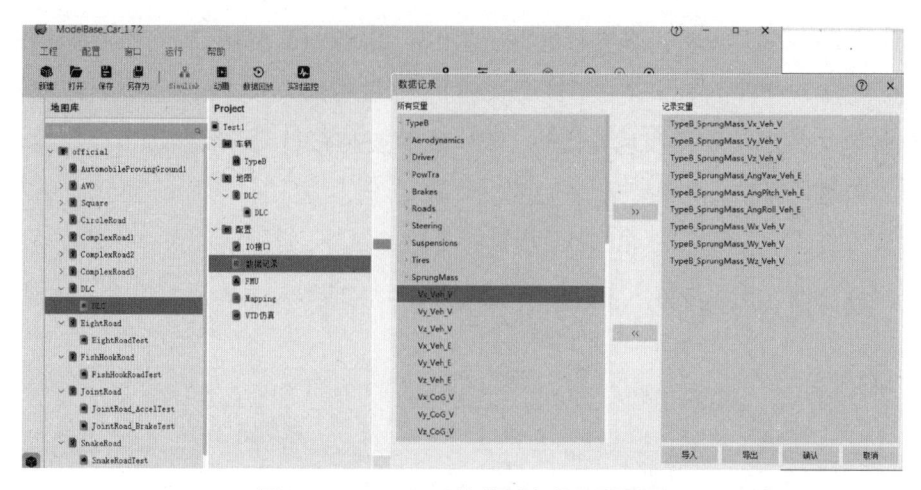

图 2-36 DLC 工况的监测参数配置界面

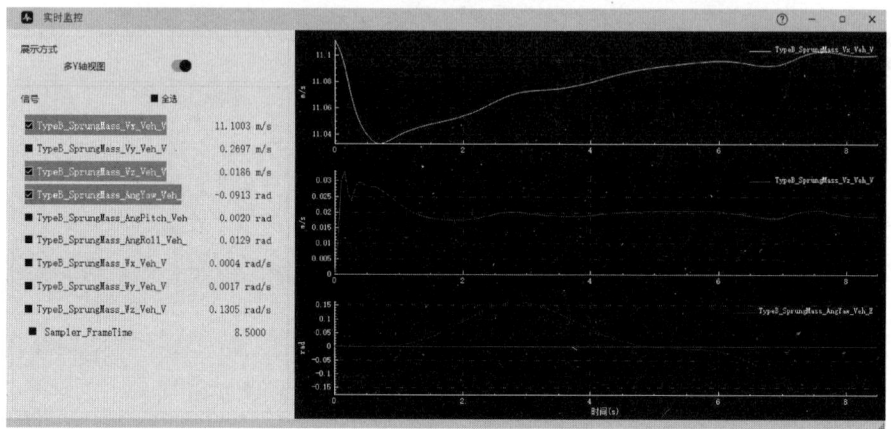

图 2-37 动画和数据监控界面

# 思考题

1. 为什么需要测试整车性能？常见的整车性能试验有哪些？
2. 为什么需要进行汽车智能驾驶试验？常见的智能驾驶试验有哪些？

# 第3章 智能驾驶仿真测试场景建模

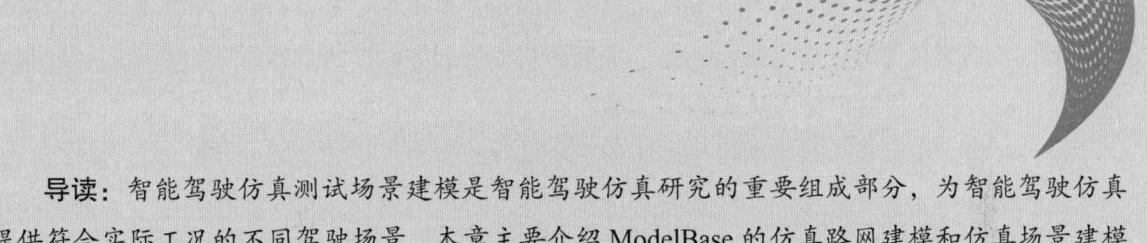

**导读**：智能驾驶仿真测试场景建模是智能驾驶仿真研究的重要组成部分，为智能驾驶仿真提供符合实际工况的不同驾驶场景。本章主要介绍 ModelBase 的仿真路网建模和仿真场景建模的方法及步骤。通过本章的学习，读者可以掌握常见的智能驾驶仿真测试场景建模方法，为后续的智能驾驶联合仿真奠定基础。

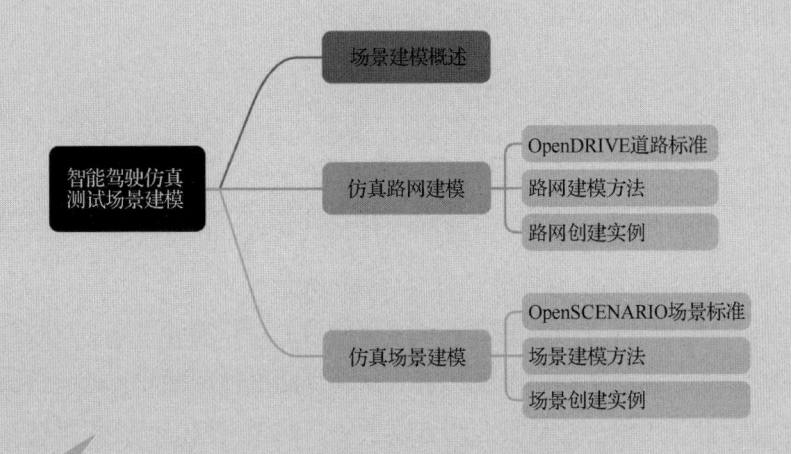

```
智能驾驶仿真 ── 场景建模概述
测试场景建模 ── 仿真路网建模 ── OpenDRIVE道路标准
                              ── 路网建模方法
                              ── 路网创建实例
              ── 仿真场景建模 ── OpenSCENARIO场景标准
                              ── 场景建模方法
                              ── 场景创建实例
```

## 3.1 场景建模概述

智能驾驶仿真测试场景建模通过计算机模拟技术和虚拟现实技术，创建各种交通场景和驾驶环境，用于测试、验证和优化智能驾驶系统。

智能驾驶仿真测试场景能够模拟真实世界的道路、交通标志、信号灯、行人、车辆和其他障碍物等元素，通过精确地重现真实环境，可以对智能驾驶系统在各种驾驶情况下的性能和行为进行准确评估。

智能驾驶系统的安全性至关重要。在仿真场景中，可以模拟各种危险情况和异常情况，如紧急制动、障碍物突然出现和交通事故等，以评估智能驾驶系统在这些情况下的应对能力。这有助于发现智能驾驶系统潜在的安全问题，并进行相应的改进和优化。智能驾驶系统依赖各种算法感知环境、规划路径和控制车辆。在仿真场景中测试和验证这些算法，以快速迭代和优化系统的性能。

在真实道路上进行大规模的智能驾驶测试是昂贵和危险的。仿真测试场景提供了一个经济、安全且可重复的测试环境，大大降低了测试成本和风险。通过在仿真中进行大量测试和优化，可以提高系统的可靠性和安全性。通过仿真测试场景，可以收集丰富的数据评估智能驾驶系统的性能，包括驾驶行为、安全距离、停车精度和路径规划等。这些数据可以与预设的标准和目标进行比较，从而评估智能驾驶系统的成熟度。

总的来说，智能驾驶仿真测试场景建模是测试、验证和优化智能驾驶系统的有效手段。它能够模拟各种复杂的驾驶情况，为测试者提供安全、可控的测试环境，并帮助开发者改进和优化系统的设计、算法和性能，加快智能驾驶技术的发展和应用。

## 3.2 仿真路网建模

仿真路网建模是智能驾驶仿真测试场景建模的重要前提，通过交通网络的建模及仿真分析，可以准确、高效和灵活地拟合真实道路的网络，以高仿真度的路网为智能驾驶算法的测试提供高质量的环境交互，为智能驾驶系统的开发和优化提供安全、高效、低成本的测试平台。仿真路网建模包含道路类型、道路几何线形设计、车道数量、特殊车道等静态信息，以及道路标志标线、交通标志、信号灯等描述路网的地物信息。在仿真路网上，开发者可以通过添加动态场景要素构建各种复杂的交通场景，对不同的智能车辆或驾驶算法进行测试和优化。仿真路网建模的目的不是建立一个包含各种道路静态信息、纷繁复杂的路网大模型，而是根据仿真任务的需要分析问题的重点，结合所需的场景要素，搭建一个合适且高效的仿真路网。以研究智能车辆的决策与轨迹规划算法为例，如果只关注高速公路上车辆的跟驰与换道，则仅需较为简单的直线道路；如果需要考虑车辆驶入和驶出匝道，则需要在路网中添加匝道与立交；如果需要同时考虑驶入服务区的泊车和避让行人等，则需要在仿真路网中添加对应的道路。

### 3.2.1 OpenDRIVE 道路标准

OpenDRIVE 是一种用于描述数字路网和驾驶场景的道路标准，是智能驾驶系统和车辆模拟器等领域中常用的标准格式之一。OpenDRIVE 由德国汽车技术研究中心和美国汽车工程师协会共同制定，目的是为智能驾驶系统提供通用的、可扩展的、具有标准化的数字路网模型。OpenDRIVE 描述了驾驶仿真应用所需的静态道路交通网络，也就是我们常说的路网，并提供了标准交换格式说明文档，其主要任务是对道路及道路上的物体进行描述。通俗地讲，OpenDRIVE 规定了如何描述道路、车道、路口等路网中的静态信息。OpenDRIVE 使用可扩展标记语言记录这些信息，并将它们存储在扩展名为 xodr 的文件中。这样的定义方法，使机器可以顺利地识别并利用静态信息。

OpenDRIVE 主要包括路网拓扑结构、道路几何信息、交通标志和标线、车道属性和交通流，以及环境信息。通过以上这些信息的描述，OpenDRIVE 可以为智能驾驶系统和车辆模拟器等应用提供准确的数字路网和驾驶场景模型。

（1）路网拓扑结构包括道路、车道、路口、连接器等元素，可以准确地描述车辆在路网上的运行轨迹。在 OpenDRIVE 对路网结构的描述中采用以下 3 种坐标系（见图 3-1），即惯性 $xyz$ 轴坐标系、参考线 $sth$ 轴坐标系和局部 $uvz$ 轴坐标系。而对于 OpenDRIVE 中地理坐标的描述，通过使用基于 PROJ（一种用于两个坐标系之间数据交换的格式）的投影字符串完成对大地基准的描述。

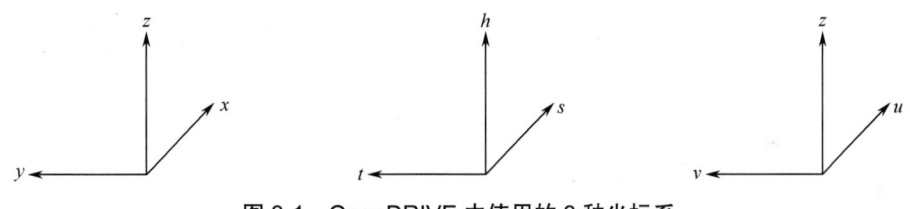

图 3-1　OpenDRIVE 中使用的 3 种坐标系

（2）道路几何信息包括道路的形状、坡度、曲率和半径等，可以为车辆行驶提供准确的参考。道路参考线是 OpenDRIVE 中每条道路的基本元素。所有描述道路形状及其他属性的几何元素都依照道路参考线定义。道路参考线可以通过以下 5 种几何形状描述（见图 3-2），即直线、螺旋线、弧线、三次多项式曲线和参数三次多项式曲线。一条道路一般来讲由参考线、车道和特征组成，可以定义其道路类型、连接、高程和表面信息。车道的信息主要包括属性、标识、连接、偏移段和规则。道路的组成如图 3-3 所示。

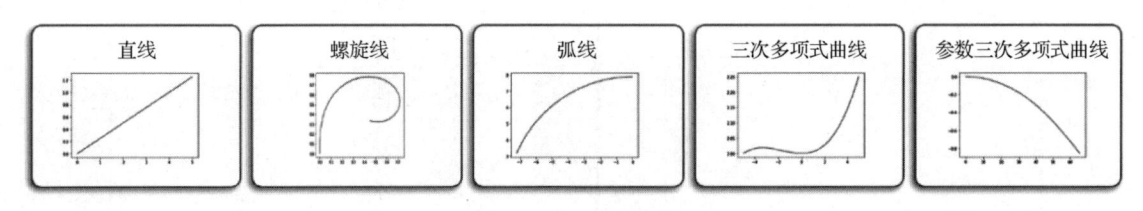

图 3-2　5 种几何形状

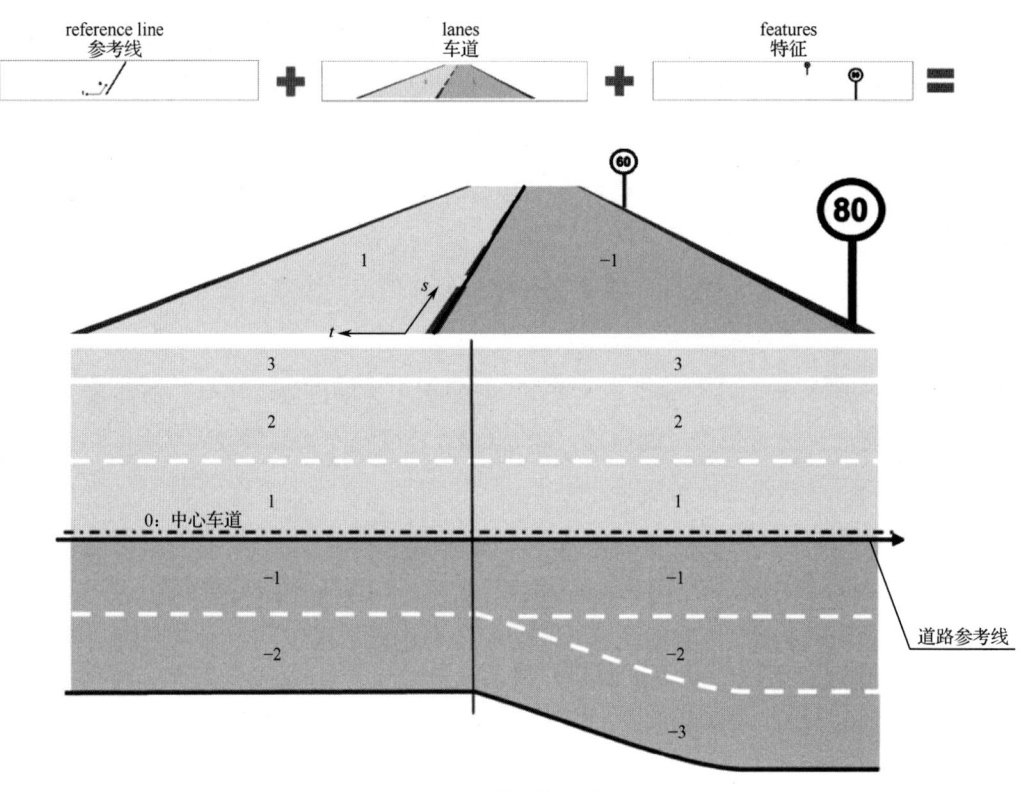

图 3-3 道路的组成

交叉口指 3 条或多条道路相交的地方，相交的道路被分为两种类型，一种是含有驶向交叉口车道的道路，称为来路；另一种是呈现了穿过交叉口的道路，称为连接道路。对交叉口的定义包括来路、连接、交叉口内的道路表面、虚拟交叉口和交叉口组。交叉口示例如图 3-4 所示。

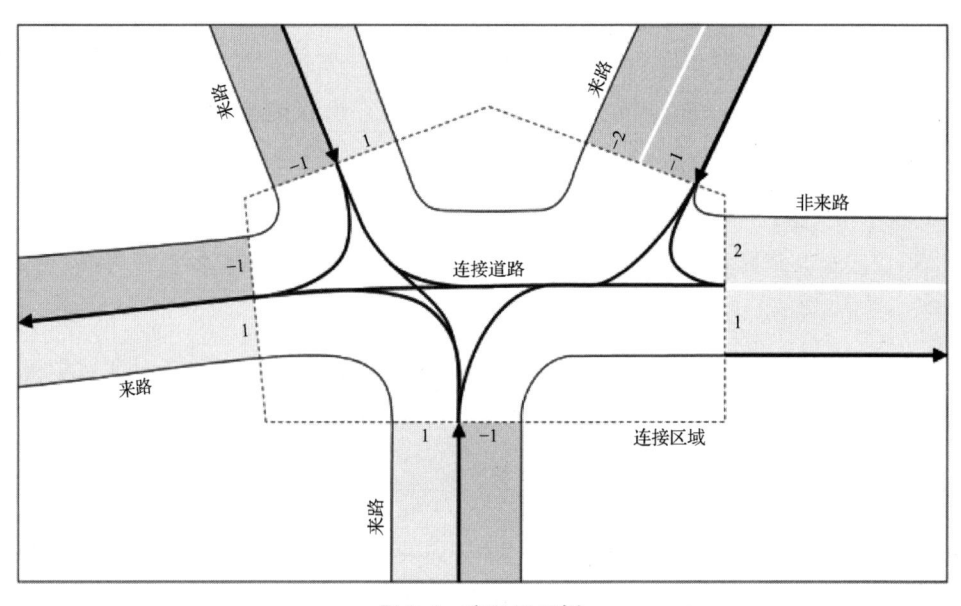

图 3-4 交叉口示例

（3）交通标志和标线包括道路限速、禁止通行和转弯指示等，为驾驶员提供车辆行驶的参考和决策。标志示例如图 3-5 所示。

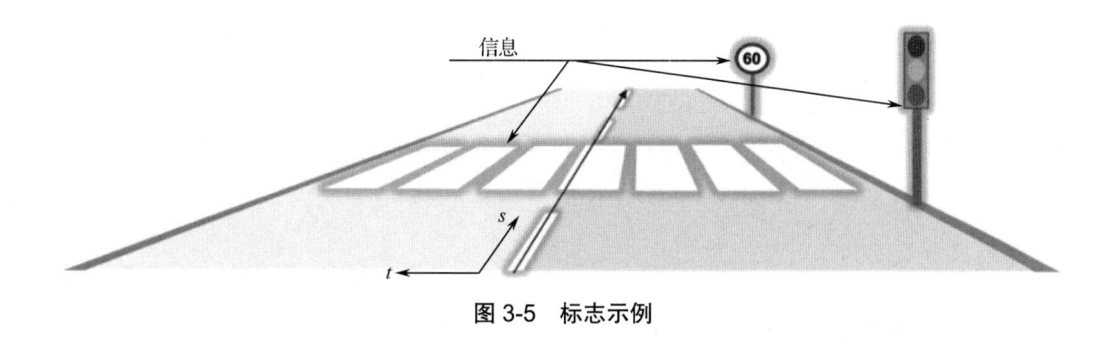

图 3-5　标志示例

（4）车道属性和交通流包括车道宽度、车道类型、车道限速和交通流量等，为车辆行驶和交通管理提供参考。

（5）环境信息包括建筑物、行人和车辆等，可以为车辆的感知和决策提供参考。环境信息通过拓展、定界及补充道路走向等措施对道路产生影响，最常见的例子是停车位、人行横道及交通护栏。一般用物体的边界框描述物体，对于常见的四边形物体，定义其宽度、长度及高度；对于常见的圆形物体，定义其半径及高度。物体边界示例如图 3-6 所示。

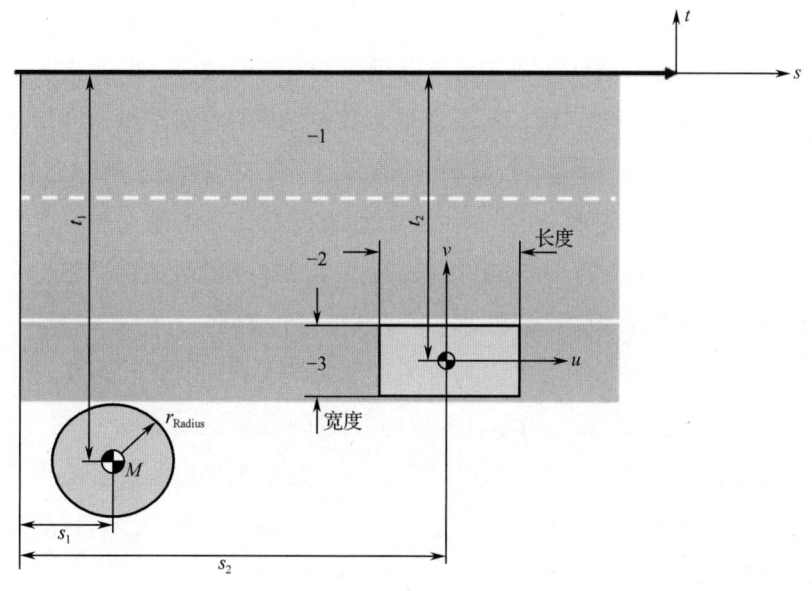

图 3-6　物体边界示例

OpenDRIVE 的目的是提供一种标准化的格式，用于描述道路和道路环境的元数据，以实现不同软件工具和系统之间的交互和兼容。OpenDRIVE 的主要特点是具有高度的精确度和灵活性，可以表示不同类型的道路和复杂的道路结构，如交叉路口和环形交叉路口。OpenDRIVE 还提供了丰富的道路元素、车辆行为和安全规则、环境元素等，以支持各种智能驾驶系统的应用场景。OpenDRIVE 具有开放的、可扩展的和可定制化的特性，可以根据不同的需求和应用场景进行扩展和定制。OpenDRIVE 已经成为智能驾驶系统开发和测试的行业标准之一，被广泛应用于各种驾驶模拟和测试工具中，如 CARLA、LGSVL 等。同时，它被应用于驾驶培训、交通规划和城市规划等领域。

OpenDRIVE 在智能驾驶系统的开发和测试中具有关键作用，帮助驾驶模拟软件开发人员更好地模拟真实的驾驶场景，帮助学员更好地理解道路环境和车辆行为，帮助规划者更好地模拟和预测交通流量和交通状况，以制定更好的交通规划方案。

### 3.2.2 路网建模方法

在车辆仿真研究与开发过程中，构建逼真且具有代表性的驾驶场景是至关重要的一步。道路参数配置作为场景创建的核心组成部分，其精细程度直接决定了模拟结果的真实度和有效性。为了准确反映真实世界的道路交通环境，仿真软件提供了详尽的道路参数设置功能，涵盖了从宏观的地理布局到微观的道路特征等多维度信息。

首先，对道路的整体架构进行定义，包括道路的总体长度、宽度及地形起伏特性，如纵向高程拟合参数（坡度、坡长等）和横向超高拟合参数（横坡），这些要素共同勾勒出道路的基本形态及地理特点，对于分析车辆在不同地形条件下的行驶性能具有关键作用。

其次，细化至车道层面，道路参数配置允许用户设定车道数量、车道宽度、分隔线样式及间距等，从而精确地模拟城市主干道、高速公路等多种复杂的路网结构，以及在此环境下车辆并行行驶的行为表现。

同时，道路的类型、设计速度及道路中心线的偏移参数是不容忽视的内容。道路类型可以反映道路的功能性差异，如高速、城市道路或山路，而设计速度则规定了在该路段上适宜或允许的最大行车速度。道路中心偏移参数则针对非标准布局的道路进行定位描述。

然后，轨迹设置环节同样重要，它能够预先规划或导入实际的行驶路径，涉及路径的几何形状、曲率变化等，尤其适用于模拟特定行驶轨迹上的车辆动力学响应。

最后，在构造连续的交通网络时，道路前驱后继参数用来确定路段之间的连接关系，确保车辆能够在完成一条道路的行驶后顺畅地过渡到下一条道路，这对于评估智能驾驶算法在真实世界中的决策能力和适应性至关重要。

通过细致严谨的道路参数配置，仿真软件不仅能够模拟出丰富的道路环境，还能为电控系统设计、自动驾驶技术验证及其他相关领域提供有力的试验平台，助力研究人员更深入地探究和优化各类车载系统的性能指标。

道路总体配置参数通常包括道路的车道类型和点密度等基本信息，用于定义道路的基本形态和规模，道路总体配置参数如表 3-1 所示。

表 3-1　道路总体配置参数

| 参数 | 值 | 简介 |
|---|---|---|
| 车道类型 | String | 新建道路时默认的道路类型 |
| 点密度 | [0,99.99] | 道路轮廓每米包含的点的数目 |

道路参数基本信息涵盖了道路 ID、路口 ID、名称及长度等，有助于根据实际道路交通规则和设计规范设定仿真环境，道路参数基本信息如表 3-2 所示。

表 3-2　道路参数基本信息

| 参数 | 值 | 简介 |
|---|---|---|
| 道路 ID | [0, ∞ ] | 道路的 ID |
| 路口 ID | -/-1 | 道路所属路口的 ID，作为一个连通的道路（-1 表示未连通）|
| 名称 | String | 道路的名称 |
| 长度 | [0, ∞ ] | 道路的长度 |

在某些仿真软件中，可以预先定义或导入车辆行驶轨迹，涉及路径的几何形状（如直线、曲线、缓和曲线等）、曲率半径、弯道角度等参数，用于模拟复杂路况下的车辆行驶行为。道路参考线配置参数如表 3-3 所示。

表 3-3　道路参考线配置参数

| 参数 | 值 | 简介 |
|---|---|---|
| 起点 $x$ 坐标 | [- ∞ , ∞ ] | 起始位置的 $x$ 轴坐标 |
| 起点 $y$ 坐标 | [- ∞ , ∞ ] | 起始位置的 $y$ 轴坐标 |
| 航向角 | [0, 360 ] | 方向角 |
| 长度 | [0, ∞ ] | 参考线的长度 |
| 半径 | [0, ∞ ] | 圆弧的半径 |
| $A$、$B$、$C$、$D$ | [0, ∞ ] | 三次样条曲线的参数 |

车道配置参数包括类型、宽度、车道线、高度等，以反映不同道路结构对车辆行驶安全性和效率的影响。车道配置参数如表 3-4 所示。

表 3-4　车道配置参数

| 参数 | 值 | 简介 |
|---|---|---|
| 类型 | String | 给定车道的类型 |
| 宽度 | [0, ∞ ] | 车道宽度 |
| 车道线 | — | 车道线的类型、加粗、颜色、材料、宽度、变化和高度信息 |

续表

| 参数 | 值 | 简介 |
| --- | --- | --- |
| 高度 | [0, ∞] | 车道的表面与参考线所界定的平面及相应的海拔和横向坡度的偏移量 |
| 前驱后继 | [-99, ∞] | -99 表示没有前驱后继或前驱为后继，车道应该提供前驱/后继道路 ID 的信息 |
| 速度 | [0, ∞] | 给定车道上的最大允许速度，单位为 m/s |
| 附着系数 | [0, ∞] | 车道的滚阻系数和附着系数 |

在三维仿真环境下，需要设定道路的纵向高程变化数据，如坡度、坡长、坡高等，以实现对起伏地形的精确模拟。高程可以通过一个三阶多项式函数计算：

$$\text{elev} = a + b\text{d}s + c\text{d}s^2 + \text{d}s^3 \tag{3-1}$$

式中，elev 是给定位置的高程；$\text{d}s$ 是偏移量（$s$ 的开始）与目标位置的增量，道路高程拟合参数如表 3-5 所示。

表 3-5　道路高程拟合参数

| 参数 | 值 | 简介 |
| --- | --- | --- |
| $A$ | [-∞, ∞] | 道路海拔的系数 $A$，当 $s=0$ 时的海拔 |
| $B$、$C$、$D$ | [-∞, ∞] | 道路海拔的系数 $B$、$C$、$D$ |

超高指道路横向横坡的变化，用来模拟道路两侧因排水需求而形成的横向倾斜度，影响车辆在转弯时的侧向稳定性。道路的超高被定义为道路截面围绕 $s$ 轴的侧倾角（超高为正，表示路面向右侧下降）。超高定义给定参考线位置的超高入口。所有的入口按照递增的方式排列。道路超高默认为 0。

超高可以通过一个三阶多项式函数计算：

$$\text{sElev} = a + b\text{d}s + c\text{d}s^2 + \text{d}s^3 \tag{3-2}$$

式中，sElev 是给定位置的超高；$\text{d}s$ 是偏移量（$s$ 的开始）与目标位置的增量。道路超高拟合参数如表 3-6 所示。

表 3-6　道路超高拟合参数

| 参数 | 值 | 简介 |
| --- | --- | --- |
| $a$ | [-∞, ∞] | 道路超高的系数 $a$，当 $s=0$ 时的海拔 |
| $b$、$c$、$d$ | [-∞, ∞] | 道路超高的系数 $b$、$c$、$d$ |

按照道路功能和结构特点划分，如高速公路、城市主干道、乡村公路和山路等，不同类型的道路具有不同的交通特性、路面材料和交通规则。道路配置参数如表 3-7 所示。

表 3-7　道路配置参数

| 参数 | 值 | 简介 |
|---|---|---|
| 类型 | String | 道路类型 |
| 最大车速 | [0, ∞] | 允许的最大速度，默认单位为 m/s |

中心偏移指道路中心线相对于某一参照物（如地理坐标轴）的位置偏移量，用于构建非对称或非正交的路网布局。道路中心偏移参数如表 3-8 所示。

表 3-8　道路中心偏移参数

| 参数 | 值 | | | |
|---|---|---|---|---|
| 位置 | 0 | 50 | 100 | 150 |
| 偏移量 | 0m | 5m | −5m | 5m |

道路前驱后继参数描述了道路之间的连接关系，如一条道路结束后紧接的是哪条道路，这对于构建连续行驶场景、实现仿真过程中车辆从一个路段平滑过渡到另一个路段至关重要。道路前驱后继参数如表 3-9 所示。

表 3-9　道路前驱后继参数

| 参数 | 值 | 简介 |
|---|---|---|
| 类型 | String | 前驱或后继道路的类型 |
| ID | [0, ∞] | 前驱或后继道路的 ID |

### 3.2.3　路网创建实例

在仿真软件中搭建路网模型时，根据道路复杂程度进行分类，分为简单道路和复杂道路。简单道路通常只由单车道或双车道直线道路、曲线道路和标准交叉口组成，而复杂道路则涉及三个及以上的车道、非标准交叉口、环路、公共交通专用道、桥梁、隧道和更高交通安全要求所需的设计（如超高、隔离带）等。下面介绍简单道路创建和复杂道路创建。

**1. 简单道路创建**

简单道路是进行初步测试和验证智能驾驶系统基本功能的理想选择。通过在简单道路上进行测试，可以快速发现和解决系统的基本问题，为更复杂的场景测试打下基础。

在 ModelBase 软件中，右击"地图"节点，弹出"新建道路""导入道路"选项，创建道路界面如图 3-7 所示。

选择"导入道路"选项，会打开之前创建的道路文件，而选择"新建道路"选项，会打开道路命名界面（见图 3-8）。

图 3-7　创建道路界面

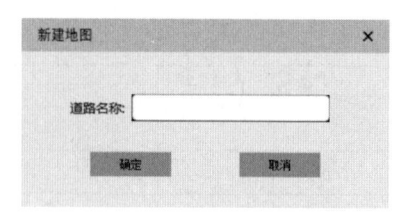

图 3-8　道路命名界面

在"道路名称"文本框内键入道路名称（本书中新建 roadA 道路），单击"确定"按钮，ModelBase 主窗口中"地图"节点下方会出现新建的道路名称"roadA"，选中新建的道路右击，选择"编辑道路"选项（见图 3-9），进入道路编辑器主界面（见图 3-10）。

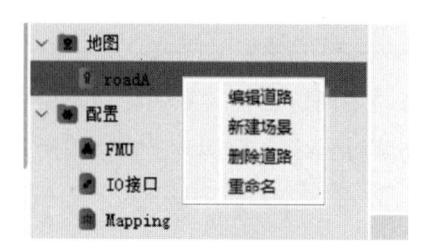

图 3-9　道路编辑选择界面

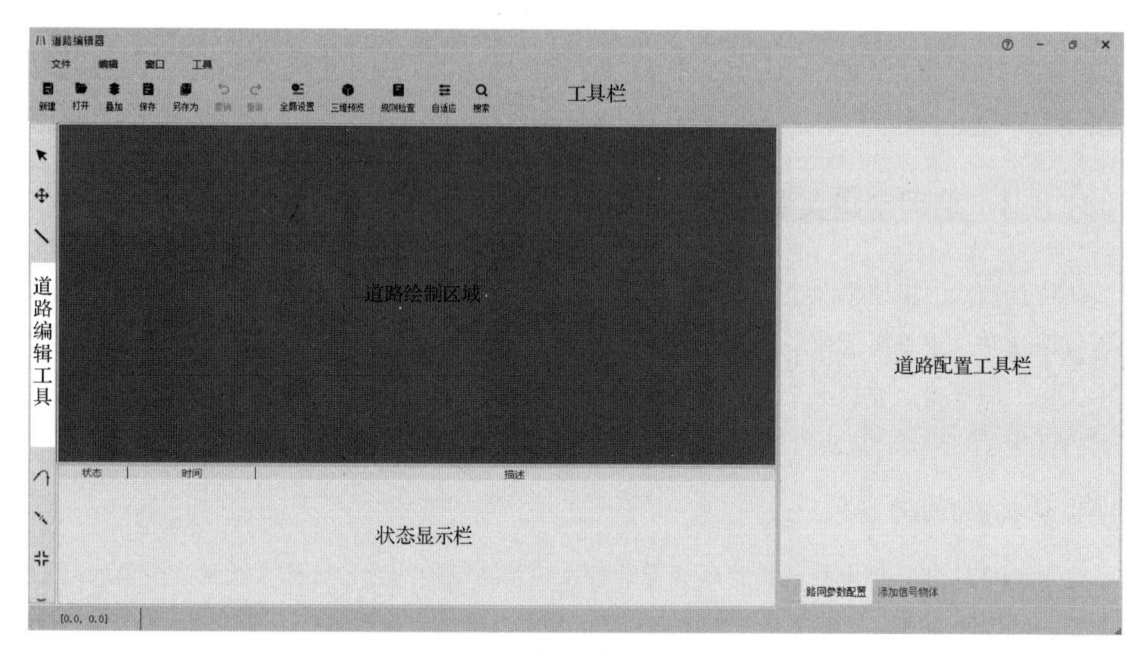

图 3-10　道路编辑器主界面

在道路编辑器主界面单击左侧道路编辑工具中的 ＼ 图标，在道路绘制区域中绘制直线道路，单击 ⌒ 图标可绘制弧形曲线道路，单击 S 图标可绘制三次样条曲线道路。道路显示界面如图 3-11 所示。

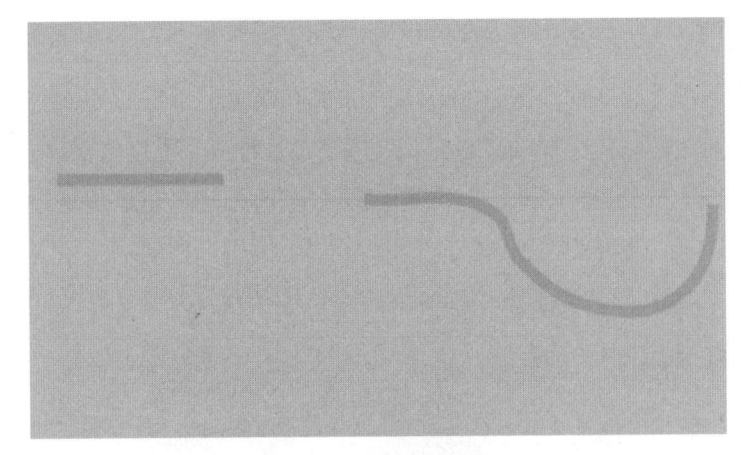

图 3-11　道路显示界面

在道路编辑器主界面单击左侧道路编辑工具中的 ⌣ 图标。道路连接显示界面如图 3-12 所示。单击两条道路连接处的箭头，按顺序点选即可连接道路。

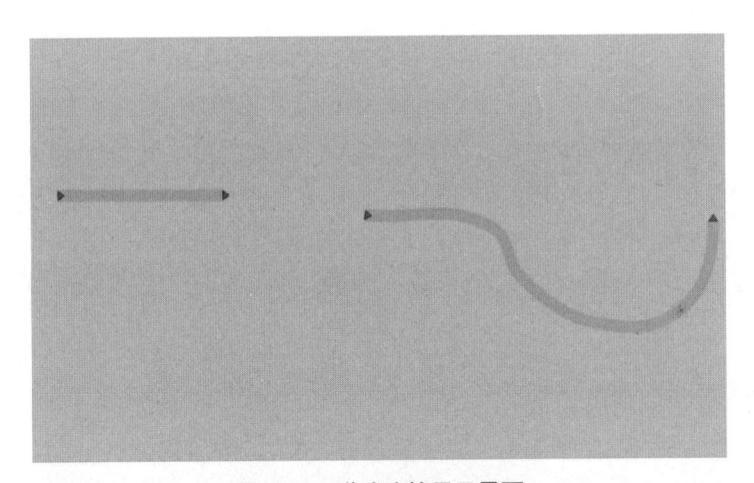

图 3-12　道路连接显示界面

连接道路显示界面如图 3-13 所示。

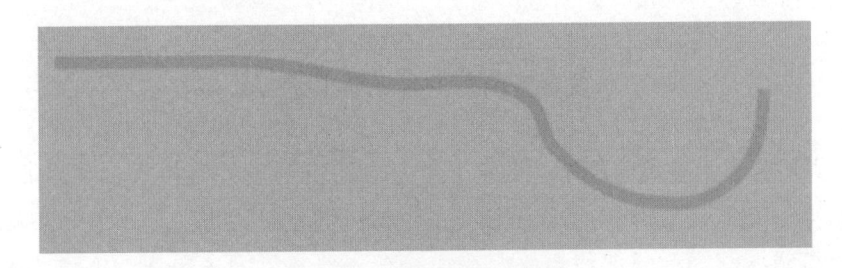

图 3-13　连接道路显示界面

至此，简单道路创建完成，可保存并关闭道路编辑器主界面。

## 2. 复杂道路创建

复杂道路模型需要更多的细节和精细的设计提高仿真度,以模拟现实中的城市交通环境。下面介绍复杂道路的类型,并在 ModelBase 软件中进行几种典型道路的创建方法示范。

(1) 多车道道路。在创建道路时,可以通过增加车道创建多车道道路。多车道道路需要考虑车道之间的转向关系、车道宽度和车道标线等细节。例如,创建一条包含直线和曲线的双向三车道道路。在 ModelBase 软件的道路编辑器中新建扩展名为 xodr 的文件,在全局设置中选择"车道类型"下拉列表框为"road_6_lanes"。道路类型设置界面如图 3-14 所示。

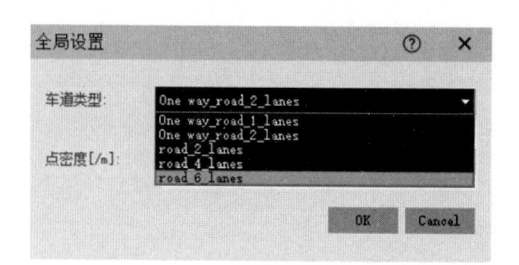

图 3-14  道路类型设置界面

在道路编辑器主界面先单击左侧道路编辑工具中的 ╲ 图标,再单击空白处确定道路起点,引出虚线,移动鼠标指针在道路终点单击生成道路。直线道路快速生成界面如图 3-15 所示。

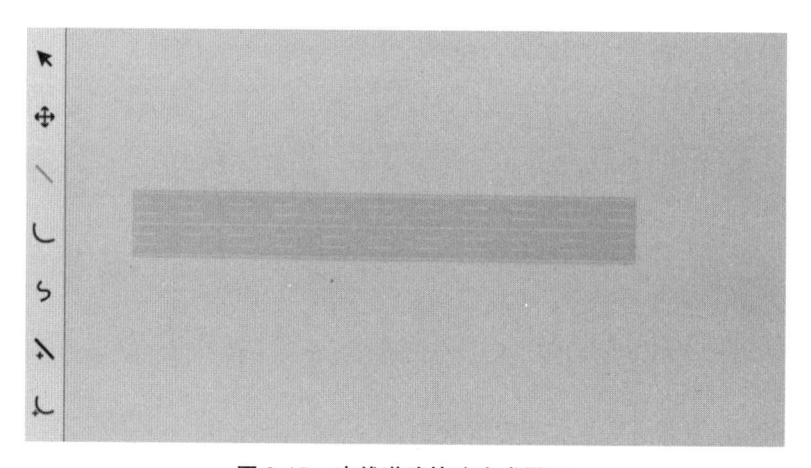

图 3-15  直线道路快速生成界面

在道路编辑器主界面单击左侧道路编辑工具中的 ら 图标,绘制样条曲线道路。曲线道路生成界面如图 3-16 所示。

为了连接直线道路和样条曲线道路。在道路编辑器主界面先单击左侧道路编辑工具中的 ⌒ 图标,再单击两条道路连接处的箭头,按顺序点选即可连接道路。道路连接界面如图 3-17 所示。

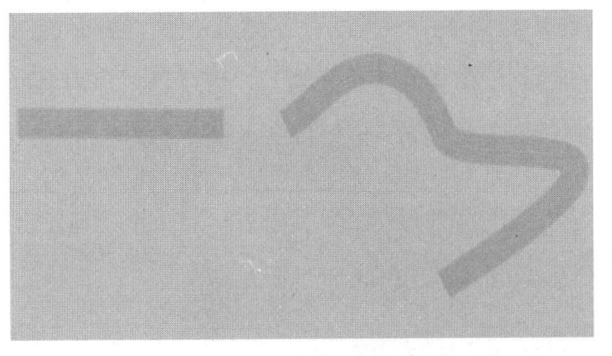

图 3-16 曲线道路生成界面

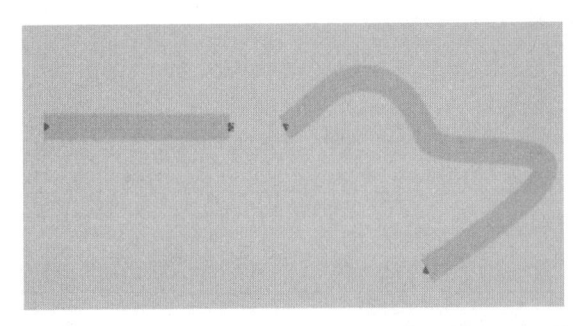

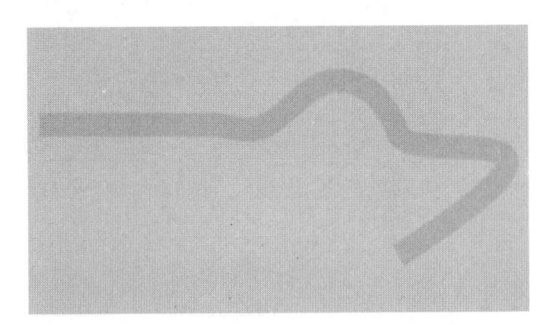

图 3-17 道路连接界面

（2）非标准交叉口。除了标准的十字路口和环形交叉口，城市中还存在大量的非标准交叉口，如 T 形交叉口、斜交路口、环形交叉口等。在创建非标准交叉口时，需要考虑车辆行驶的路径和规划出入口。例如，创建一个 T 形交叉口，用画路工具先创建路口的三条道路，计划一个三岔路口，单击创建路口工具 图标框选三条道路为一个交叉口。三岔路口创建界面如图 3-18 所示。

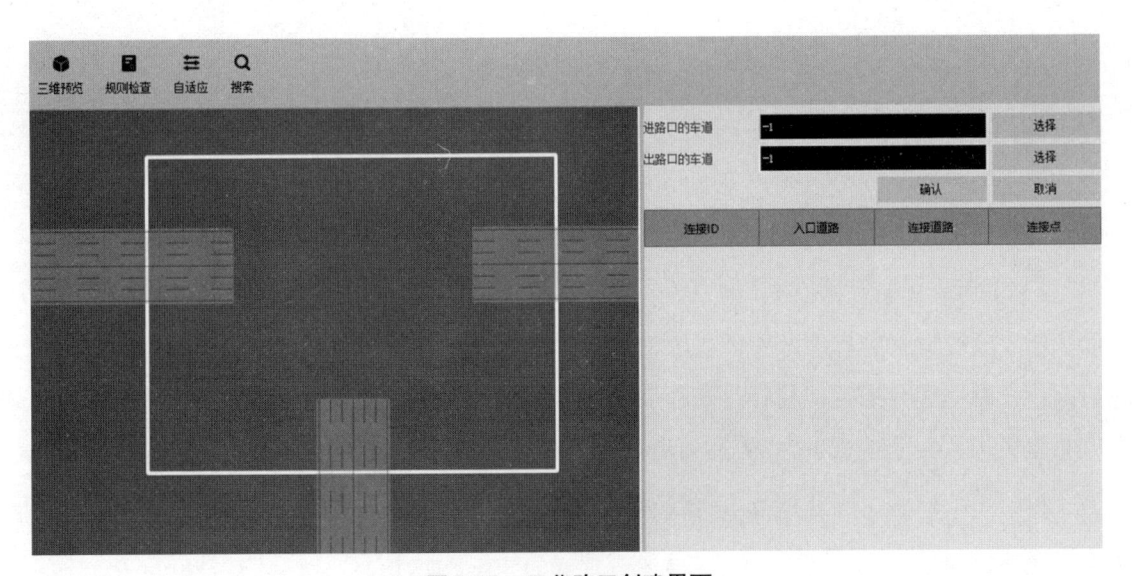

图 3-18 三岔路口创建界面

单击 图标，在地图编辑器中选中黑色方框，在右边的"路网参数配置"界面上创建连接。单击"进路口的车道"对应的"选择"按钮，选择作为进路口车道的道路，选择成功后在对应的文本框中会出现车道 ID。三岔路口车道 ID 配置界面如图 3-19 所示。

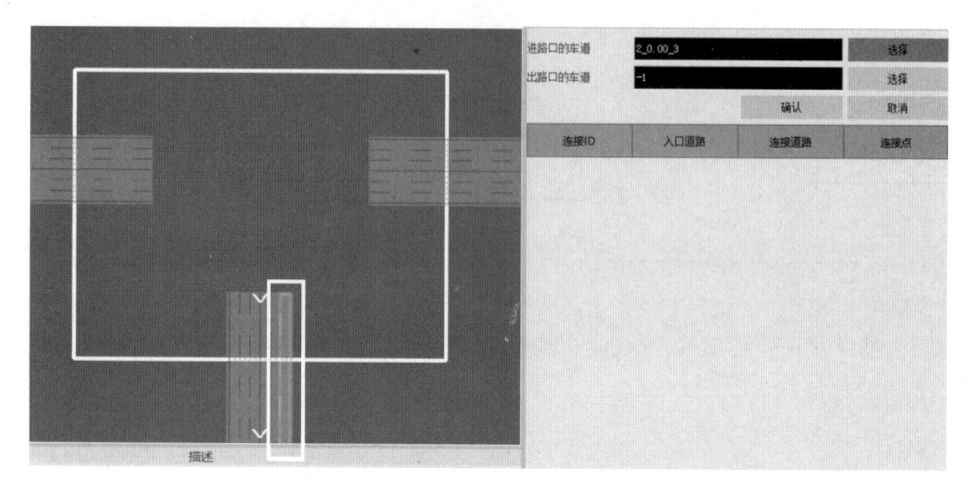

图 3-19　三岔路口车道 ID 配置界面

按照同样的步骤单击"出路口的车道"对应的"选择"按钮，单击"确定"按钮，两个车道连接成功。连接所有车道，形成整个 T 形交叉口。T 形交叉口配置界面如图 3-20 所示。

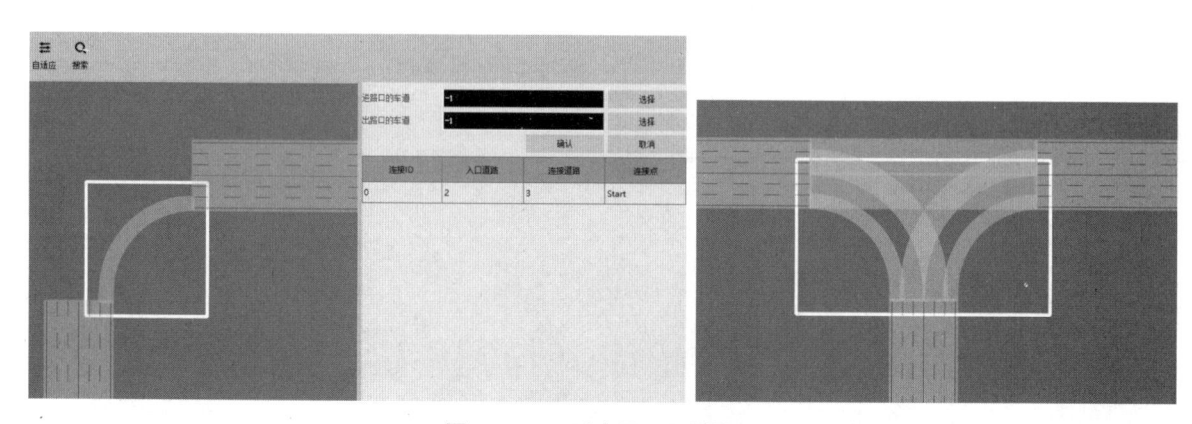

图 3-20　T 形交叉口配置界面

（3）隧道、桥梁、立体交叉。充分利用隧道、桥梁、立体交叉等立体空间组合缓解交通压力。例如，通过改变道路高程的参数模拟桥梁，即使用创建直线道路工具创建一条双向三车道的直线道路，在路网参数配置中选择"高程"选项，右击"偏移"选项，选择"新建"选项，双击生成的数字并修改为 30.0000，设置此处高程为 0.0000，新建偏移 60.0000，设置此处高程为 5.0000，单击"保存"按钮，可视化结果在 图标中可见。道路高程配置界面如图 3-21 所示。道路高程配置参数如图 3-22 所示。道路三维可视化界面如图 3-23 所示。

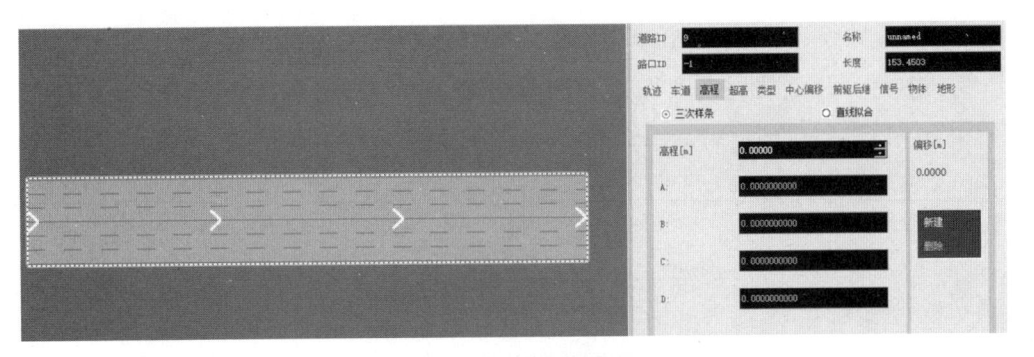

图 3-21 道路高程配置界面

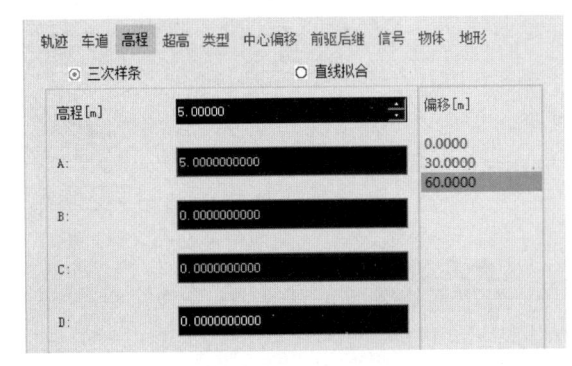

图 3-22 道路高程配置参数

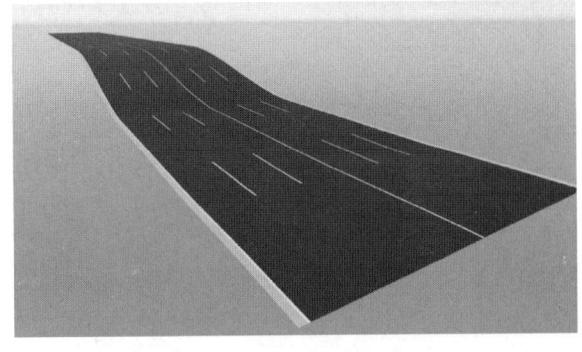

图 3-23 道路三维可视化界面

（4）公共交通等专用车道。在仿真软件中添加公共交通线路，如公交车和有轨电车等。公共交通线路需要与道路网络相结合，以便模拟城市公共交通系统的运行。例如，设置一条车道为公交专用，在左侧编辑工具中选择 图标，选中想要修改的道路，在右侧路网参数配置界面上，选择"车道"选项卡，单击"偏移"中的 0.0000 参数 图标进入车道配置界面，选择想要设置的一条车道的对应 ID，在"类型"选项中选择"bus"选项。专用车道配置界面如图 3-24 所示。

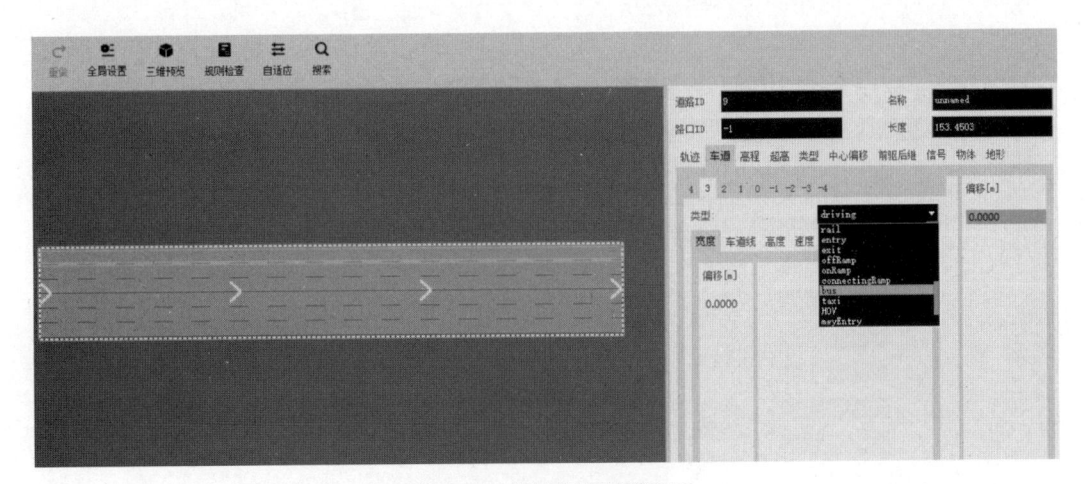

图 3-24 专用车道配置界面

（5）复杂的道路设计或基础设施。该设计的目的是满足更高的交通安全要求的道路设计（如超高、坡度、道路线型、路面情况等）或交通管理所需的基础设施（隔离带、路肩、道路渠化等）。

在创建复杂道路时，需要考虑车辆行驶的路径、速度和方向等因素，并确保交通规划符合现实情况。实际上，复杂路网常常包含以上多种类型的复杂道路，需要根据仿真任务需求进行合理设置。

### 3. 道路参数配置

ModelBase 软件基于 OpenDRIVE1.5 开发，支持标准格式地图的导入、编辑和导出，可模拟现实道路，如颠簸路、爬坡、转弯、ABS 路等各种交通路口；可设置道路摩擦系数和附着系数，支持在道路上添加各种交通信号、静态物体和地形，支持用户导入自定义物体；单场景支持的最小里程建模不低于 20km，仿真运行流畅。

在 ModelBase 软件中，道路基本参数可分为轨迹、车道、高程、超高、类型、中心偏移、前驱后继、信号、物体和地形。道路基本参数配置界面如图 3-25 所示。

图 3-25 道路基本参数配置界面

在 ModelBase 软件的设置菜单中，选择"车道"选项，可以对车辆在车道上的行为进行调整。通过调整"前驱合继""宽度""类型"等选项，实现让车辆更靠近中心线行驶或与前车保持一定距离的效果。调整完成后，保存设置以使车辆按照新参数行驶。车道参数配置界面如图 3-26 所示。

道路高程参数配置界面如图 3-27 所示。道路高程参数配置选项包括"三次样条""直线拟合""高程""偏移"选项，用户可以通过调整这些选项改变车辆在车道上的行为。所有的高程按照递增的方式排列，道路高程默认为 0。

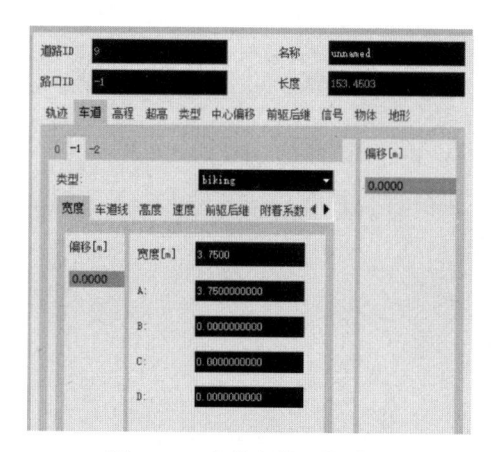

图 3-26 车道参数配置界面

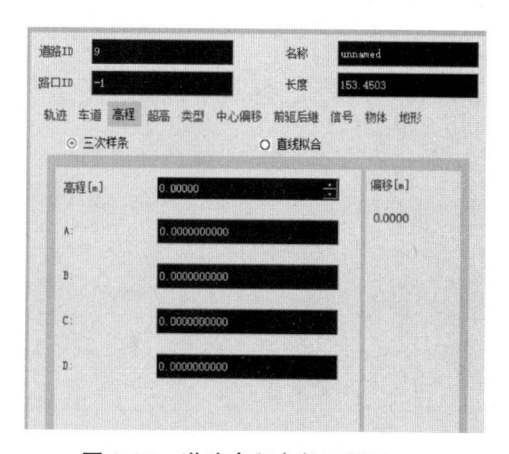

图 3-27 道路高程参数配置界面

道路类型配置界面如图 3-28 所示。道路类型配置选项包括"类型""最大车速""偏移"。用户可以通过调整这些选项改变车辆在车道上的行为。例如，如果用户将类型设为 motorway，那么车辆会在高速公路上行驶；如果用户将最大车速设置较低，那么车辆会减速行驶。

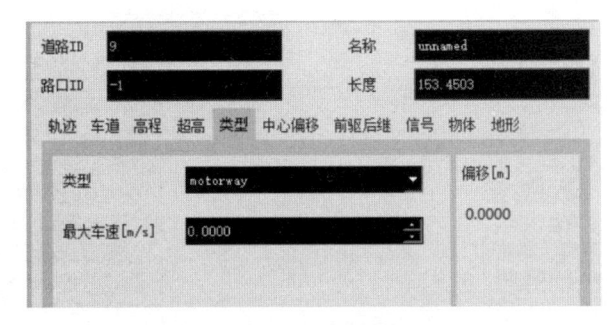

图 3-28　道路类型配置界面

道路中心偏移配置界面如图 3-29 所示。用户可以通过调整这些选项改变车辆在车道上的行为。例如，如果用户将中心偏移设为较大的数值，那么车辆会偏离中心线行驶。

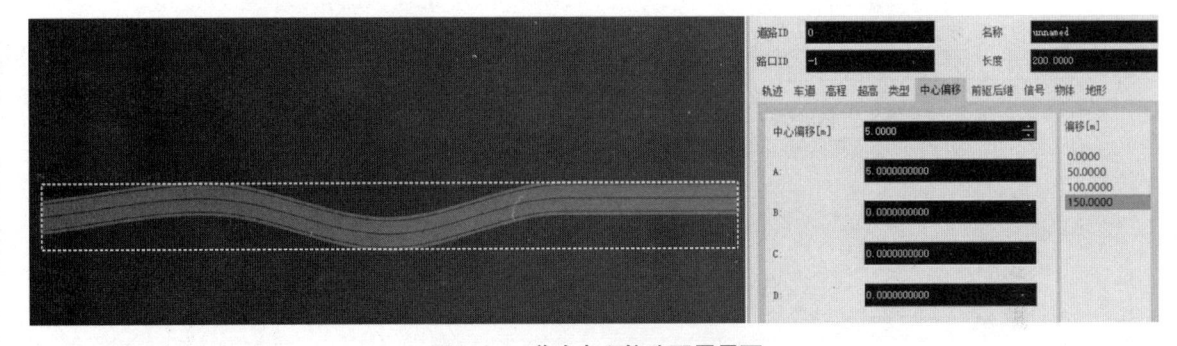

图 3-29　道路中心偏移配置界面

道路前驱后继配置界面如图 3-30 所示。选中的道路 ID=5，该条道路的前驱 ID=3，后继 ID=4。前驱后继可能是道路，也可能是路口。如果用户将前驱后继设为较小的数值，那么车辆会更加稳定地行驶。

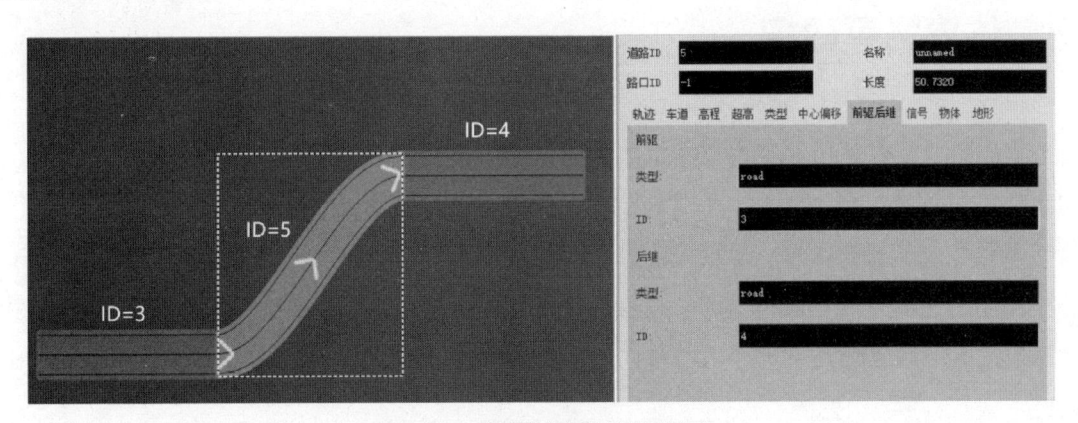

图 3-30　道路前驱后继配置界面

道路物体和型号参数配置界面如图 3-31 所示。

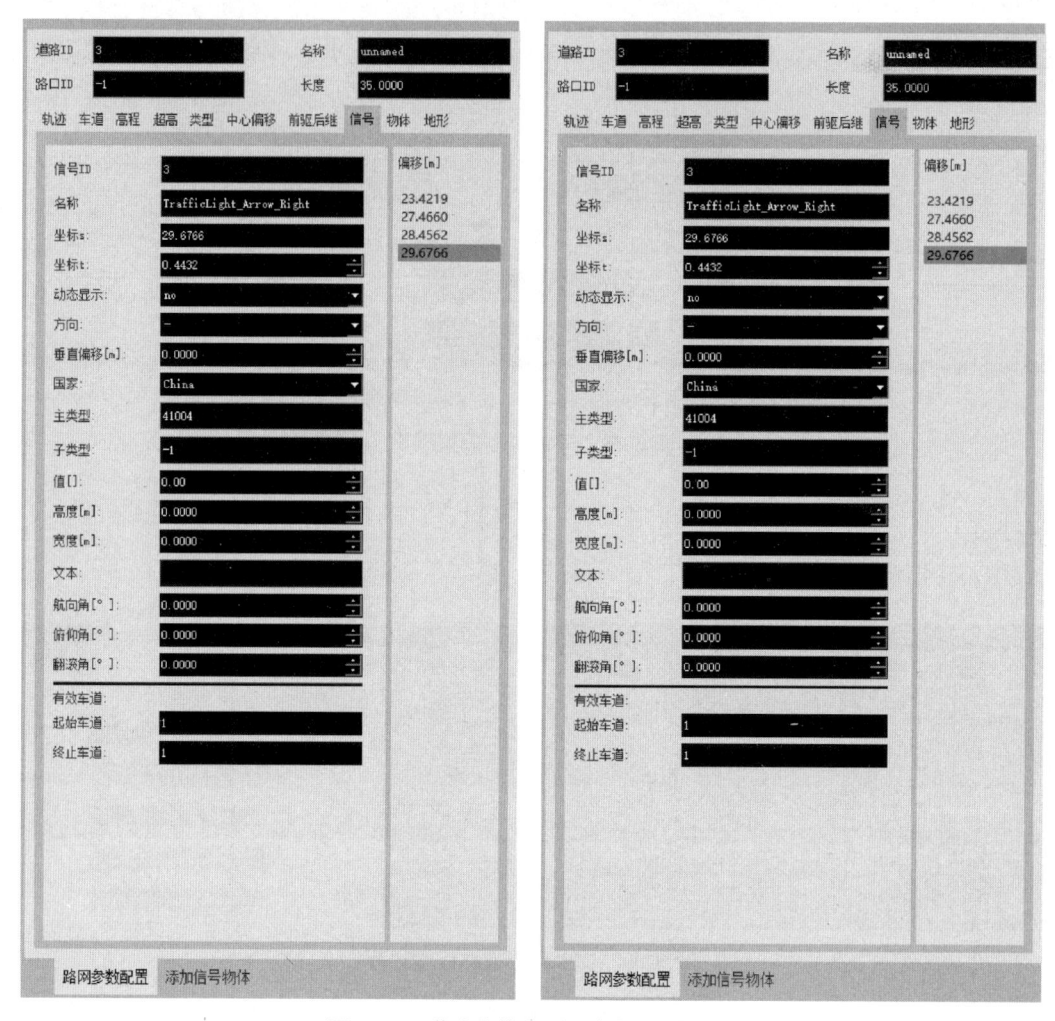

图 3-31　道路物体和型号参数配置界面

## 3.3　仿真场景建模

　　仿真场景建模是智能驾驶汽车虚拟仿真测试的关键与核心。通过采用精确的物理建模、高效和高精度的数值仿真，以及高仿真的图像渲染等方法，搭建包括车辆、道路、交通、天气、光照等多种与实际驾驶行为息息相关的人车环境模型，以及各类车载传感器模型；针对汽车行驶环境的复杂性、不确定性和不可预测性等特征，综合运用几何映射、物理映射、像素映射等多种映射方式，构建满足不同应用需求的数字化场景和场景库，为智能驾驶技术研发和验证提供支持。

高质量仿真场景建模主要包括两方面优势。一方面，相比实车道路采集数据处理的复杂性和数据类型的单调性，高逼真的道路驾驶场景的仿真能够为机器学习提供大量带标注的数据集，为机器学习在智能驾驶感知和轨迹决策规划应用提供大量的数据支持；另一方面，相比实车道路和试验场地所采集到的数据的单调性，高仿真的驾驶场景构建和模拟能够为智能驾驶测试提供大量多样性的测试样本，尤其是对于极端行驶路况和交通安全风险等小概率事件，实车试验成本高、可复制性低，仿真场景能够提供大量针对该场景的数据样本，实现智能驾驶汽车全天候、全工况的自动化测试、验证和评价。由于驾驶场景具有多种关键要素和特征，因此驾驶场景的搭建也具有多种方法，为方便读者根据实际的测试需求搭建相应的驾驶场景，以下分别介绍驾驶场景的相关标准、手动和自动化搭建场景的步骤和方法，并对智能驾驶数字孪生进行进一步的展开和介绍。其中，在驾驶场景搭建过程中，需要对场景的关键要素和特征进行抽象和提炼，并进一步通过建立场景极限与边界特征的描述方法形成场景自动化生成方法，为汽车智能驾驶和自动化的开发及验证提供支持。

## 3.3.1 OpenSCENARIO 场景标准

为了验证智能驾驶系统的安全性和准确性，需要观察其在各种不断变化的情况下的行为。使用 ASAM OpenSCENARIO 可以创建描述智能驾驶汽车及环境中其他参与者或实体行为的场景。OpenSCENARIO 用于驾驶仿真和驾驶辅助功能的虚拟开发、测试和验证、自动化和智能驾驶。

OpenSCENARIO 是一种用于描述动态场景的数据格式，2018 年 9 月，OpenSCENARIO 的开发团队将维护工作转交给德国 ASAM 标准化组织，1.0 及之后的版本由 ASAM 负责。1.0 版本已由 ASAM 在 2020 年 3 月发布，本书主要内容均基于现阶段的 1.0 版本。

OpenSCENARIO 文件按 XML 格式编写，文件扩展名为 xosc，OpenSCENARIO 的文件结构分为 RoadNetwork、Entity 和 Storyboard 3 个部分（见图 3-32）。

（1）RoadNetwork 部分对场景运行的道路进行说明，引用了 OpenDRIVE 文件。

（2）Entity 部分描述参与者的参数。参与者的类型包括车辆、行人、树木和路灯等物体。不同类型的参与者具有不同的参数，如车辆参数有长、宽、高、轴距和最高车速等，行人的参数有质量、名称等。

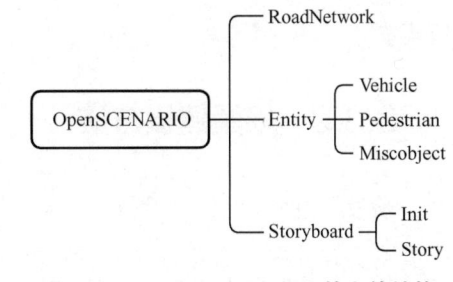

图 3-32 OpenSCENARIO 的文件结构

（3）Storyboard 部分描述参与者的行为，包括参与者的初始状态和运行过程中的行为变化。初始状态 Init 包括位置、朝向和速度等；行为变化 Story 中采用类似剧本的思路，对哪个参与者在什么时间发生了什么行为进行描述。Storyboard 文件的分类如图 3-33 所示。Story 之下为 Act，每个 Act 都对一个参与者的行为进行描述。

（1）StartTrigger/StopTrigger：描述行为变化什么时候 / 在什么情况下开始 / 结束（when）。首先设定一个条件，如两车距离为 50m；然后设定条件触发的方式（上升沿、下降沿等），如两车距离逐渐缩短为 50m 或逐渐增加为 50m 时条件触发。

（2）Actors：描述哪个参与者的行为发生变化（who）。

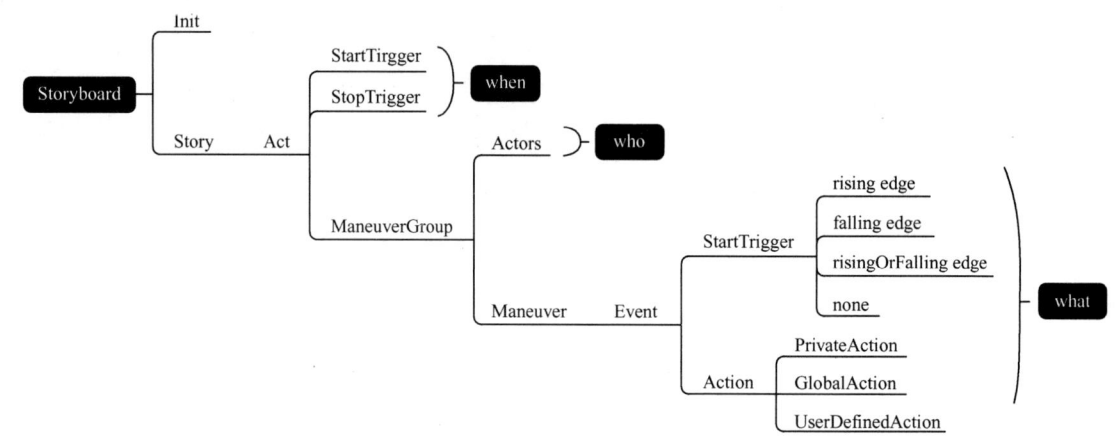

图 3-33　Storyboard 文件的分类

（3）Maneuver：描述参与者的行为发生怎样的变化（what）。Maneuver 由一系列 Event 构成，每个 Event 都描述了一个相对完整的行为，如向左换道、加速等。

Event 由具体的 Action 和 Action 发生的条件 StartTrigger 构成。Action 的类型包括 PrivateAction、GlobalAction 和 UserDefinedAction。其中，PrivateAction 为参与者可能做出的动作，包括纵向动作（如速度变化、距离变化）、横向动作（如换道、横向偏移）和沿路径行驶等多种类型；GlobalAction 包括环境变化（如天气、时间和道路附着率）、增减交通参与者、交通流等类型。

## 3.3.2　场景建模方法

场景示意图以沿左侧通行为例，表现内容由外部控制的主车（Ego vehicle，Ego）行驶在城市道路上并驶向一个路口（车辆右侧朝向路口），紧随其后的 c1 和 c2 是两辆会对主车产生影响的车辆（两辆车的运动由场景控制）。第三辆会对主车产生影响的车辆 c3 则在路口等待右转。当主车 Ego 接近路口时，c1 和 c2 开始超车，c3 紧接着开始右转，从而迫使 c1 和 c2 紧急刹车。场景示意图如图 3-34 所示。图中标识了车辆的初始位置。

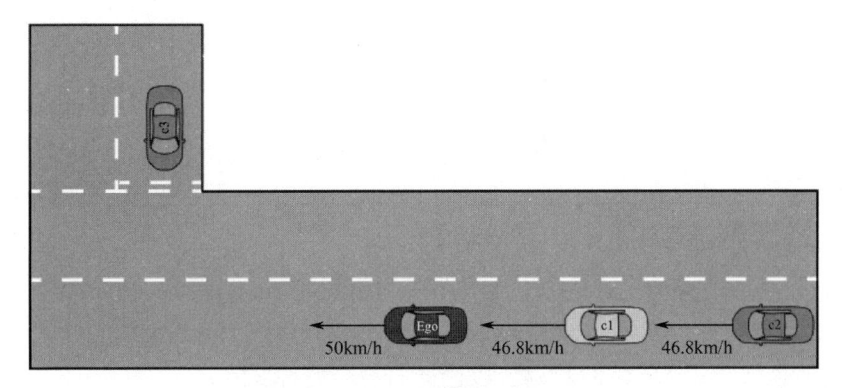

图 3-34　场景示意图

### 1. Init 初始段

XML 示例程序展示了行动 Action 如何利用全局坐标系定位 Ego。类似的行动 Action 用于说明其他车辆的速度和位置。

### 2. Story 场景内容

使用两个场景内容 Story 描述该场景，即描述超车和紧急刹车的 Story，命名为 AbortedOvertake；描述右转的 Story，命名为 RightTurn。

AbortedOvertake 包含两个动作集 Act，即控制超车 AbortedOvertakeAct1 和控制紧急刹车 AbortedOvertakeAct2；RightTurn 包含单一动作集 Act，即控制右转 RightTurnAct。

场景内容 Story 和动作集 Act 的程序展示了此场景中场景内容 Story 和动作集 Act 的结构。

### 3. Act 动作集

Ego 接近路口时触发车辆 c3 右转动作集 Act（RightTurnAct）。

### 4. Maneuver Groups 操作组

每个操作组 Maneuver Group 都从目录 Catalog 中给一辆车分配一个操作 Maneuver。Maneuver 将指挥该车辆变道、加速，继而让该车辆回到原先车道并行驶在 Ego 前面。

### 5. Maneuver 操作

操作 Maneuver 可以被重复引用，因此可通过定义目录操作 Catalog Maneuver 生成超车目录 Overtake——操作 Overtake Ego Vehicle 定义对 Ego 的超车动作。

完成目录 Catalog 及操作 Maneuver 定义后，可在本例中的车辆 c1、c2 的操作组中分别引用该操作。

### 6. Events 事件

变道动作 Action 应该在其父级动作集 Act 被触发时立即启动。由于事件 Events 需要将触发器 Trigger 应用到动作 Action 上，因此将用一个 Condition 触发事件 Events 立即执行。

### 3.3.3 场景创建实例

手动创建仿真场景使开发者能够自由地设计和构建各种不同类型的场景，根据需要调整道路布局、添加障碍物、调整环境参数等，以创建符合特定测试目的和需求的场景。仿真平台提供安全环境以测试智能驾驶系统，避免在真实道路上进行测试时可能发生的意外和风险。此外，手动创建仿真场景成本相对较低，不需要大量资源投入，相比在真实道路上进行测试更加经济、高效。

手动创建仿真场景使开发者可以完全控制场景中的各个参数和元素，以满足特定测试需求。此外，手动创建仿真场景可以进行多次重复测试，以验证系统在不同条件下的一致性和稳定性。开发者根据测试结果和反馈，对场景进行调整和优化，以改善系统的性能和功能，这种快速迭代和改进的能力有助于加快系统的发展和进步。

总的来说，手动创建仿真场景在智能驾驶领域具有重要的意义，支持智能驾驶系统的迭代改进和多样化测试，加速智能驾驶技术的发展。

**1. 新建场景**

场景必须依附于道路，因此在新建场景前需要准备好道路地图，将场景建立在对应的道路节点下。

场景选择界面如图 3-35 所示。右击"Nanjing"道路节点，选择"新建场景"选项，打开场景命名界面（见图 3-36），输入场景名称。场景的命名必须以字母开头，只能包含数字、下画线和字母，且不能与同一道路下的其他场景同名，否则会出现"该场景已经存在"的错误信息。在命名符合要求后，单击"确定"按钮，完成新场景的创建。

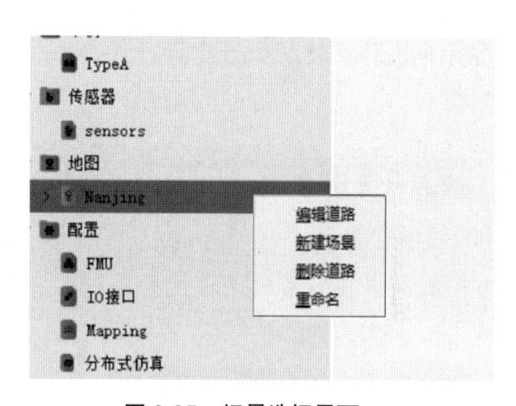

图 3-35　场景选择界面　　　　图 3-36　场景命名界面

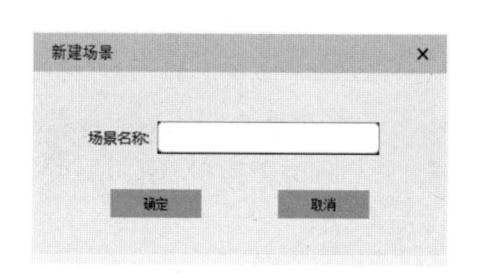

## 2. 打开场景编辑器

在打开场景编辑器之前，需要在车辆库中选择合适的车辆拖曳到该工程的"车辆"栏下，否则消息窗口中会出现错误信息。场景编辑器打开界面如图 3-37 所示。注意工程内的车辆不允许同名。

场景编辑器有两种打开方式，一是右击"场景"节点，选择"编辑场景"选项，即可打开场景编辑器界面；二是双击想要编辑的场景节点，直接弹出场景编辑器。在打开场景编辑器时，系统会判断是否打开了道路编辑器，二者不允许同时打开。如果已经打开道路编辑器，再打开场景编辑器，会弹出"道路编辑器正在打开或已经打开"的提示信息。

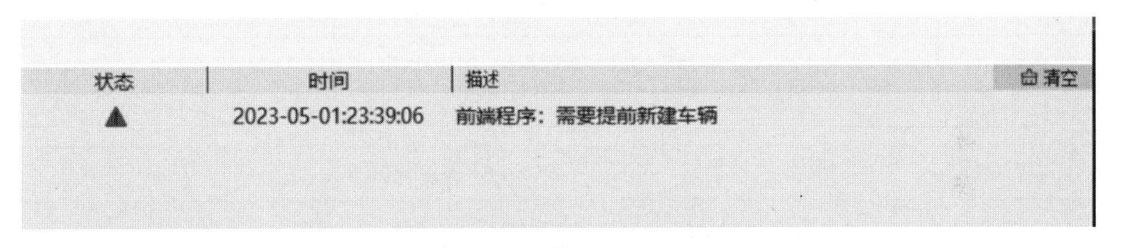

图 3-37　场景编辑器打开界面

场景编辑器共分为 3 块区域，标号 1 是标题栏和工具栏，标号 2 是场景编辑区域，标号 3 是状态栏，场景编辑界面如图 3-38 所示。

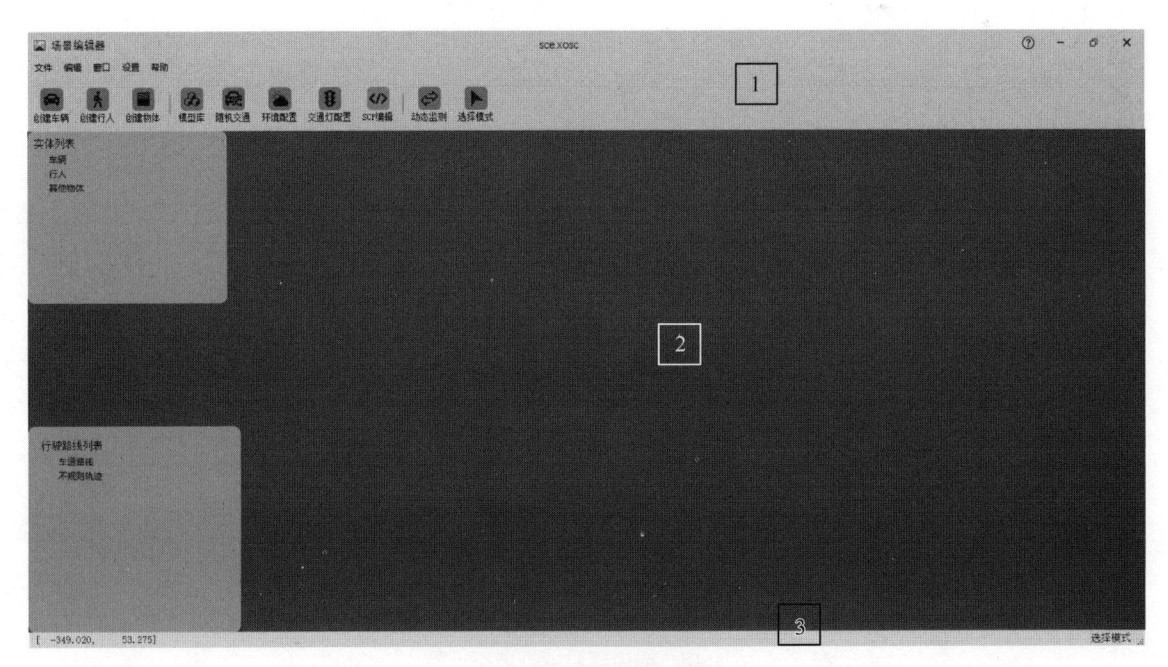

图 3-38　场景编辑界面

标题栏用于显示当前打开的场景文件,工具栏中包含保存工程、添加车辆等功能介绍选项(见表3-10)。

表3-10 工具栏功能介绍

| 选项 | 功能 |
| --- | --- |
| 创建车辆 | 选中后,鼠标指针呈现车辆图标,单击道路相关位置添加车辆 |
| 创建行人 | 选中后,鼠标指针呈现行人图标,单击道路相关位置添加行人 |
| 创建物体 | 选中后,鼠标指针呈现物体图标,单击道路相关位置添加障碍物等物体 |
| 模型库 | 模型库中内置了大量的车辆和驾驶员模型及对应参数 |
| 随机交通 | 对是否启用随机交通及交通属性进行配置 |
| 环境设置 | 对道路环境条件(摩擦系数)及天气信息(光照、雨水等)进行设置 |
| 交通灯设置 | 对交通灯的相位情况进行设置 |
| SCP 编辑 | 发送 SCP 指令进行场景控制 |
| 动态监测 | 对场景内的实体状态信息进行监测 |
| 选择 | 对实体进行移动等操作 |

场景编辑区域用于显示道路和车辆相关信息,编辑车辆轨迹及路径。

状态栏用于显示当前鼠标指针所在的位置($x$、$y$ 坐标),当鼠标指针在场景编辑区域内移动时,状态栏也会随之更新。

首先,单击"创建车辆"按钮,可以将车辆放置在此前导入的道路上,但如果车辆放置于道路边界外,则会报错。超出道路边界提示信息如图3-39所示。

图 3-39 超出道路边界提示信息

在车辆实体创建完毕后，系统会自动弹出车辆的配置信息。车辆行为设置界面如图 3-40 所示。在车辆行为设置界面上，可以根据应用需求，对车辆信息、当前位置、行驶路线等设置进行更改。

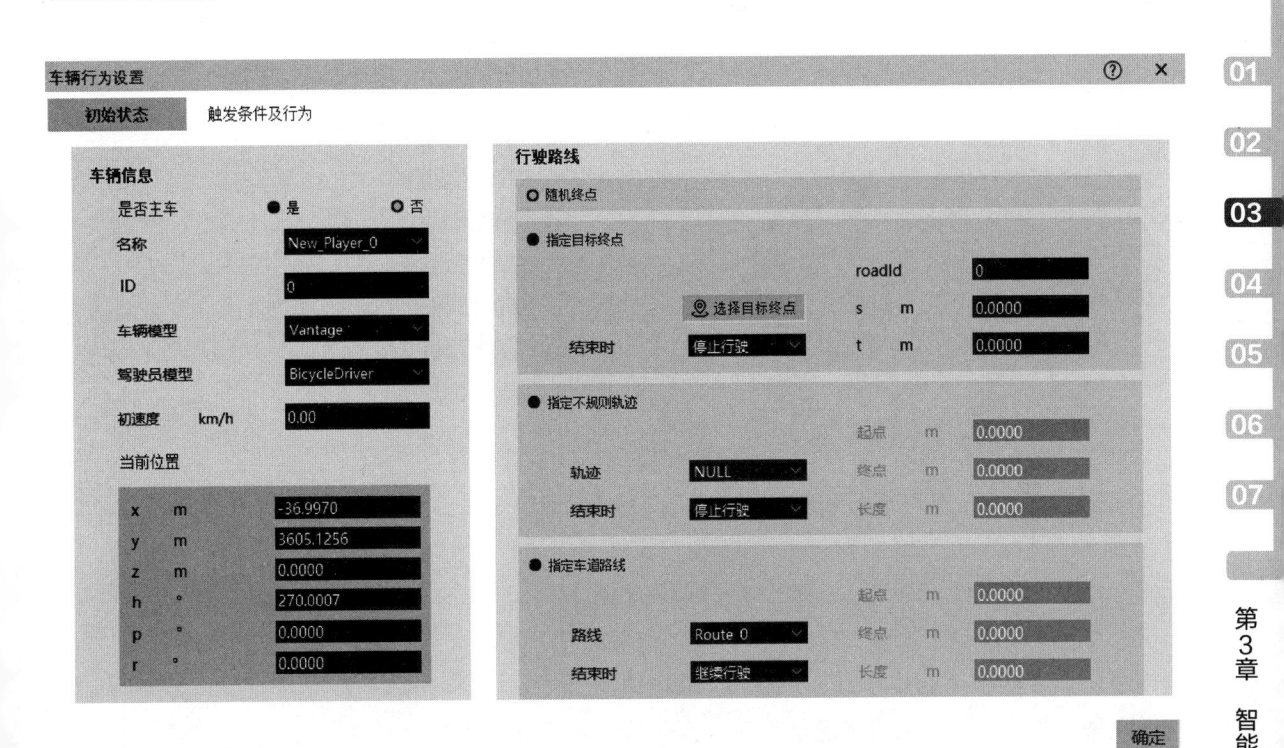

图 3-40 车辆行为设置界面

同样地，可以根据应用需求对行人和物体进行创建和配置。行人行为和物体配置界面如图 3-41 所示。

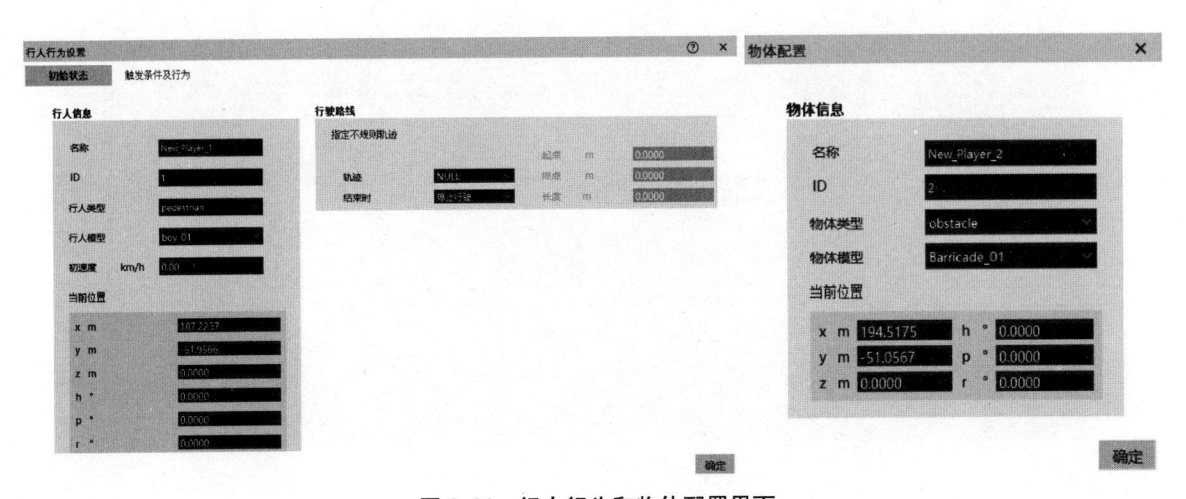

图 3-41 行人行为和物体配置界面

下面将对随机交通功能进行介绍，单击"随机交通"按钮，弹出随机交通配置界面（见图 3-42）。

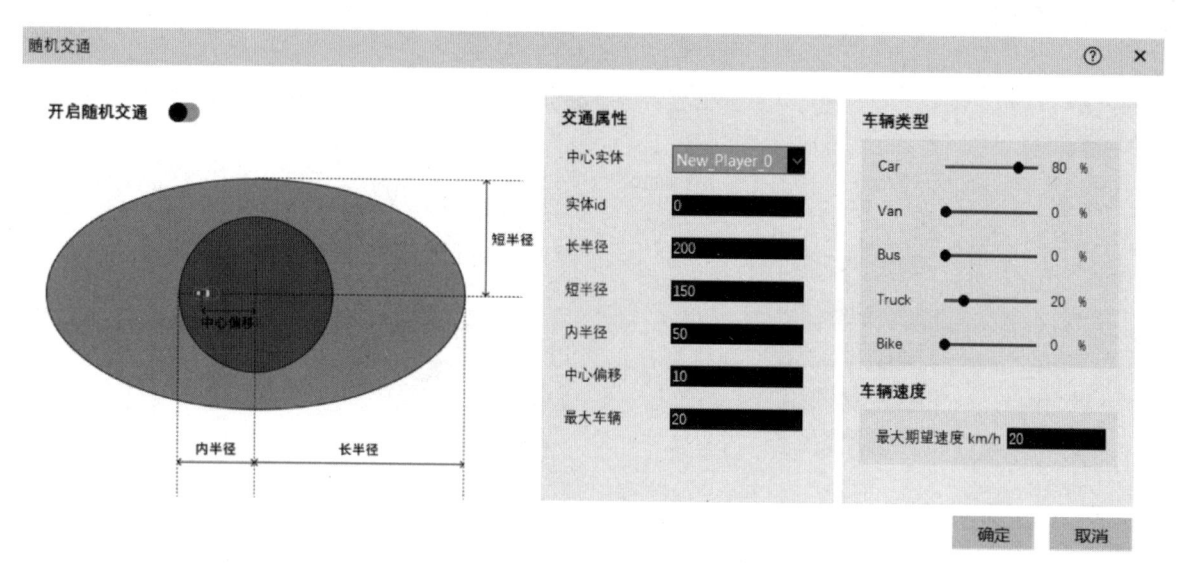

图 3-42　随机交通配置界面

当开启随机交通功能后，会在中心实体的周围生成随机交通，其产生的范围为圆形区域和椭圆形区域中间的深灰色区域，区域的参数将通过右侧的交通属性进行配置。在配置完成并激活场景后，将根据实际配置情况在车辆周围生成随机交通实体。随机交通场景如图 3-43 所示。

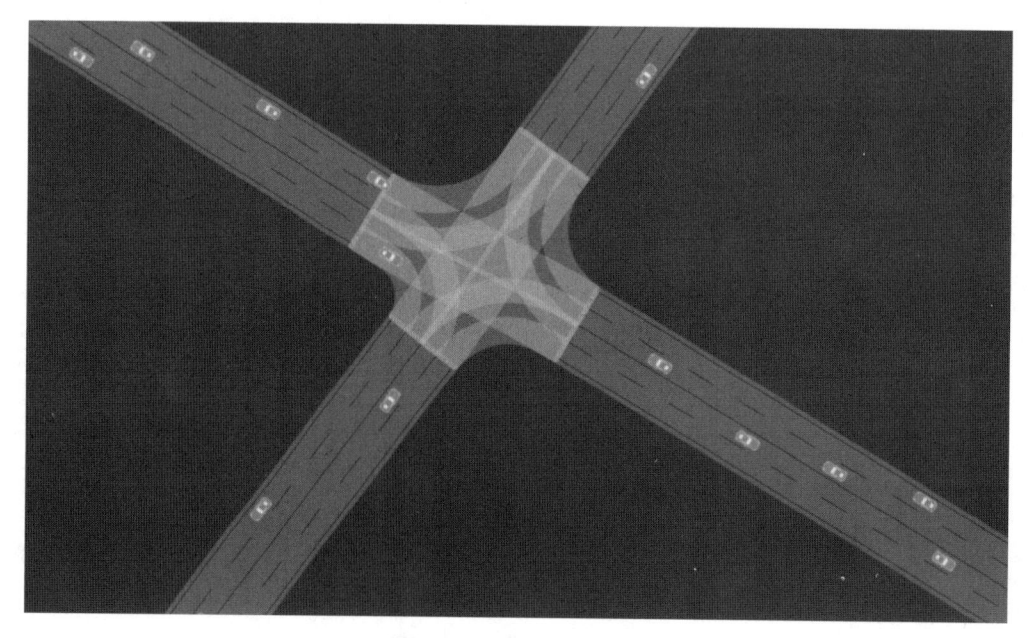

图 3-43　随机交通场景

场景的环境状况在环境设置界面进行设置，单击"环境设置"按钮，弹出环境设置界面，在该界面上可以对场景的环境设置进行实时修改。环境设置完成后，在动画演示中将显示设置的应用情况。环境设置界面及应用如图 3-44 所示。

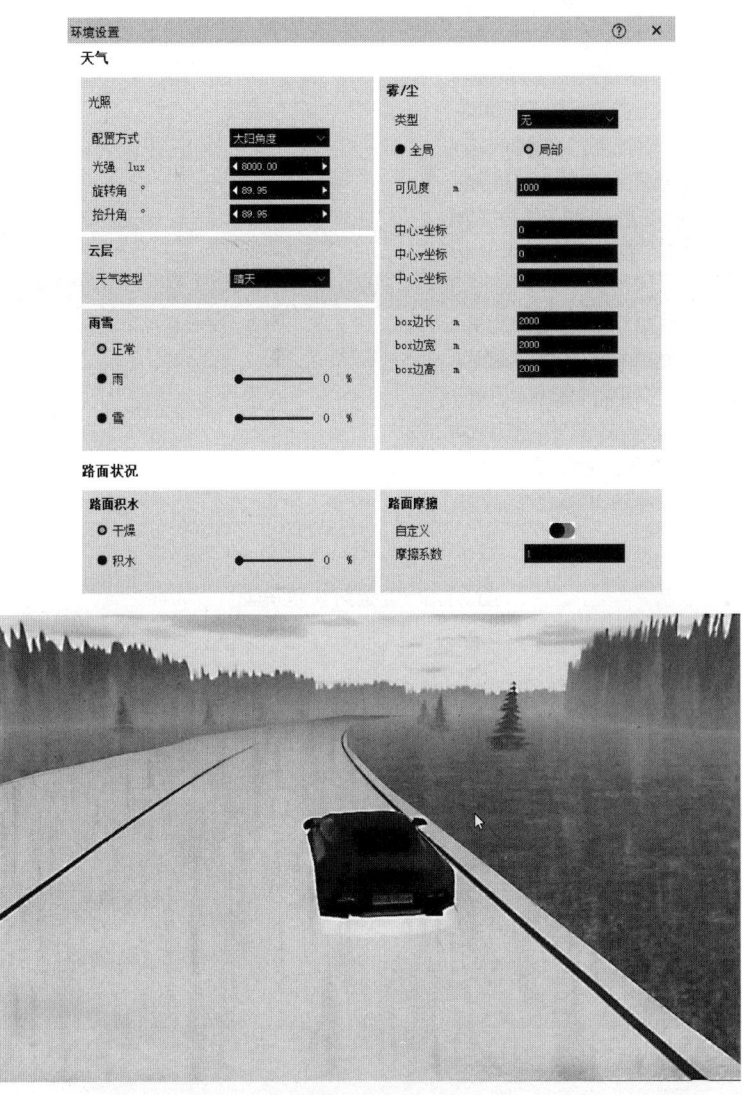

图 3-44　环境设置界面及应用（雨天 & 雾天）

场景中的交通灯在交通灯设置界面进行设置，单击"交通灯设置"按钮，弹出交通灯设置界面（见图 3-45）。通过选择不同的相位控制器，可以对交叉口交通灯的 STOP、ATTENTION 和 GO 3 个信号时长进行设置，从而对相位配时情况进行设置。

下面介绍如何对车辆的行驶轨迹进行设置，行驶路线设置有 4 种模式。行驶路线设置界面如图 3-46 所示。

在随机终点模式下，车辆会以当前所在的车道和位置为起点，随机选择一个位置作为终点，并规划一条行驶路线。在该模式下，当到达终点后，又会随机选择下一个终点开始运行。

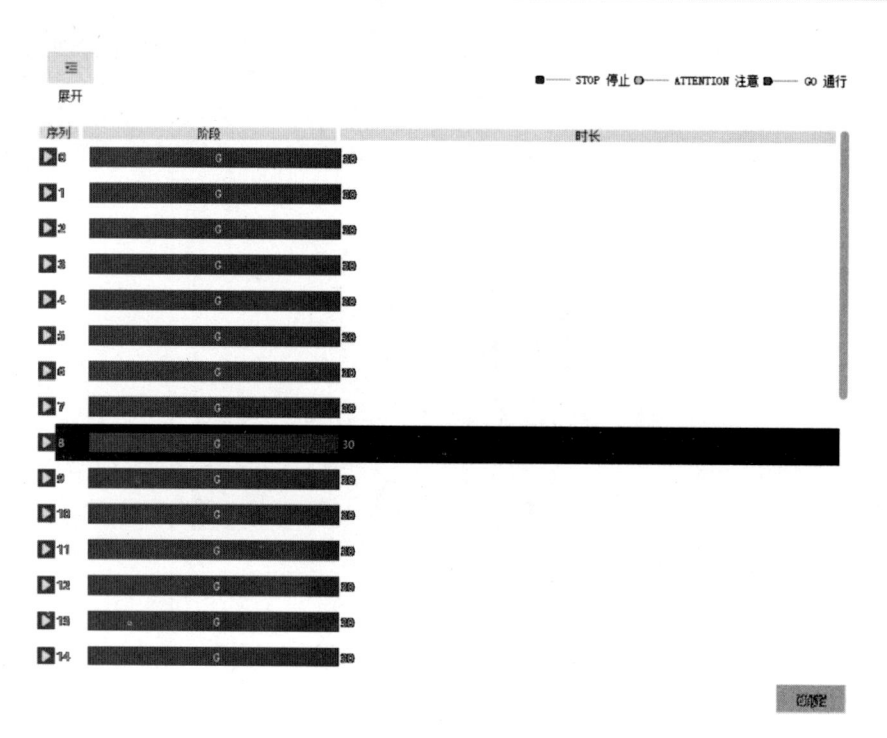

图 3-45　交通灯设置界面

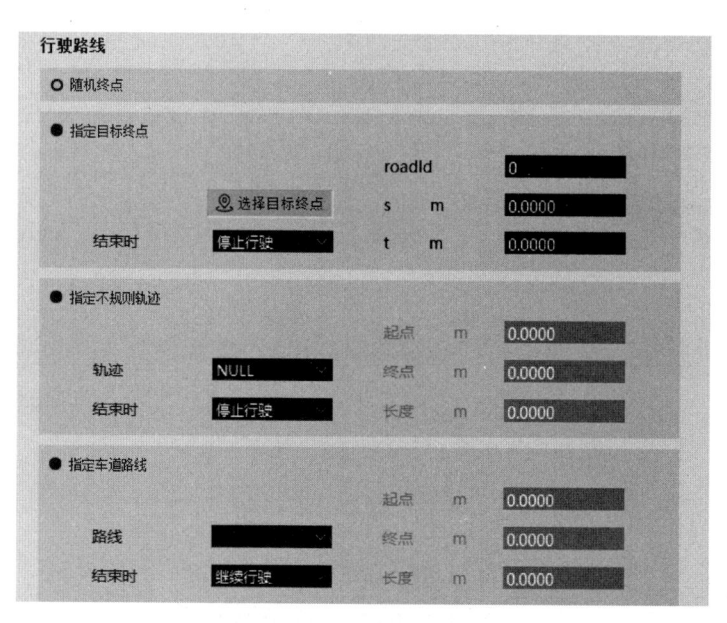

图 3-46　行驶路线设置界面

在指定目标终点模式下，需要在地图上选择一个目标终点，并设置到达目标终点后车辆的行驶状态。

在沿指定轨迹运行模式下，需要在场景中先绘制一条轨迹，在场景下方右击"不规则轨迹"

节点并选择"新建轨迹"选项。轨迹绘制如图 3-47 所示。轨迹类型包括折线轨迹、螺旋线轨迹和 B- 样条曲线轨迹。折线轨迹可以直接在场景中通过点选绘制，也可以利用设置轨迹的坐标点列表绘制；螺旋线轨迹可以通过修改参数的方式修改螺旋线的形状和特点；B- 样条曲线轨迹可以通过直接单击控制点或修改控制点参数的方式绘制。

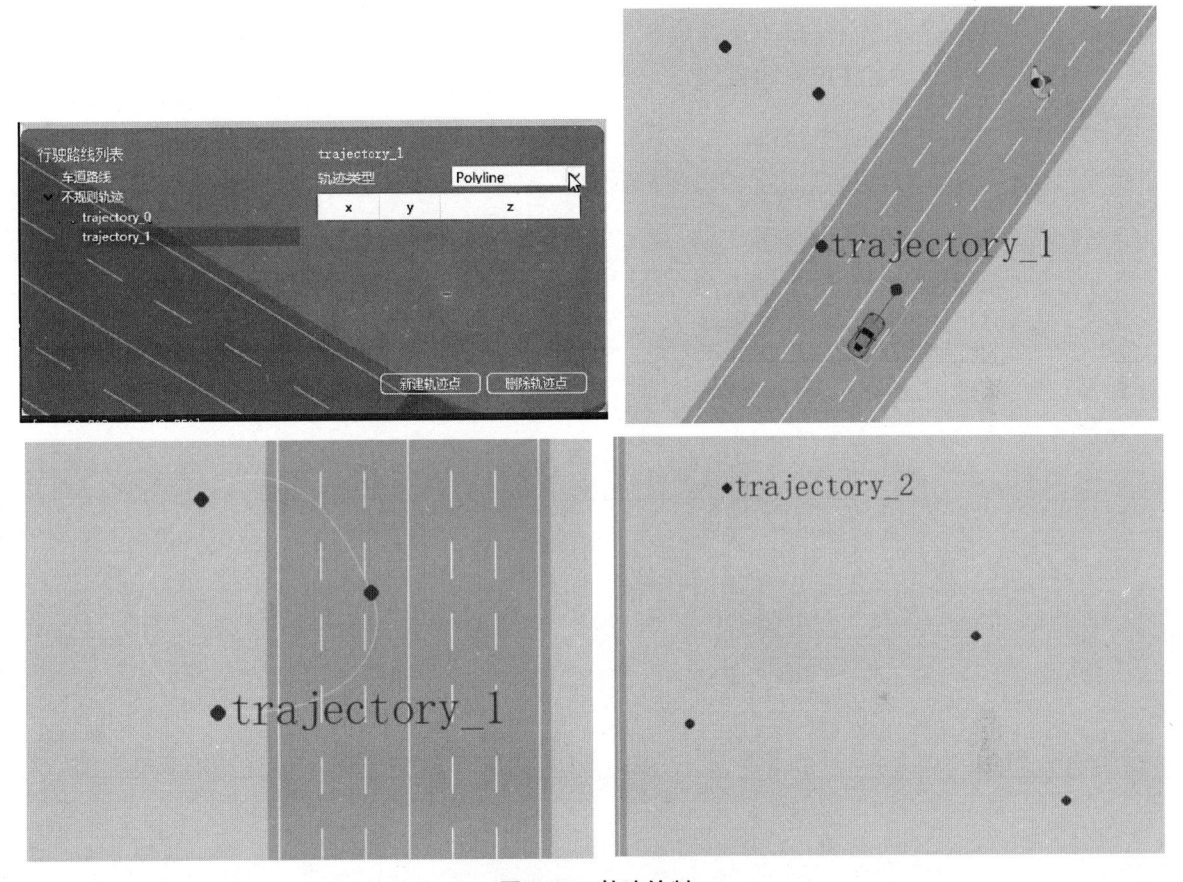

图 3-47 轨迹绘制

ModelBase 软件还支持自动化创建仿真场景。自动化创建仿真场景通过定义场景参数、规则和约束，以及使用算法和模型自动生成仿真环境，包括生成道路网络、设置交通流量、添加障碍物和环境特征等。

自动化创建仿真场景可以大大提高场景创建的效率。与手动创建相比，自动化创建可以快速生成大量的不同场景，以满足不同测试需求，节省时间和人力资源。通过自动化创建仿真场景，可以避免由于人为因素引起的误差，确保场景的参数和元素的一致性和准确性。

自动化创建仿真场景允许生成多样化的场景，包括不同道路类型、交通流量和天气条件等，可以更全面地测试和评估自动驾驶系统在不同情况下的性能和稳定性。自动化创建仿真场景可以进行多次重复测试，有助于建立可靠的测试基准，并支持改进和优化系统。

自动化创建仿真场景的优点包括以下3个方面。第一，自动化创建的仿真场景可以更准确地模拟真实世界的道路和环境，提高仿真效果，有助于更准确地评估智能驾驶系统的性能。第二，自动化创建仿真场景可以加快开发和测试的速度。通过快速生成不同场景，开发者可以更快地迭代和改进系统，提高开发效率。第三，自动化创建仿真场景可以覆盖各种情况和场景，可以支持大规模的仿真测试，加强系统的鲁棒性和适应性的评估。

## 思考题

1. 在建立智能驾驶仿真路网模型时，如何根据仿真任务的需要选择合适的道路元素？
2. 分析 OpenDRIVE 的主要优势，并讨论这些优势如何促进智能驾驶系统的开发和优化。
3. 阐述道路高程和超高在智能驾驶系统中的作用，并说明它们是如何通过多项式函数进行计算的。

# 第 4 章 智能驾驶感知系统建模与仿真应用

**导读**：本章主要介绍超声波传感器、毫米波雷达、激光雷达、摄像头和全球导航卫星系统的工作原理、建模方法与仿真应用。通过本章学习，读者可以深入了解智能驾驶感知系统的原理，并可在实际交通应用场景中，利用 ModelBase 进行智能驾驶感知系统建模与仿真应用，为汽车智能驾驶技术研究提供有力支持。

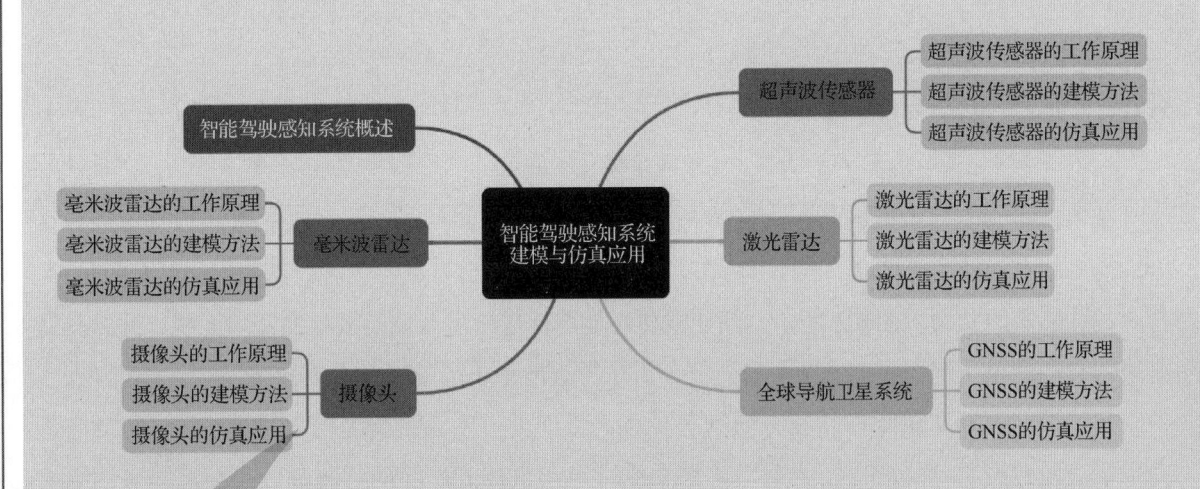

## 4.1 智能驾驶感知系统概述

智能驾驶感知系统是用于感知和理解周围环境的一系列传感器和算法的集合，其主要目标是通过获取和分析环境信息，为智能驾驶系统提供准确的场景感知和决策依据。智能驾驶感知系统通常由多种传感器组成，包括但不限于超声波传感器、毫米波雷达、激光雷达等。这些传感器以不同的方式感知周围环境，如获取图像、距离、速度、方向等信息。

通过智能驾驶感知系统获取的原始数据经过预处理和融合后，运用计算机视觉算法进行分析和理解。该算法可以提取出道路标志、车辆、行人、障碍物的位置、运动轨迹和尺寸等关键信息，并对其进行分类、跟踪和识别。同时，智能驾驶感知系统可以通过传感器的数据进行环境建模和场景预测，以预测未来可能发生的交通情况。

智能驾驶感知系统仿真在开发和验证智能驾驶技术中扮演着重要角色，具体包括以下3个方面。第一，通过仿真模拟不同的交通场景、道路条件和车辆行为，评估智能驾驶感知系统在各种情况下的准确性和鲁棒性，同时，验证系统在大规模和复杂环境下的性能和可扩展性。第二，通过仿真模拟各种环境，如不同天气条件、路况变化和复杂交通情况等，帮助算法在各种情况下进行测试和验证，优化算法的鲁棒性和准确性。第三，通过仿真能够在短时间内创建多种场景，高效地完成感知系统的验证工作。同时，可以灵活调整环境的参数和条件，以测试智能驾驶感知系统在不同情况下的性能。

智能驾驶感知系统在智能驾驶仿真过程中具有关键作用，通过传感器和算法的组合，能够实时感知和理解周围环境，为智能驾驶系统提供精准的场景感知和决策支持，从而实现更安全、更智能的驾驶体验。智能驾驶感知系统仿真是智能驾驶技术开发中不可或缺的一环，能够为系统的设计、开发和验证提供强大的支持，对于提高系统的安全性、验证和优化算法、降低成本具有重要意义。

## 4.2　超声波传感器

超声波传感器通过发射超声波脉冲信号并接收反射回来的信号，精确测量目标物体与传感器之间的距离和速度等信息，不仅可以在多种情况下工作，而且具备更高的灵敏度和更低的噪声。超声波传感器的实物如图4-1所示。超声波传感器广泛应用于智能驾驶中的避障系统、制动辅助系统、自动泊车系统、限速识别系统、倒车雷达、智能停车场的车位引导系统等。

超声波传感器在测距和测速方面具有显著优势，可用于检测车辆周围的障碍物，帮助车辆有效避障，保持稳定行驶。配合制动辅助系统，当车辆前方出现障碍物时，操纵汽车减速或直接停止。自动泊车系统对超声波传感器采集到的距离信息进行处理，通过图像采集系统重新计算分析，以此准确得出车辆的当前位置、目标位置和周围环境参数，最终生成自动泊车策略。

超声波传感器可用于智能停车场的车位引导系统，有效检测车辆的使用情况，将信息数据发送到处理器后，通过车位指示灯显示车位使用情况。处理器通过计算直接将车位使用情况显示在停车场入口或停车场内部的显示屏上，并通过云端发送到用户移动端，以此为用户提供科学的停车指导。

图 4-1 超声波传感器的实物

超声波传感器易于控制和维护，适用于雨、雪、雾等天气状况下，也适用于城市、乡村等不同的道路条件下。但温度、湿度和风速等都会影响超声波传感器的性能和精度，且其测量范围受限，适用于近距离的目标跟踪。由于超声波信号是一种机械波，在高速运动或经过密集物体时可能会受到干扰。因此，超声波传感器可以和微波、毫米波雷达与摄像头联合使用，在具体的应用过程中，有效发挥各设备自身优势，形成一种较大视野的测试图，准确把握周围环境的情况。

## 4.2.1 超声波传感器的工作原理

超声波传感器俗称超声波换能器或超声波探头，有压电式、磁致伸缩式、电磁式等多种类型，汽车上使用的主要为压电式超声波传感器。压电式超声波传感器指在压电效应的基础上，将电能与超声波进行转换，确保在发射超声波的过程中，可以通过电能转换有效发射，在接收超声波的时候，可以将超声波振动信号转换为电信号。

超声波传感器由超声波喇叭、连接器、外壳、电子电路等零部件组成（见图4-2）。

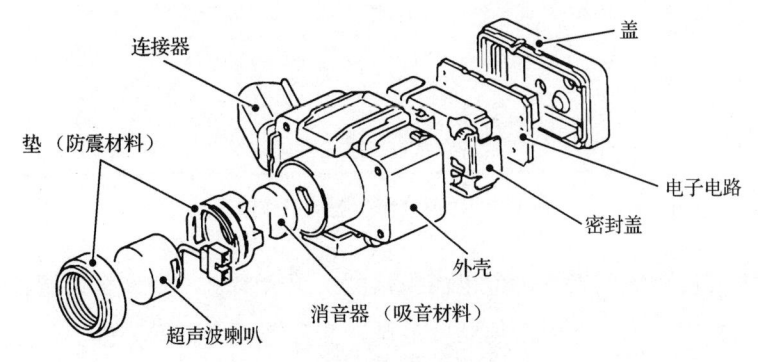

图 4-2 超声波传感器的结构

超声波传感器利用超声波探测前方障碍物。超声波传感器的工作原理如图4-3所示。超声波是振动频率高于 20kHz 的机械波，具有频率高、波长短、衍射现象小和方向性好的特点，可以变成射线定向传播。超声波对液体和固体，尤其是不透明的固体有很强的穿透力。超声波在撞击杂质或界面时，会产生显著的反射，形成反射回波，在撞击运动的物体时，会产生多普勒效应。超声波传感器使用声学介质，以非接触和无磨损的方式检测物体。超声波传感器可以检测透明或有色物体、金属或非金属物体、固体、液体和粉状物质，它的检测性能几乎不受任何环境条件的影响。

当汽车行驶时，超声波发射器向某一方向发射一定频率的超声波脉冲，超声波在空气中传播时碰到障碍物原路返回，超声波接收器收到回波停止计时。超声波能被任何材质的障碍物反射，超声波传感器接收和放大障碍物反射的超声波脉冲，将超声波脉冲转换成数字信号。处理器通过测量信号的时间和强度确定障碍物的位置、距离等信息。超声波传感器发射信号时会记录从信号发出到收到回波的时间 $t$。根据声速和声波传播时间的计算公式，可以计算出障碍物与传感器之间的距离 $d$。此外，超声波传感器还可以测量障碍物的速度 $v$，从而实现更加精准的距离测量和定位功能。在实际应用中，超声波传感器通常与其他传感器，如摄像头、雷达等配合使用，以实现更全面的环境感知和控制功能。

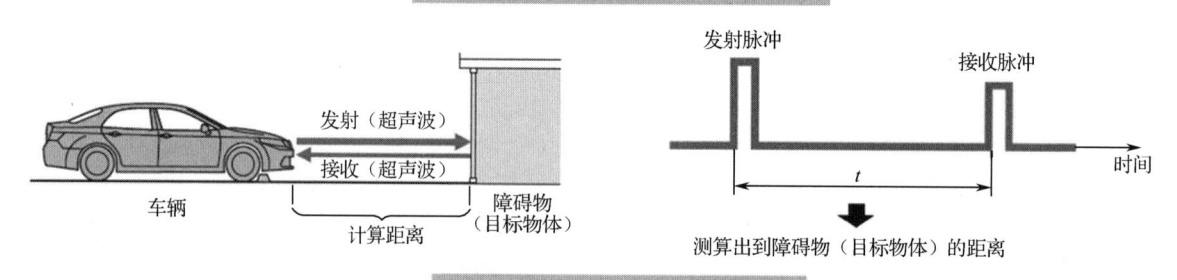

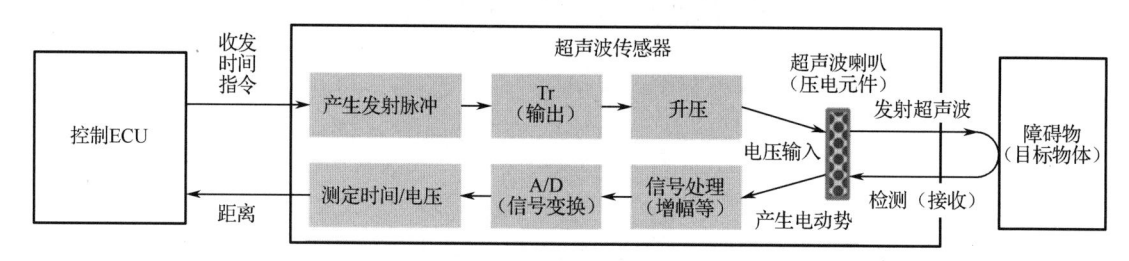

图 4-3 超声波传感器的工作原理

声波在空气中的传播速度较快，如果测距精度不符合要求，则传播速度较慢。在具体应用超声波发射器的过程中，可以通过在连续发射脉冲测量逻辑电路的基础上形成一个短脉冲。超声波接收器接收障碍物反射回波后，通过测量逻辑电路形成短脉冲，人们可以直接通过信号处理装置处理接收的信号，并采用相关软件自动计算传感器和障碍物之间的距离。

## 4.2.2 超声波传感器的建模方法

超声波测距原理一般采用渡越时间法（Time of Flight，ToF）。首先测出超声波从发射到遇到障碍物返回所经历的时间，再乘以自身速度得到 2 倍声源与障碍物之间的距离，即 $s = \dfrac{ct}{2}$。其中，$s$ 为传感器与障碍物之间的距离，单位为 m；$c$ 为当前条件下声波在介质中的传输速率，单位为 m/s；$t$ 为传感器发射超声波脉冲到接收反射回波所用的时间，单位为 s。在空气中声波传播速率为 $c = c_0\sqrt{1 + T/273}$ m/s，其中 $T$ 为绝对温度，$c_0 = 331.4$ m/s。声速受空气密度的影响，若温度变化不大，在测距精度不是很高的情况下，一般认为 $c$ 为 340m/s。

超声波发射器工作时不断发出一系列连续的脉冲，并给测量逻辑电路提供一个短脉冲。超声波接收器接收到反射回波后，也向测量逻辑电路提供一个短脉冲。最后由信号处理装置对接收的信号依据时间差进行处理，自动计算传感器与障碍物之间的距离。障碍物距离计算原理如图 4-4 所示。

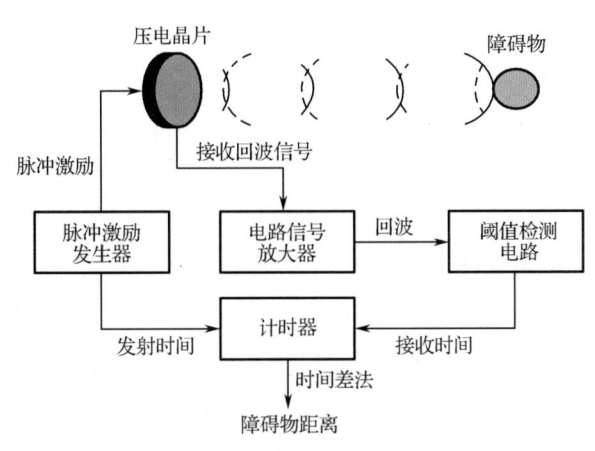

图 4-4 障碍物距离计算原理

超声波传感器的建模方法包括物理模型、统计模型、仿真模型和神经网络模型。

**1. 物理模型**

超声波传感器的物理模型涉及波的传播、反射和干扰等物理过程，通过数学公式和物理定律描述，如声速、声强度、反射系数等。该模型适用于需要考虑传感器和障碍物的几何形状、材料属性和位置等因素的场景，如自动泊车系统和避障系统。这些系统需要精确的物理模型预测超声波传感器的输出，以便控制车辆的运动，避免车辆碰撞。时域积分（TDI）、有限元（FEM）和边界元（BEM）等方法可以计算超声波传感器的声波传播和反射，以及障碍物的形状和位置对超声波传感器输出的影响。

用于车辆测距的区域协方差算子（Region Constant Depth，RCD）方法和 Triangular-based 方

法属于超声波传感器物理模型中的时域积分方法的实现方式,直接处理和分析超声波传感器的输出信号,以计算超声波传感器与障碍物之间的距离。RCD 方法是一种基于反向相关和延迟的超声波传感器测距算法,利用计算机和数字信号处理技术实现。RCD 方法通过将超声波脉冲信号与反向相关函数进行卷积,并在时间域上找到相关峰值,以计算超声波传感器与障碍物之间的距离,从而提高超声波传感器的测距精度和稳定性。RCD 方法的测距原理如图 4-5 所示。

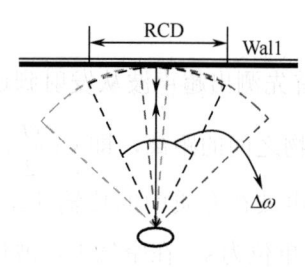

图 4-5 RCD 方法的测距原理

Triangular-based 方法是一种基于三角函数的超声波传感器测距算法,利用超声波信号的时间差计算超声波传感器与障碍物之间的距离。Triangular-based 方法通过计算超声波信号在传感器和障碍物之间的往返时间,并应用三角函数计算距离,以提高超声波传感器的测距精度和响应速度。

### 2. 统计模型

统计模型以实际测量数据为基础,通过采集大量超声波传感器测量数据预测超声波传感器的输出。该模型充分考虑了超声波传感器的测量误差、障碍物的形状和位置分布等因素,适用于处理大量数据和预测超声波传感器输出的场景。统计模型利用机器学习算法进行建模和预测,如支持向量机、随机森林和深度学习模型等。

统计模型包括中心线传感器模型、高斯分布传感器模型和均匀分布传感器模型。中心线传感器模型基于车道中心线,测量车辆与车道中心线之间的距离和偏离角度,实现车道保持或车道偏离预警等功能。中心线传感器模型利用超声波传感器输出和车道中心线地图数据进行建模和优化,以提高超声波传感器的测量精度和鲁棒性。高斯分布传感器模型基于高斯分布,描述传感器的测量误差和噪声分布特性,可用于车辆定位、导航和地图构建等功能。高斯分布传感器模型通过最小二乘法等方法对超声波传感器数据进行拟合和优化,以提高超声波传感器的测量精度和准确性。均匀分布传感器模型基于均匀分布,描述超声波传感器的探测范围和响应特性,用于车辆避障、环境感知和障碍物检测等。均匀分布传感器模型利用超声波传感器的探测数据和地图数据进行建模和优化,以提高超声波传感器的探测范围和响应灵敏度。

### 3. 仿真模型

仿真模型利用计算机模拟超声波传感器的工作原理和环境预测超声波传感器的输出。该模型考虑了超声波传感器和障碍物的几何形状、材料属性、位置等因素,采用计算流体力学(CFD)和有限元分析(FEA)等方法建模,适用于虚拟试验和优化设计的场景,如汽车传感器的设计和优化。通过仿真模型可以进行设计验证和性能优化,从而提高超声波传感器的性能和可靠性。

基于有限元分析的超声波传感器模型是一种从力学微观层面研究的仿真模型,通过定义超声波传感器压电晶片的材质、障碍物的形状及材质、环境的材质等参数,模拟发射和接收超声波传感器的超声波脉冲信号,并计算时间差。该模型能够有效地仿真超声波脉冲的传播、反射和衍射特性,能够准确地定位反射点等。由于空间复杂性和环境因素的高动态不均衡变化,汽车领域的超声波传感器模型在前期建模复杂度和计算过程运算量方面存在一定不足。

#### 4. 神经网络模型

神经网络模型是一种基于人工神经网络的模型,通过训练神经网络预测超声波传感器的输出。该模型需要大量超声波传感器数据,并进行数据清洗、特征提取和模型训练等工作,适用于处理非线性关系和复杂数据的场景,如汽车中的图像识别和语音识别系统。超声波传感器的神经网络模型可以利用深度学习算法进行训练和优化,如卷积神经网络(CNN)、循环神经网络(RNN)和注意力机制等。

### 4.2.3 超声波传感器的仿真应用

在 ModelBase 中,可以在仿真环境中添加各种传感器以监测车辆周围的环境,在官方传感器库中,给出了几种传感器的部署方案,可以直接在此基础上添加超声波传感器,也可以新建传感器方案并重新添加传感器。超声波传感器创建与添加界面如图 4-6 所示。

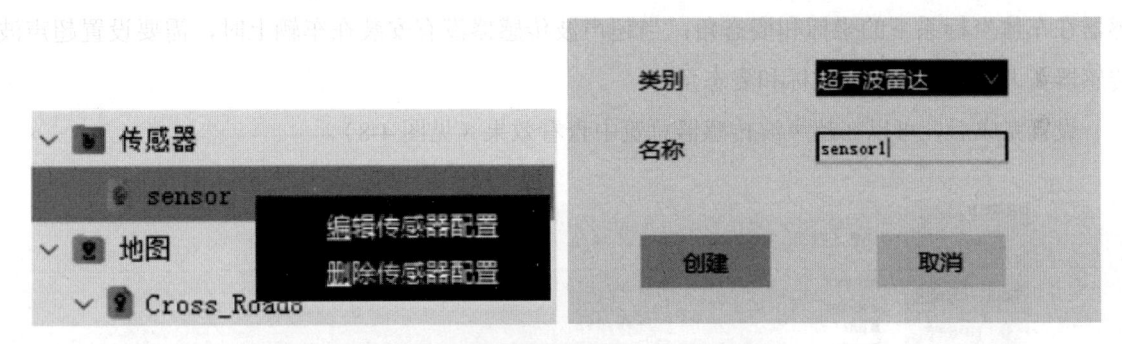

图 4-6 超声波传感器创建与添加界面

超声波传感器位置配置界面如图 4-7 所示。FOV 上边界指传感器能够探测到的最高点的垂直角度,如果 FOV 上边界是 30°,则传感器可以在垂直方向上感知到 30°以上的物体;FOV 下边界指传感器能够探测到的最低点的垂直角度,如果 FOV 下边界是 30°,则传感器可以在垂直方向上感知到 30°以下的物体;FOV 左边界指传感器能够探测到的最左侧点的水平角度,如果 FOV 左边界是 45°,则传感器可以在水平方向上感知到左侧 45°以内的物体;FOV 右边界指传感器能够探测到的最右侧点的水平角度,如果 FOV 右边界是 45°,则传感器可以在水平方向上感知到右侧 45°以内的物体。

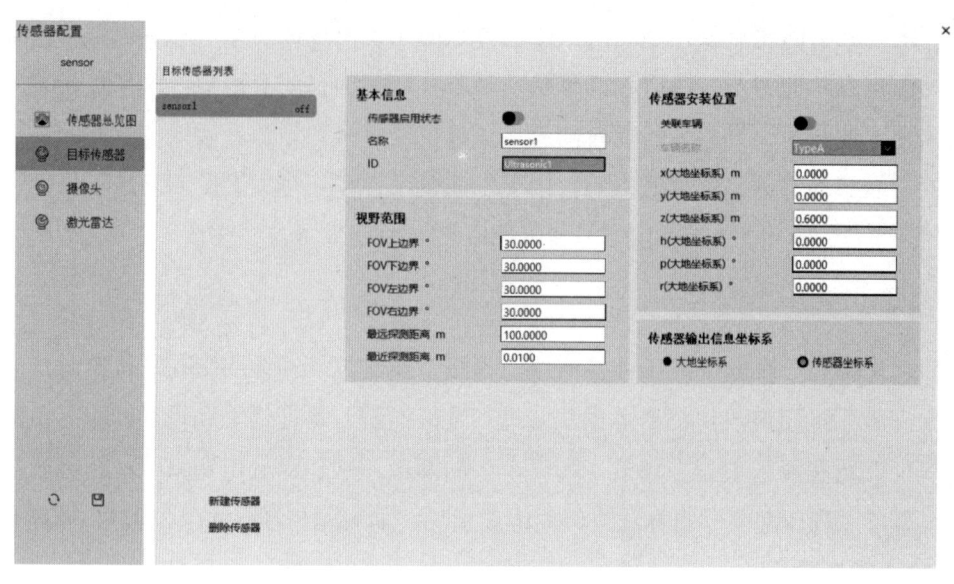

图 4-7 超声波传感器位置配置界面

最远探测距离指传感器能够探测到的最远距离，如果最远探测距离是 5m，则传感器可以探测到 5m 以内的物体；最近探测距离指传感器能够探测到的最近距离，如果最近探测距离是 0.2m，则传感器可以探测到 0.2m 以外的物体。

除此之外，还可以设置是否关联车辆，即该超声波传感器是否安装在车上。在进行智能驾驶仿真时，超声波传感器通常都是安装在主车上的。车辆上安装超声波传感器后，需要设置传感器在车体坐标系下的坐标和姿态角；当超声波传感器没有安装在车辆上时，需要设置超声波传感器在大地坐标系下的坐标和姿态角。

设置完成后，可以在超声波传感器总览中查看效果（见图 4-8）。

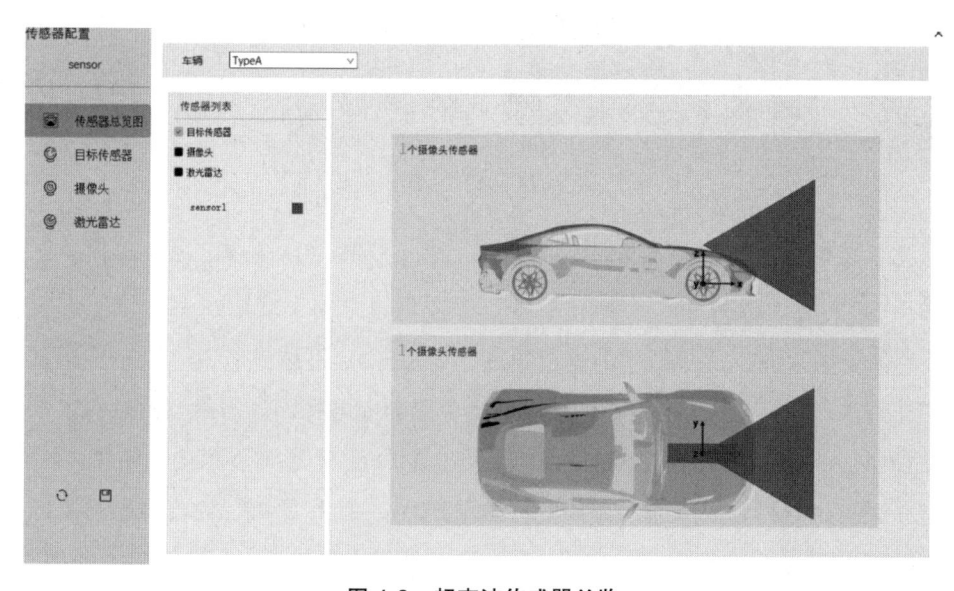

图 4-8 超声波传感器总览

通过输出 IO 选择列表可输出目标传感器的监测结果，不需要配置，只要激活传感器，在输出 IO 选择列表中就可以找到对应名称及输出结果。超声波传感器输入输出接口选择界面如图 4-9 所示。

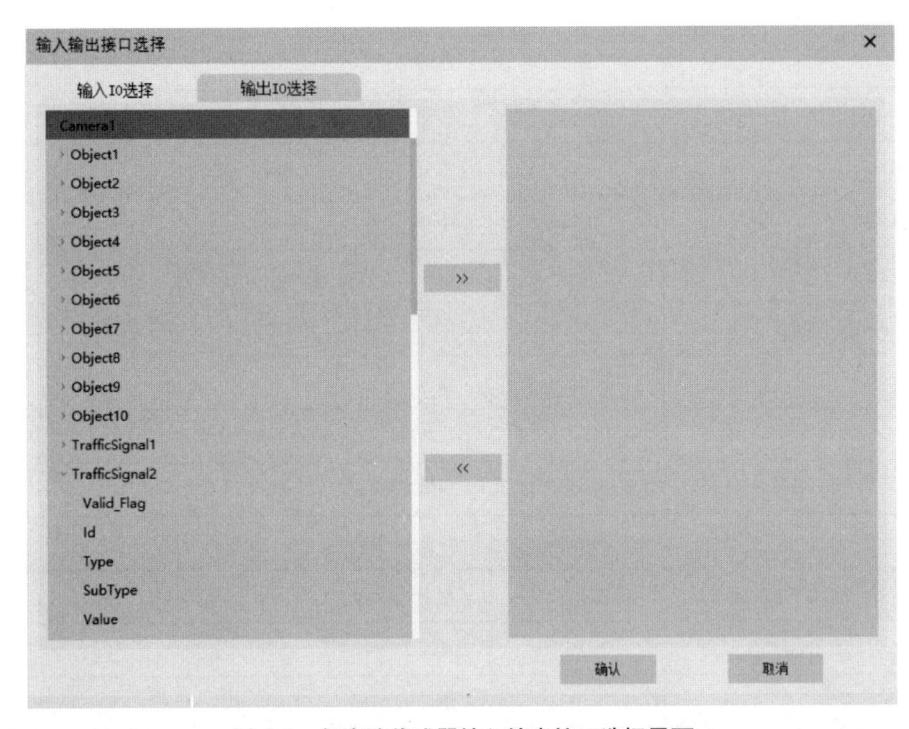

图 4-9　超声波传感器输入输出接口选择界面

超声波传感器输出参数信息如表 4-1 所示。

表 4-1　超声波传感器输出参数信息

| IO 变量名 | 单位 | 模块 | 描述 |
|---|---|---|---|
| ID | — | Object | 物体 ID |
| ValID_Flag | — | Object | 物体是否有效：-99 无效，1 有效 |
| Type | — | Object | 物体类型。0：car（汽车），1：van（小型货车），2：truck（卡车），3：trailer（挂车），4：semitrailer（半拖车），5：bus（公交），6：motorbike（摩托车），7：bicycle（自行车），10：Man（行人），20：场景障碍物，26：Manhole（井盖），27：交通标识牌 |
| Near_XPos | m | Object | 最近点 $x$ 坐标 |
| Near_YPos | m | Object | 最近点 $y$ 坐标 |
| Near_ZPos | m | Object | 最近点 $z$ 坐标 |
| Length | m | Object | 长度 |

续表

| IO 变量名 | 单位 | 模块 | 描述 |
|---|---|---|---|
| WIDth | m | Object | 宽度 |
| Height | m | Object | 高度 |
| Angle_Yaw | rad | Object | 航向角 |
| Angle_Pitch | rad | Object | 俯仰角 |
| Angle_Roll | rad | Object | 侧倾角 |
| Center_XPos | m | Object | 中心点 $x$ 坐标（几何中心） |
| Center_YPos | m | Object | 中心点 $y$ 坐标（几何中心） |
| Center_ZPos | m | Object | 中心点 $z$ 坐标（几何中心） |
| ID | — | ParkSlot | 物体 ID |
| ValID_Flag | — | ParkSlot | 物体是否有效：-99 无效，1 有效 |
| Type | — | ParkSlot | 物体类型 |
| Point1_x | m | ParkSlot | 角点 1$x$ 坐标 |
| Point1_y | m | ParkSlot | 角点 1$y$ 坐标 |
| Point2_x | m | ParkSlot | 角点 2$x$ 坐标 |
| Point2_y | m | ParkSlot | 角点 3$y$ 坐标 |
| Point3_x | m | ParkSlot | 角点 3$x$ 坐标 |
| Point3_y | m | ParkSlot | 角点 4$y$ 坐标 |
| Point4_x | m | ParkSlot | 角点 4$x$ 坐标 |
| Point4_y | m | ParkSlot | 角点 4$y$ 坐标 |
| Near_XPos | m | ParkSlot | 最近点 $x$ 坐标 |
| Near_YPos | m | ParkSlot | 最近点 $y$ 坐标 |
| Near_ZPos | m | ParkSlot | 最近点 $z$ 坐标 |

在超声波传感器总览中，可以为不同的传感器设置不同的展示颜色，便于更加直观地观测各传感器的感知范围。例如，将新添加的超声波传感器设置为黄色，单击"动画"→"运行"按钮，可以看到在运行的场景内，超声波传感器监测的范围是黄色区域，并且随着车辆的移动而移动。超声波传感器运行动画界面如图 4-10 所示。

图 4-10 超声波传感器运行动画界面

## 4.3 毫米波雷达

　　毫米波雷达指工作在毫米波频段探测的雷达，其与普通雷达具有相似的工作原理，通过发射无线电信号并接收反射信号测定与物体之间的距离。毫米波频段通常为 30～300GHz，波长为 1～10mm，介于微波和厘米波之间，从而兼有微波雷达和光电雷达的一些优点，非常适合智能驾驶汽车领域的应用。毫米波雷达的功能示意图如图 4-11 所示。

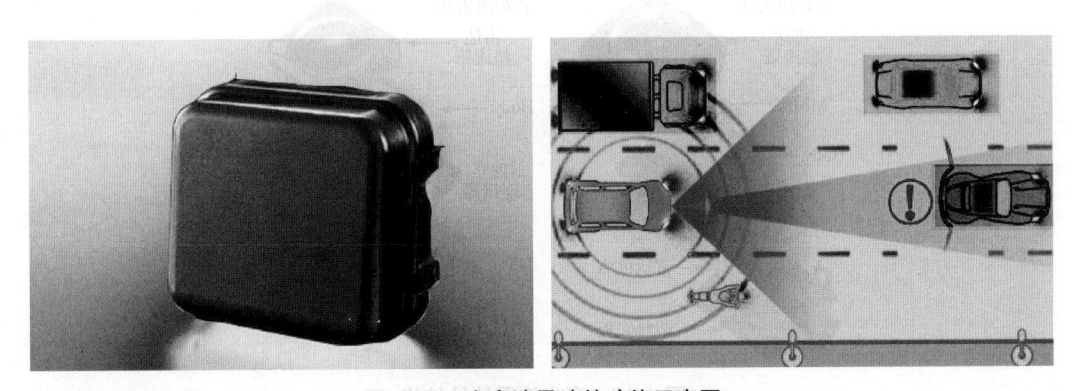

图 4-11 毫米波雷达的功能示意图

　　目前，各个国家对车载毫米波雷达分配的频段各有不同，但市面上主流的毫米波主要集中在 24～77GHz，在电磁频谱中，这种波长被视为短波长。由于频段的不同，24GHz 频段的雷达和 77GHz 频段的雷达具有不同的应用场景。其中，24GHz 频段的雷达通常用于感知车辆周围的障碍物，为换道决策提供感知信息，其能够实现的 ADAS 功能有盲点监测、变道辅助等；77GHz 频段的雷达波长更短，产品尺寸更小，常被安装在前保险杠上，正对汽车的行驶方向，能够实现紧急制动、高速公路跟车等 ADAS 功能。此外，在安装时，因为毫米波雷达具有较强的穿透性，能够轻松地穿透保险杠上的塑料，所以常被安装在汽车的保险杠内。

毫米波雷达作为智能驾驶车辆的重要传感器，信号穿透能力强，纵向目标探测能力突出，且对静态和动态物体均能进行高精度检测，适用于全天候工作。但其也存在一些劣势，如无法成像和进行颜色识别，对高处物体和小物体检测效果不佳，探测距离近且垂直角度受限等。

### 4.3.1 毫米波雷达的工作原理

毫米波雷达主要由收发天线、前端收发组件和信号处理器及算法 3 个部分组成，以下介绍各部分主要承担的工作。

收发天线主要用于发射和接收毫米波。当天线长度为毫米波长的 1/4 时，天线的发射和接收转换效率最高。由于毫米波波长只有几毫米，因此天线尺寸需要做得很小，也可以使用多根天线构成阵列。目前，主流的天线方案采用微带阵列，即在印制电路板（PCB）上铺上微带线，形成"微带贴片天线"，以满足低成本和小体积的需求。

前端收发组件是毫米波雷达的核心部分，主要负责毫米波信号的调制、发射、接收及回波信号的解调，常采用单片微波集成电路（Monolithic Microwave Integrated Circuit，MMIC）。MMIC 属于半导体集成电路，毫米波雷达包括多种功能电路，能降低系统尺寸、功率和成本，还能嵌入更多的功能（见图 4-12）。

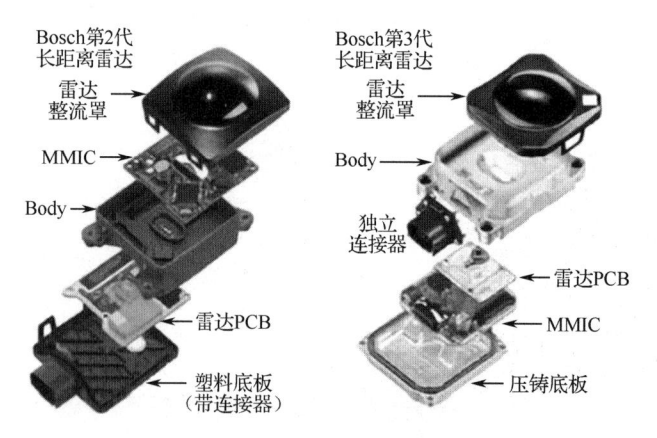

图 4-12 毫米波雷达的结构

信号处理器通过芯片嵌入不同的算法，对信号进行处理，实现对探测目标的分类识别。

在汽车雷达领域，常见的波形为调频连续波（Frequency Modulated Continuous Wave，FMCW）。当汽车雷达工作时，由振荡器产生一个频率随时间逐渐递增的信号，该信号遇到障物后反射回来。反射波与发射波之间的频率差呈线性关系，物体越远，反射波时间越长，其与发射波的频率差就越大。将反射波频率减去发射波频率得到二者频率的拍频，通过拍频的大小，判断车辆与障碍物之间的距离。毫米波雷达的工作原理如图 4-13 所示。

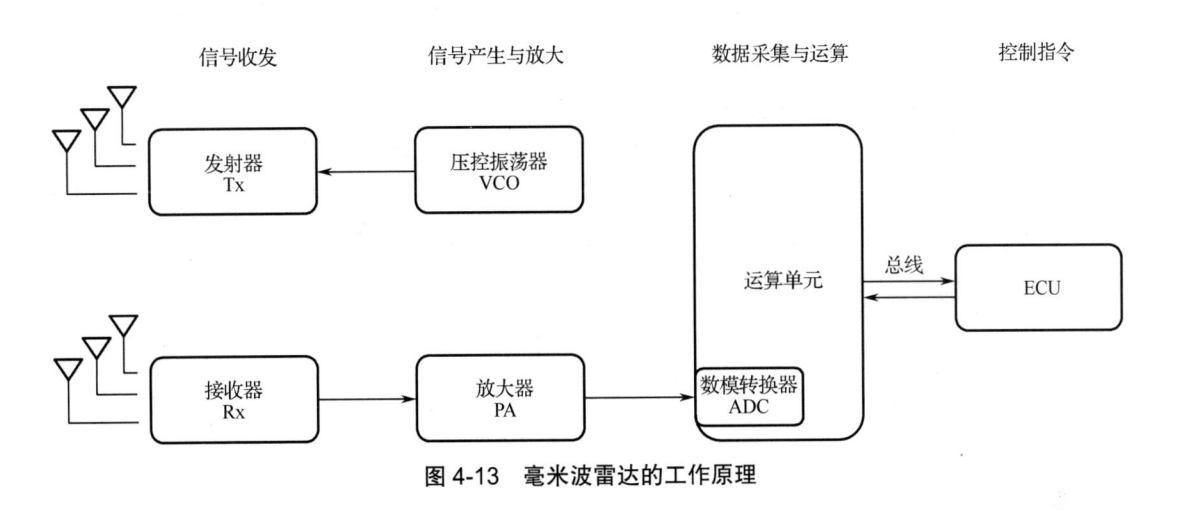

图 4-13　毫米波雷达的工作原理

在智能驾驶领域，车载毫米波雷达通过天线发射毫米波，接收器接收目标反射信号，经后方处理后快速准确地获取汽车车身周围的物理环境信息（如汽车与其他物体之间的相对距离、相对速度、角度、运动方向等），根据所探知的物理环境信息进行目标追踪和识别分类，结合车身动态信息进行数据融合，最终通过电子控制单元（Electronic Control Unit，ECU）进行智能处理。经合理决策后，以声、光及触觉等多种方式告知驾驶员，或者及时对汽车做出主动干预，从而保证驾驶过程中的安全性和舒适性，减少事故发生的概率。

毫米波雷达的工作信号如图 4-14 所示。实线是发射信号频率，虚线是接收信号频率，$t_c$ 为扫频周期 $T_c$ 的一半，$f_c$ 为扫频带宽，$\tau$ 为从信号发射到接收所经历的时间。发射信号经过目标反射，回波信号会有延时，在三角形的频率变化中，可以在上升沿和下降沿进行距离测量。

静止的物体由于没有多普勒效应，发射频率和接收频率是相同的，上升沿期间的频率差值等于下降沿期间的测量值。但是，雷达的斜坡频率是随时间不断变化的，所以当我们得到了拍频 $f_b$，就得到了信号传输时间。运动的物体上升沿期间和下降沿期间的频率差值不同，通过频率差值，并综合多普勒效应，计算物体的距离和速度。

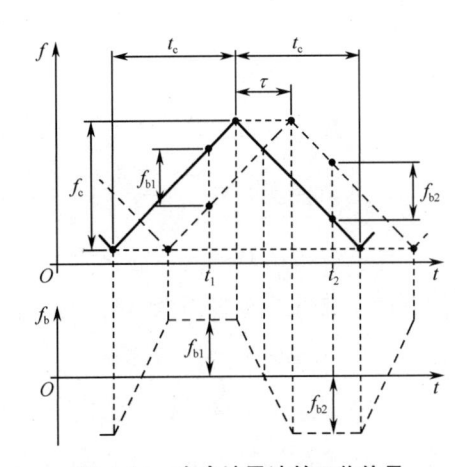

图 4-14　毫米波雷达的工作信号

测速的基本原理是多普勒效应。由于物体距离的变化会引起接收信号相位的变化，因此通过观测一段时间内的接收信号的相位变化，可以估算出此时物体的速度。FMCW 雷达系统发射间隔为 $T_c$ 的两个 Chirp 脉冲信号，每个反射的 Chirp 脉冲信号都通过 Range-FFT 方法处理。对应每个 Chirp 脉冲信号的 Range-FFT，将在同一位置出现不同相位的峰值，该相位差与物体移动的位移有关。

### 4.3.2 毫米波雷达的建模方法

雷达等车载设备受多种因素影响，包括内部电子器件的特性和结构、数据采集和处理算法的多样性，以及目标的电磁散射、地表杂波和环境噪声等。随着毫米波雷达在智能驾驶领域的普及，它逐渐成为智能驾驶不可或缺的传感器之一。毫米波雷达的建模方法和功能算法，既是汽车智能驾驶技术的重要基础，又是推动智能驾驶仿真测试、试运营进程及自动驾驶产业化的核心技术。本节将针对毫米波雷达的建模方法进行简单介绍。

毫米波雷达系统模型包括雷达、目标和环境 3 个主要部分。目标模型用于毫米波雷达检测范围内的各种物体的建模，如交通车辆、标志、建筑物和行人等。而环境模型则用于对护栏、地面、树木及雨雪等天气情况的建模。毫米波雷达散射面积（Radar Cross Section，RCS）用于描述目标对电磁波反射强度，可以通过查表、测量或有限元离散等方法进行估计。

为了全面且精确地反映毫米波雷达的目标检测能力，我们需要综合考量多个关键指标，如目标的检测率、误报率及反射率等。此外，正确处理空间内物体间的遮挡关系至关重要，以确保遮挡情况不会对雷达的检测性能造成干扰。同时，模型需要拥有稳定可靠的距离、速度和方位角测量功能，从而确保毫米波雷达能精准地测定目标的位置、速度和方向。

另外，环境因素对毫米波雷达检测功能的影响包括但不限于信号的缺失、误差、不完整，以及干扰和噪声等。

毫米波雷达的建模方法主要包括几何模型与物理模型两大类。

#### 1. 几何模型

毫米波雷达检测可以简化为空间几何问题。在几何模型中，毫米波雷达对周围场景的探测是通过不断剔除场景中的目标物体特征点，从而留下被毫米波雷达"照射"到的点集的过程。具体来说，毫米波雷达将场景中的目标物体抽象为包围盒，并使用一系列预先定义的特征点集表示。毫米波雷达将发射电磁波波束，形成一个视锥，与目标物体的包围盒在空间中进行相交判断。如果目标物体的包围盒与雷达视锥相交，则继续对目标物体的特征点进行相交判断，剔除被遮挡的特征点，留下被毫米波雷达"照射"到的点集。通过这种方式，毫米波雷达可以实现对周围场景的探测。为了更好地表达目标物体的包围盒，可以使用一系列预先定义的特征点集表示，如顶点、棱边、曲面等特征点集（Points of Shape Characteristics，PSC）。毫米波雷达的检测过程转换为雷达视锥"照射"目标 PSC 的问题，其中被照射到的 PSC 需要满足两个条件。

第一，位于毫米波雷达视锥内；第二，没有被遮挡，即没有任何物体或 PSC 位于雷达视锥顶点至该 PSC 的连线上。驾驶场景目标物体的包围盒如图 4-15 所示。

图 4-15　驾驶场景目标物体的包围盒

## 2. 物理模型

毫米波雷达的物理模型反映了基于电磁学的天线波束模型，包括电磁波的传播和散射过程。由于目标物体的三维尺寸远远大于电磁波波长，因此可以采用光学方法处理电磁波，以简化电磁场的计算，更加准确地反映电磁波的工作特性。在实际环境中，毫米波雷达从产生电磁波到最终处理得出目标信息的过程中，存在许多不理想因素，如 RF 损耗、杂波干扰、量化噪声等。因此，毫米波雷达建模可以从几何模型入手，建立理想情况下雷达的目标检测与测量，并在几何模型的基础上，通过模拟实际毫米波雷达信号处理流程的各个环节，人为地添加噪声，以增加模型的逼真度。

经过几何模型筛选，即处于雷达探测范围且未被遮挡的目标物体有 $I$ 个，则这些目标物体由距离、径向速度、方位角、RCS 定义，表示为 $((R_i, v_i, \theta_i, \sigma_i) | i=1,2,\cdots,I)$。这些几何模型的输出数据作为物理模型的输入数据，首先用来构造时域上的差拍信号。每个目标物体都会产生一个对应的时域差拍信号，将这些时域差拍信号求和，叠加高斯白噪声（Additive Gaussian White Noise，AGWN），模拟信号数字化过程中产生的量化噪声、非理想的频率合成器和混频器等产生的信号相位噪声及收发回路处的热噪声。AGWN 的大小用均值 $\mu$ 和标准差 $\sigma$ 表示。接下来，经过二维傅里叶变换（2DFFT）变换到频域进行频谱分析。设立恒虚警阈值（Constant False Alarm Rate，CFAR），当信号幅值大于所设定的 CFAR 时，认为其为目标物体产生的回波信号；当信号幅值小于所设定的 CFAR 时，认为其为地面等杂波或噪声信号，将其置零以简化计算。最后找到所有峰值，存储峰值 ID 及其对应的行列值，根据公式计算相应目标物体的距离、速度

和方位角。毫米波雷达探测前车原理如图 4-16 所示。

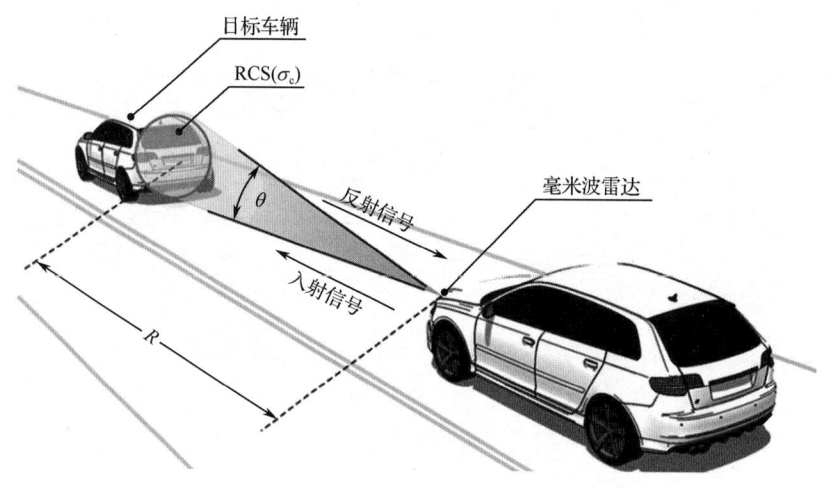

图 4-16　毫米波雷达探测前车原理

### 4.3.3　毫米波雷达的仿真应用

下面结合 ModelBase，进一步介绍毫米波雷达在仿真软件中的应用。与其他传感器类似，毫米波雷达的相关参数组件和设置位于传感器配置界面。毫米波雷达传感器配置界面如图 4-17 所示。

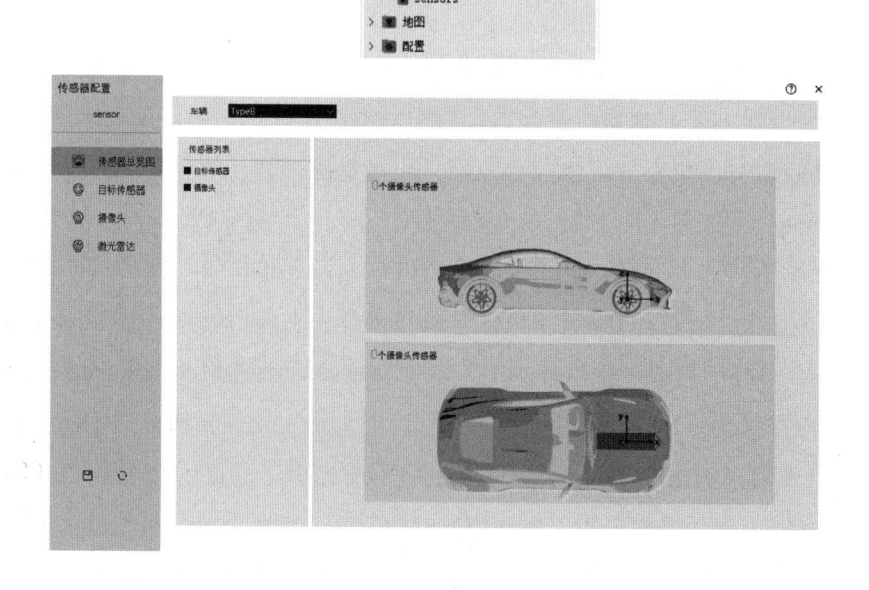

图 4-17　毫米波雷达传感器配置界面

在"目标传感器"节点中，可以对包括毫米波雷达在内的目标传感器参数进行设置。在 ModelBase 中，对于相同的目标物体，毫米波雷达检测物体的原理与摄像头、激光雷达等一致，首先定位车辆所在的位置及目标检测区域，随后通过遍历的方式筛选范围内的物体，检测过程中涉及坐标系转换和物体边界框计算，最后通过 IO 接口输出信息。对于车道线，首先定位车道及车辆在车道中的具体位置，随后沿车道向后搜索目标距离（遇到路口则停止搜索），获取本车道左右车道线的轨迹点，通过坐标系转换和三次多项式拟合得到拟合参数，最后输出车道线信息。

毫米波雷达传感器位置参数配置界面如图 4-18 所示。由基本信息、视野范围、传感器安装位置和传感器输出信息坐标系 4 个部分组成。

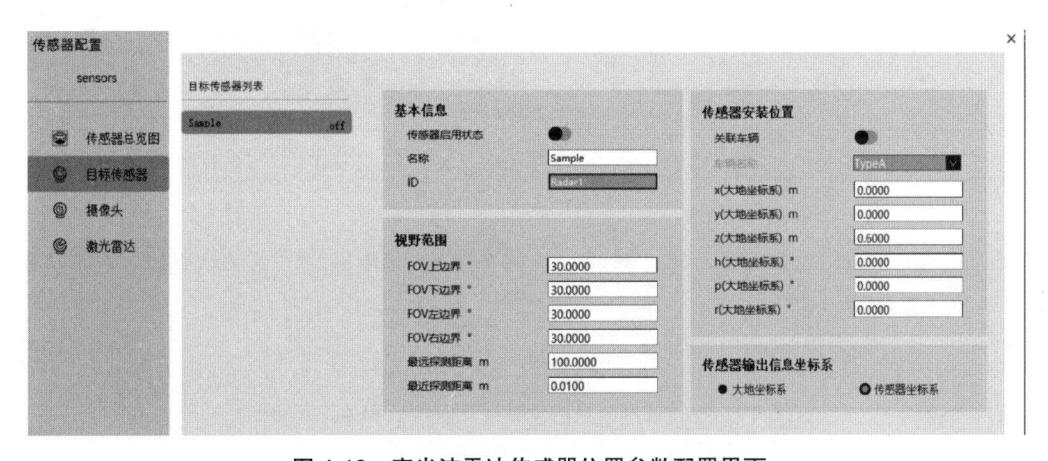

图 4-18 毫米波雷达传感器位置参数配置界面

基本信息包括传感器的名称、ID 及传感器启用状态，可以对传感器的启用与关闭进行控制。

视野范围主要包括 FOV 边界参数和探测距离参数，FOV 上下边界控制垂直方向的 FOV 角度，而 FOV 左右边界控制水平方向的 FOV 角度；探测距离参数能够设置传感器探测距离范围，单位为 m。

传感器安装位置主要是对传感器的安装位置进行设置，包括是否关联车辆及车体坐标系的相关参数。关联车辆指是否将传感器安装在车辆上，根据不同的仿真目的，安装位置也不同；当选择安装在车辆上时，需要对安装车辆的名称及传感器在车体坐标系下的坐标（$x, y, z$）和姿态角（横摆角 $h$、俯仰角 $p$、侧倾角 $r$）进行设置；当选择不安装在车辆上时，需要对传感器在大地坐标系下的坐标和姿态角进行设置。

传感器输出信息坐标系表示传感器输出结果在哪个坐标系下进行展示，默认为传感器坐标系。

此外，在 ModelBase 软件中内置了毫米波雷达检测范围和安装位置的可视化界面，回到如图 4-17 所示的界面，在毫米波雷达传感器总览中可以观察到相应的展示效果。不同毫米波雷达传感器安装位置参数配置界面的效果如图 4-19 所示。不同的探测范围和安装位置均能够在总览中得到体现（见图 4-20）。

图 4-19　不同毫米波雷达传感器安装位置参数配置界面

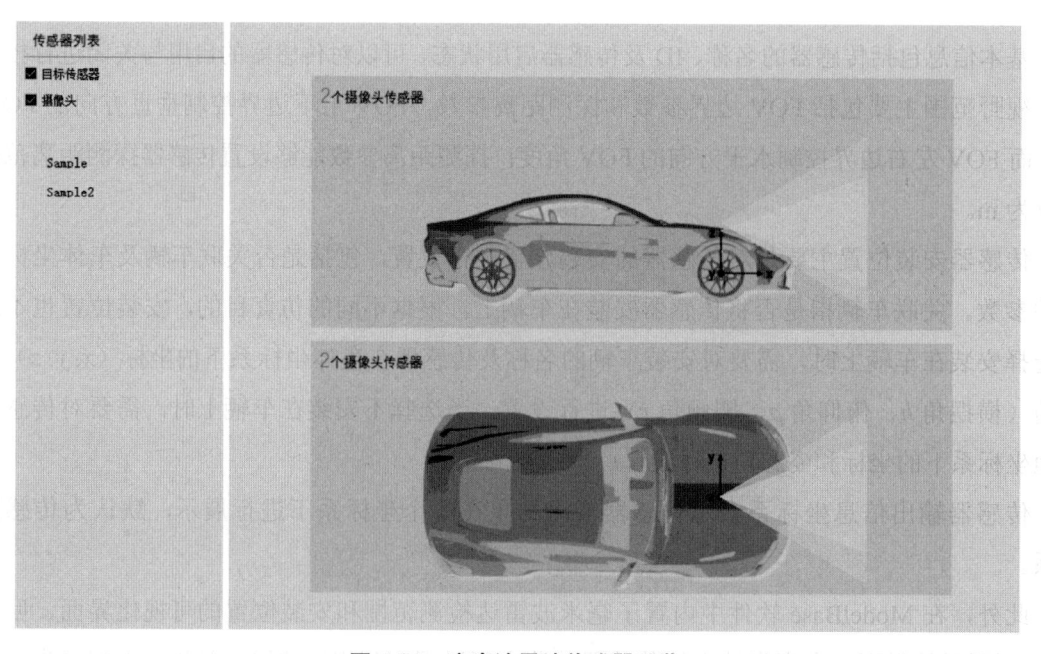

图 4-20　毫米波雷达传感器总览

在完成毫米波雷达传感器参数配置工作后，可以选择"Project"—"配置"—"IO 接口"，进行输入输出 IO 接口的选择，此过程不需要配置，只需要启用毫米波雷达传感器，就能够在输出 IO 选择列表中找到对应名称及输出结果。毫米波雷达传感器输入输出接口选择界面如图 4-21 所示。

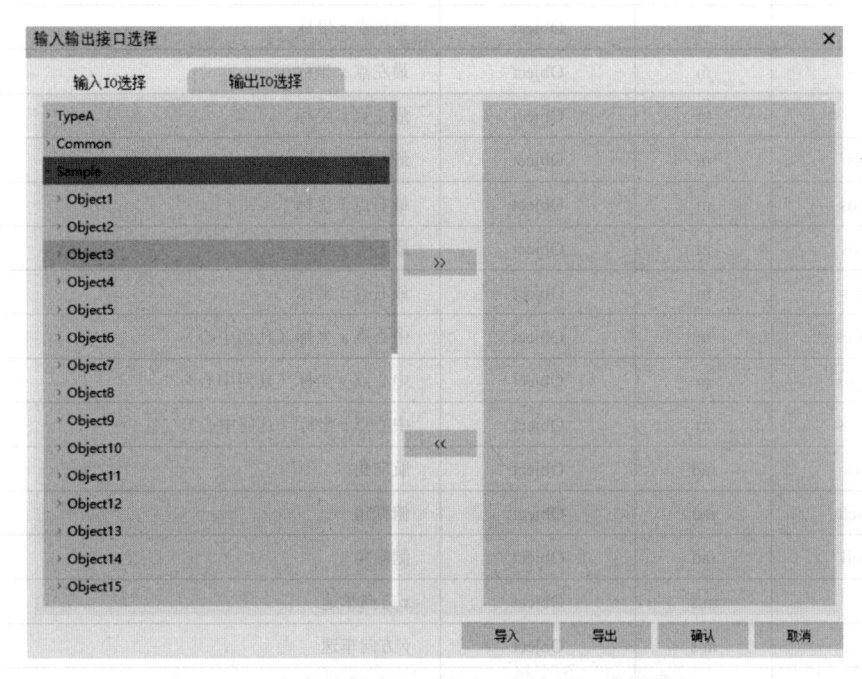

图 4-21　毫米波雷达传感器输入输出接口选择界面

在 ModelBase 软件的仿真过程中，毫米波雷达能够输出前方 32 个物体的信息，排列顺序由近到远，毫米波雷达输出参数如表 4-2 所示。

表 4-2　毫米波雷达输出参数

| IO 变量名 | 单位 | 模块 | 描述 |
| --- | --- | --- | --- |
| ID | — | Object | 物体 ID |
| ValID_Flag | — | Object | 物体是否有效：-99 无效，1 有效 |
| Type | — | Object | 物体类型。0：car（汽车），1：van（小型货车），2：truck（卡车），3：trailer（挂车），4：semitrailer（半拖车），5：bus（公交），6：motorbike（摩托车），7：bicycle（自行车），10：Man（行人），20：场景障碍物，26：Manhole（井盖），27：交通标识牌 |
| Motion_State | — | Object | 运动状态：0 未知，1 静止，2 停止，3 运动，4 迎面而来，5 横穿静止，6 横穿移动 |
| Ref_Xpos | m | Object | 参考点 x 坐标（参考点：传感器与 Object 中心的连线与 Object 外边框的交点） |
| Ref_Ypos | m | Object | 参考点 y 坐标 |

续表

| IO 变量名 | 单位 | 模块 | 描述 |
| --- | --- | --- | --- |
| Ref_Zpos | m | Object | 参考点 $z$ 坐标 |
| Near_Xpos | m | Object | 最近点 $x$ 坐标 |
| Near_Ypos | m | Object | 最近点 $y$ 坐标 |
| Near_Zpos | m | Object | 最近点 $z$ 坐标 |
| Left_Xpos | m | Object | 最左点 $x$ 坐标 |
| Left_Ypos | m | Object | 最左点 $y$ 坐标 |
| Left_Zpos | m | Object | 最左点 $z$ 坐标 |
| Right_Xpos | m | Object | 最右点 $x$ 坐标 |
| Right_Ypos | m | Object | 最右点 $y$ 坐标 |
| Right_Zpos | m | Object | 最右点 $z$ 坐标 |
| Center_Xpos | m | Object | 中心点 $x$ 坐标（几何中心） |
| Center_Ypos | m | Object | 中心点 $y$ 坐标（几何中心） |
| Center_Zpos | m | Object | 中心点 $z$ 坐标（几何中心） |
| Angle_Yaw | rad | Object | 航向角 |
| Angle_Pitch | rad | Object | 俯仰角 |
| Angle_Roll | rad | Object | 侧倾角 |
| Vx | m/s | Object | $x$ 方向车速 |
| Vy | m/s | Object | $y$ 方向车速 |
| Vz | m/s | Object | $z$ 方向车速 |
| Wx | rad/s | Object | $x$ 方向角速度 |
| Wy | rad/s | Object | $y$ 方向角速度 |
| Wz | rad/s | Object | $z$ 方向角速度 |
| Ax | m/s^2 | Object | $x$ 方向加速度 |
| Ay | m/s^2 | Object | $y$ 方向加速度 |
| Az | m/s^2 | Object | $z$ 方向加速度 |
| AAx | rad/s^2 | Object | $x$ 方向角加速度 |
| AAy | rad/s^2 | Object | $y$ 方向角加速度 |
| AAz | rad/s^2 | Object | $z$ 方向角加速度 |
| Cross_Flag | — | Object | 是否遮挡：0 不遮挡，1 遮挡 |
| Exist_Probability | — | Object | 存在概率：0 不存在，1 肯定存在 |
| CiPV_Flag | — | Object | CIPV 标志位：0 不是 CiPV，1 是 CiPV |
| Length | m | Object | 长度 |
| WIDth | m | Object | 宽度 |
| Height | m | Object | 高度 |

注：CiPV 为 Closet in Path Vehicle，路径上最近的车辆。

## 4.4 激光雷达

激光雷达（Light Detection and Ranging，Lidar）是智能驾驶领域中广泛应用的传感器模块。其通过高密度采样环境信息生成包含大量点的点云数据，提供周围环境的三维空间信息，包括物体的形状、轮廓和表面特征等，精确地感知和识别周围的车辆、行人、障碍物等，为智能驾驶车辆的决策和控制提供准确的数据支持。激光雷达的实物如图 4-22 所示。

图 4-22 激光雷达的实物

激光雷达主要包括激光发射、激光扫描、激光接收和信息处理 4 个部分。其中，激光发射的激励源周期性地驱动激光器，发射激光脉冲，激光调制器通过光束控制器控制发射激光的方向和线数，通过发射光学系统，将激光发射至目标物体；激光扫描实现对所在平面的扫描，并产生实时的平面图信息；激光接收部分接收目标物体反射回来的激光，生成接收信号；最后经信息处理部分进行计算，获取目标物体表面形态、物理属性等特性，建立物体模型。

光照变化、雨雪等恶劣天气条件对激光雷达的影响较小，其具有较强的抗干扰性，因此在各种复杂环境中都能稳定工作，并提供可靠的感知结果。激光雷达常与其他传感器（如摄像头和毫米波雷达）融合，以弥补各种传感器的局限性，提高智能驾驶感知系统的鲁棒性和可靠性。

激光雷达的结构复杂及其核心部件的成本高昂，共同决定了激光雷达短期内的高价格，特别是机械式激光雷达，其价格一度居高不下。然而，随着技术的不断发展，激光雷达的性能不断得到提升，成本逐步得到优化，也将进一步推动智能驾驶技术的深入发展和广泛应用。

### 4.4.1 激光雷达的工作原理

激光雷达的工作原理是使用激光发射部分向一定视场角（Field Of View，FOV）内发射光线，同时使用激光接收部分接收反射回的光线，利用已知和获取的发射光线与反射光线的相关信息，直接计算或推导出反射点的信息（速度、距离、高度、反射强度等）。激光扫描测量通过激光扫描器和距离传感器获取目标的表面形态。激光扫描器通常由激光发射器、激光接收器、时间计数器和微计算机等部分组成。

激光脉冲发生器周期地驱动激光二极管发射激光脉冲,由接收透镜接收目标物体表面的反射信号,产生接收信号。内部利用稳定的石英时钟对发射和接收时间差进行计算,计算数据经过微计算机对测量资料进行内部微处理,显示或存储、输出距离和角度信息,并与距离传感器获取的数据相匹配,最后经过相应软件进行一系列的处理,获取目标物体表面的三维数据,从而进行各种测算和立体模型的建立。激光雷达通过脉冲激光不断扫描目标物体,可以获取目标物体上所有的目标点数据,使用这些数据进行图像处理,可以得到一个精确的三维立体模型。

### 4.4.2 激光雷达的建模方法

激光雷达作为一种发展前景极好的传感器,利用激光束的发射和接收,可以返回大量的数据,光线对其几乎没有影响,可以不分白天黑夜地工作。同时,激光雷达具有很高的角度分辨率与测距精度,在智能驾驶汽车中可以实现目标的检测、识别、分类与跟踪等需求,激光雷达是智能驾驶产业的强大助力。激光雷达的工作场景如图4-23所示。

图 4-23 激光雷达的工作场景

激光雷达的建模方法具体总结为以下4个步骤:数据扫描、数据配准、模型重构和纹理映射。

(1) 数据扫描。运用激光扫描仪和高清数码相机对目标物体进行扫描、拍摄,获取目标物体的三维坐标信息及纹理信息。由于受到载仪平台限制,扫描范围具有局限性,因此无法获取完整的被测场景三维信息。例如，机载激光雷达系统只能获取建筑物顶部信息，无法获取建筑物侧面信息；车载激光雷达系统仅能获取建筑物侧面信息，无法获取建筑物顶部信息。在汽车行驶过程中进行扫描，不可避免地会扫描到街道、植被信息，这些信息会对建筑物信息造成遮挡，导致建筑物信息缺失，在后期三维重构时，需要对缺失信息进行填补处理。

（2）数据配准。地面固定激光雷达系统通常运用分站式扫描方式对被测场景进行扫描，即规定好扫描路线，根据设置的扫描点位置，分多次对同一被测场景进行扫描，以获取其三维信息。由于每次扫描时获取的三维信息都是相对于当前扫描点的局部坐标系下的三维坐标，所以需要将各次扫描得到的三维坐标进行统一融合，使所有三维坐标位于同一坐标系，就是数据配准。车载激光雷达系统和机载激光雷达系统具有惯性导航系统（IMU）和卫星导航系统（GPS），通过这两个系统协调工作。在进行扫描工作时，可以实时获取激光扫描仪的姿态、位置数据，而不需要进行站点拼接配准工作。但是由于点云数据所在坐标系与上述两个系统坐标系是不同的，如坐标原点与坐标轴方向不同。因此，为了使各个数据位于同一坐标系，需要进行坐标解算，从而获取各个坐标系下的大地坐标。

（3）模型重构。对于车载激光雷达系统和机载激光雷达系统，由于扫描范围巨大，故获取的点云数据中不可避免地含有部分杂点，为去除这些杂点，在三维重构之前要对点云数据进行滤波处理，从而提高后期建模精度。一般情况下，无论何种激光雷达获取的点云数据，都具有离散性，不能精准地反映目标物体。地面固定激光雷达系统通常将点云数据进行网格化，从而使其可以反映目标物体的实际表面信息，但是由于数据量过大，在构建网格时需要耗费大量人力和时间。机载激光雷达系统获取的点云数据是目标物体顶部信息，通常对其构建 TIN 不规则三角网，提取出目标物体顶部信息，将顶部信息延伸至地面，从而获取完整的三维模型。车载激光雷达系统既可以获取建筑物侧面精细信息，又可以进行大范围移动式扫描，其兼具地面固定激光雷达系统和机载激光雷达系统的优势。

（4）纹理映射。将高清数码相机拍摄的目标物体的图像与激光雷达系统获取的点云数据重构的三维模型进行融合，从而使最后得到的完整的三维模型形象更加逼真。重构的三维模型不含有颜色信息，导致模型与真实物不完全一致。通过纹理映射，我们可以对模型赋予相应真实的颜色，使模型更直观和真实。

### 4.4.3 激光雷达的仿真应用

在智能驾驶仿真软件中，激光雷达是一个关键的传感器模块，用于模拟车辆上的环境感知系统。下面以 ModelBase 软件为例，详细介绍激光雷达在智能驾驶仿真软件中的应用、部署设置、输出数据和可视化效果。

## 1. 激光雷达在 ModelBase 软件中的应用

环境感知指激光雷达通过激光扫描可以得到车辆周围环境的三维模型，利用相关算法，可以通过比对上下帧的环境变化较为容易地探测出周围的障碍物，并进行检测、分类和跟踪。在 SLAM 加强定位方面，激光雷达通过扫描得到的点云数据同步创建地图信息。因为激光雷达识别出来的物体是在激光雷达坐标系下的位置，所以需要外参标定确定障碍物在车体坐标系下的位置，以便规划模块做出决策。

## 2. 激光雷达在 ModelBase 软件中的部署设置

激光雷达包括机械式激光雷达和固态激光雷达。在 ModelBase 软件中，选择左侧的传感器库，在传感器库中选择所需的传感器。

在传感器编辑界面上，新建激光雷达并选择激光雷达类别，不同激光雷达的参数略有不同，其中机械式激光雷达的参数最全面，与固态激光雷达相比，增添了水平 FOV 和水平分辨率两个参数，下面以机械式激光雷达为例具体介绍各个部署参数的含义。激光雷达位置参数配置界面如图 4-24 所示。

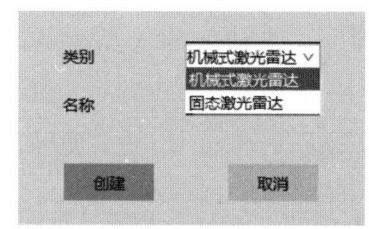

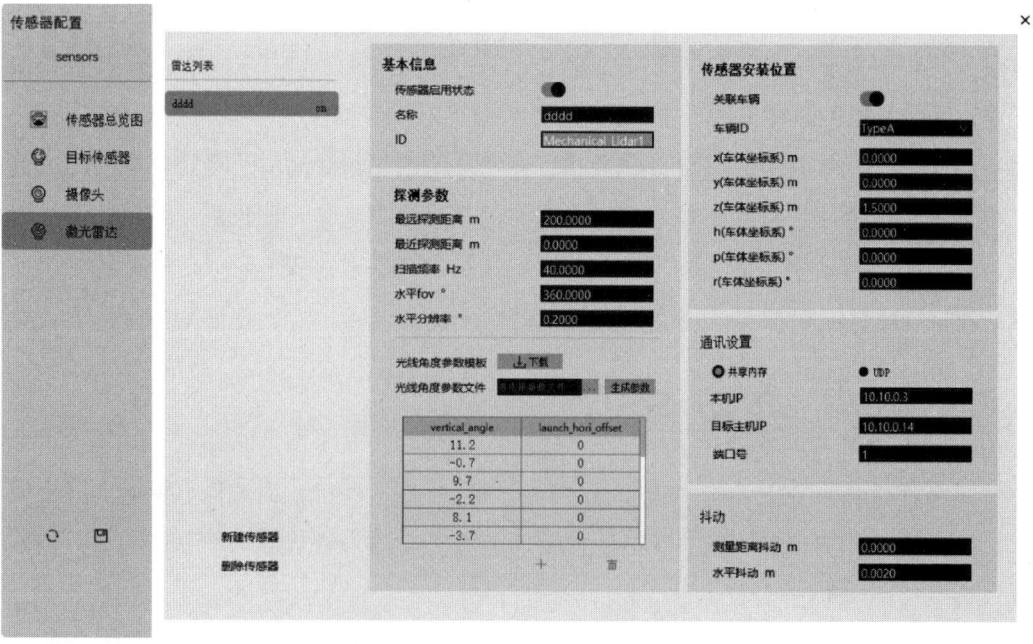

图 4-24 激光雷达位置参数配置界面

（1）基本信息。激光雷达传感器的基本信息如表 4-3 所示。

表 4-3　激光雷达传感器的基本信息

| 名称 | 简介 |
| --- | --- |
| 传感器启用状态 | 当前传感器是否启用 |
| 名称 | 传感器的名称 |
| ID | 传感器类型 ID 组成的唯一标示 |

（2）探测参数。根据真实激光雷达的参数设置仿真激光雷达的视野角度和视野范围，模拟激光雷达的硬件特性，以适应不同的场景需求。激光雷达传感器的探测参数如表 4-4 所示。

表 4-4　激光雷达传感器的探测参数

| 名称 | 简介 |
| --- | --- |
| 最远探测距离（m） | 激光雷达最远能探测到的距离 |
| 最近探测距离（m） | 激光雷达最近能探测到的距离 |
| 扫描频率（Hz） | 激光雷达的扫描频率，10Hz 就是 1 秒转 10 圈 |
| 水平 FOV（°） | 水平方向上可以观测到的角度范围 |
| 水平分辨率（°） | 水平方向上扫描的点数和激光雷达的扫描频率有一定的关系，即扫描越快，点数相对越少。一般这个参数也被称为水平分辨率 |
| 光线角度 | 激光雷达在垂直方向上具有多个发射器和接收器，通过电机的旋转，可以获得多条线束 |

（3）安装位置参数。可以设置激光雷达的安装位置和朝向，模拟车辆/路侧的真实激光雷达安装位置。激光雷达传感器的安装位置参数如表 4-5 所示。

表 4-5　激光雷达传感器的安装位置参数

| 名称 | 简介 |
| --- | --- |
| 关联车辆 | 该传感器是否安装在车辆上，在进行智能驾驶仿真时，传感器通常安装在主车上。如果是 V2X 仿真，则传感器可能不会安装在车辆上 |
| $x$（车体/大地坐标系） | 车体坐标系或大地坐标系下的 $x$ 坐标。当传感器安装在车辆上时，需要配置传感器在车体坐标系下的坐标 $(x, y, z)$ 和姿态角（横摆角、俯仰角、侧倾角）。当传感器没有安装在车辆上时，需要配置传感器在大地坐标系下的坐标和姿态角。车体坐标系的原点在前轴中心，在驾驶员视角下，$x$ 表示朝前，$y$ 表示朝左，$z$ 表示朝上 |
| $y$（车体/大地坐标系） | 车体坐标系或大地坐标系下的 $y$ 坐标 |
| $z$（车体/大地坐标系） | 车体坐标系或大地坐标系下的 $z$ 坐标 |
| $h$（车体/大地坐标系） | 车体坐标系或大地坐标系下的横摆角 |
| $p$（车体/大地坐标系） | 车体坐标系或大地坐标系下的俯仰角 |
| $r$（车体/大地坐标系） | 车体坐标系或大地坐标系下的侧倾角 |

（4）通信设置。激光雷达传感器的通信设置如表 4-6 所示。

表 4-6  激光雷达传感器的通信设置

| 名称 | 简介 |
| --- | --- |
| UDP | 简单的面向消息的传输层协议，尽管 UDP 提供了标头和有效负载的完整性验证（通过校验和），但它不保证向上层协议提供消息传递，并且 UDP 层在发送后不会保留 UDP 消息的状态 |
| 共享内存 | 用于保存接收到的要等待处理的数据，对存储器进行缓存 |
| 本机 IP | 前三位要与激光雷达的 IP 地址一致 |
| 目标主机 IP | 激光雷达的 IP 地址 |
| 端口号 | 传感器的端口号 |

（5）抖动参数。激光雷达传感器的抖动参数如表 4-7 所示。

表 4-7  激光雷达传感器的抖动参数

| 名称 | 简介 |
| --- | --- |
| 测量抖动距离（m） | 采集一帧数据起始点时激光雷达的原点位置和采集一帧数据终止点时激光雷达的原点位置出现的位移 |
| 水平抖动（m） | 水平方向的位移 |

### 3. 激光雷达在 ModelBase 软件中的输出数据和可视化效果

激光雷达扫描仪提供的传感器数据表示为 3D 点云，其中每个点都对应单个激光雷达光束的测量值，每个点都由坐标 $(x, y, z)$ 和其他属性来描述。例如，反射激光脉冲的强度，甚至是由物体边界处的部分反射引起的二次回波。

激光点云指由三维激光雷达设备扫描得到的空间点的数据集，每个点云都包含三维坐标 $(x, y, z)$ 和激光反射强度，其中激光反射强度与目标物体表面的材质和粗糙度、激光入射角度、激光波长、激光雷达的能量密度有关。

深度图像是表示激光雷达扫描的另一种形式，该数据结构将 3D 点云保存为 360°扫描环境下的"照片"，其中，行维度表示激光束的仰角，列维度表示方位角。随着每次围绕 $z$ 轴的增量旋转，激光雷达传感器会返回许多距离和强度测量值，将其存储在深度图像的相应单元中。

## 4.5  摄像头

摄像头作为最接近"人眼识别"原理的环境感知传感器，能够通过捕捉车辆周围的视觉信息，提取物体的几何特征、表面纹理等信息，通过算法对道路、交通标志、行人、车辆和其他障碍物进行实时观察和检测。

## 4.5.1 摄像头的工作原理

摄像头主要的硬件结构包括光学镜头、图像传感器、数字信号处理器（DSP）、连接器等器件。摄像头的结构如图 4-25 所示。光学镜头负责聚焦光线，将视野中的物体投射到成像介质表面，具体包含光学镜片、滤光片、保护膜等。图像传感器可以利用光电器件的光电转换功能，将感光面上的光像转换为与光像成相应比例关系的电信号。DSP 包括图像信号处理器（ISP）和图像解码器（JPEG）等，完成图像传感器输入的图像视频源 RAW 格式数据的前处理，可转换为 YCbCr 等格式。此外，DSP 还可完成图像缩放、自动曝光、自动白平衡、自动聚焦等多种工作。

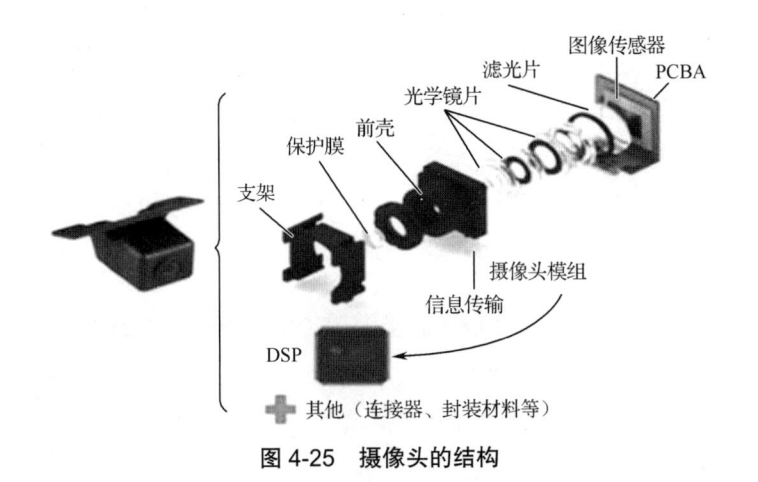

图 4-25 摄像头的结构

人之所以看世界是五彩斑斓的，是因为人眼看到的光线都是来自外界物体的反射光线，而摄像头则通过光学和电子技术捕捉物体反射的光线。摄像头的工作步骤包括光学成像、图像传感器处理、数字信号处理和数字信号输出等。

（1）光学成像。摄像头通过镜头即透镜对环境中的光线进行聚焦。透镜使光线通过光圈，并控制进入摄像头的光线，并将光线聚焦到图像传感器上，即将物理世界投射到图像传感器上。光学成像原理如图 4-26 所示。

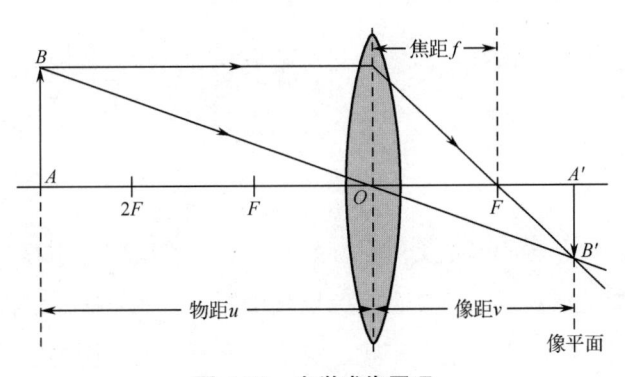

图 4-26 光学成像原理

（2）图像传感器处理。图像传感器是摄像头中最重要的组件之一，由许多光敏单元（像素）组成，可以将光能转换为电信号。当由透镜投射来的光线照射到图像传感器上时，每个像素都会产生一个电荷，这些电荷根据光的强度大小而不同，光信号被转换为电信号。图像传感器通过模数转换将这些电信号转换为数字信号，形成图像或视频。光电转化原理如图 4-27 所示。

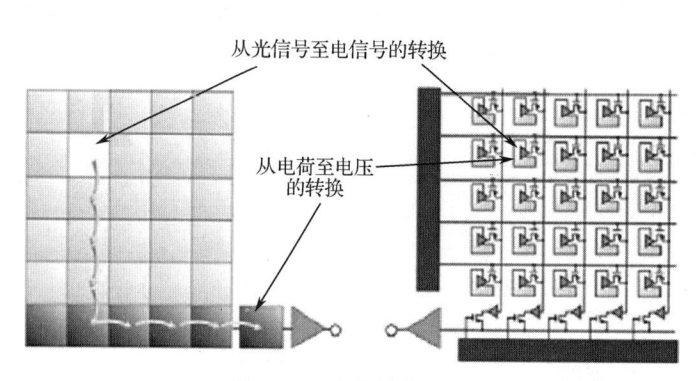

图 4-27　光电转化原理

（3）数字信号处理。摄像头的 DSP 负责对从图像传感器中获取的原始数据进行处理和优化，包括灰度补偿、色彩差值、平滑处理和色彩校正等操作，以产生高质量的图像或视频输出。数字信号处理还涉及图像压缩和编码，以便在存储或传输过程中减少数据量，将图像传递从 Raw DATA 格式转换成 RGB 格式或 YUV 格式，便于后续的应用。

（4）数字信号输出。摄像头可以通过各种接口（如 USB、HDMI、车载网络等）将处理后的图像或视频输出到显示器、记录设备或算法控制系统进行进一步的处理和应用。

总之，摄像头通过光学成像将环境中的光线转换为电信号，并利用图像传感器和数字信号处理技术将电信号转换为图像或视频。这样的工作原理使摄像头能够在智能驾驶系统中提供视觉信息，实现环境感知和目标识别等功能。

### 4.5.2　摄像头的建模方法

摄像头是智能驾驶汽车环境感知中重要的传感器之一，其在智能驾驶领域中的视觉任务包括目标检测、语义分割和目标追踪等。

#### 1. 目标检测

目标检测指给定任意图像和预定义的目标类别列表，输出图像中存在的实例的类别标签和置信度分数，并以边界框形式返回每个目标的位置坐标。智能驾驶系统需要根据目标检测算法提供的分类和定位信息，实现对行人、车辆、交通标志及其他障碍物的准确识别，并以此完成其他视觉任务。

传统的目标检测算法通常基于手工特征进行检测，包括 VJ、HOG、DPM 等经典算法。VJ 算法由 Paul Viola 和 Michael Jones 于 2001 年提出，广泛应用于人脸检测。该算法采用滑动窗口的检测方法，基于 Harr 特征提取图像中的特征，并使用 Adaboost 算法训练分类器，最终实现目标检测。HOG 算法的基本思想是将图像划分成均匀间隔的密集网格，绘制每个网格在梯度方向的直方图，将所有网格的直方图串联起来形成一个特征向量，用于训练和检测。为了检测不同大小的物体，HOG 算法在保持检测窗口大小不变的情况下，需要对输入图像进行多次缩放。DPM 算法将目标分解为多个部件，每个部件都由一个特征描述子和一个位置模型组成。通过学习每个部件的特征描述子和位置模型，实现对目标的检测。DPM 算法在目标检测领域取得了很好的效果，尤其是在人体检测和车辆检测等方面。

传统的目标检测算法基于滑动窗口的区域选择方法需要遍历整个图像，时间复杂度高且手工设计的特征对多样性变化的鲁棒性差，难以应对复杂环境。随着卷积神经网络模型的快速发展，基于深度学习的目标检测算法以其在精度和速度方面的突出优势逐渐成为主流算法。

基于深度学习的目标检测算法通常分为两类，即两阶段目标检测算法和单阶段目标检测算法。两阶段目标检测算法先在图像中生成一系列候选区域，再对这些候选区域进行分类。常见的两阶段目标检测算法包括 RCNN（Region base Convolutional Neural Network）及其变种 Fast RCNN、Faster RCNN 等。

RCNN 首先通过选择性搜索算法生成候选区域，其次基于预训练的卷积神经网络模型提取每个候选区域的特征，最后采用支持向量机进行分类和候选区域回归。由于大量候选区域的存在会造成冗余的特征计算，导致 RCNN 检测速度较慢。Fast RCNN 基于 SPP 算法的基本思想，首先对整个图像进行特征提取，然后直接在特征图上生成候选区域，每个候选区域都会进入空间金字塔池化层，再提取固定长度的特征向量。在经过全连接层时，连接两个训练器并分别用于分类和回归。Faster RCNN 引入了区域生成网络代替选择性搜索算法，提高了候选区域的生成速度。

单阶段目标检测算法没有单独的候选区域的生成过程，而是直接在网络中提取特征预测物体的分类和位置。常见的单阶段目标检测算法包括 Yolo 系列算法、SSD 算法和 RetinaNet 算法等。Yolo 系列算法将输入图像划分成统一大小的网格，为每个网格预设边界框并给出相应概率。随后，众多学者在 Yolo 系列算法的基础上进行了一系列改进，包括网络结构、训练技巧和激活函数等，进一步提高了检测精度和速度。SSD 算法通过卷积神经网络模型进行特征提取，对不同的特征层进行检测输出。该算法引入了先验框的概念，实现了对不同尺度、不同长宽比物体的检测。RetinaNet 算法的主要思想是在不同层次的特征图上进行目标检测，并提出了新的损失函数 Focal Loss，有效解决了类别不平衡问题。

## 2. 语义分割

语义分割指将图像分割为若干有意义的图像区域，为不同图像区域分配特定的标签，最终得到带有像素级语义标注的分割图像。传统的语义分割算法主要有基于阈值、基于边缘、基于聚类的分割算法等，多采用颜色和纹理等一系列低级特征完成分割任务。

基于阈值的分割算法是根据图像的灰度特征确定一个或多个灰度阈值，将图像中每个像素的灰度与阈值进行比较，根据比较结果将像素分类。因此，该算法的关键是按照某个准则函数求解最佳灰度阈值。基于边缘的分割算法通过边缘检测算法（如 Canny 算法）检测图像中的边缘信息，并连接检测到的边界处的像素点，最后得到图像的边缘轮廓。基于聚类的分割算法是在提取图像特征后，以特征矩阵相似性为引向，将像素点汇集在一起，并经过持续的迭代改变每个区域的特征像素点至收敛，直到完成分割任务。

传统的语义分割算法对于一些没有噪声背景的图像，分割效果较好，如果图像有太多的噪声，则其分割效果较差。为了应对图像分割场景日益复杂化的挑战，研究人员接连提出了一系列基于深度学习的图像分割算法，充分利用图像的语义信息完成更准确、更高效的分割任务。主流的基于深度学习的语义分割算法包括 FCN 算法、U-Net 算法、DeepLab 系列算法等。

FCN 算法是最早使用编解码结构的网络之一，先通过卷积和下采样提取信息，再通过上采样对特征图进行像素级别的分类，最后得到一个预测的多维矩阵，维数的多少取决于目标物体种类的数量。U-Net 算法采用对称的 U 形编解码结构，左侧编码器为特征提取网络，右侧解码器为特征融合网络，通过 Skip 连接将两边同层的特征图进行拼接，实现了深层细节信息和浅层语义信息的充分融合。DeepLab 系列算法的核心是空洞卷积，其不仅有更大的卷积核和感受野，还能解决下采样带来的细节丢失等问题。其中，DeepLabV1 用卷积层代替 VGG16 的全连接层，利用全连接条件随机场处理分割结果的细节问题。DeepLabV2 实现了空洞卷积的改进，提出了空洞空间金字塔池化模块，通过级联不同空洞率的卷积层实现了多尺度特征融合。DeepLabV3 特征提取网络为 ResNet50，改进了空洞空间金字塔池化模块，移除了全连接条件随机场，与 DeepLabV2 相比，可以得到更好的结果。DeepLabV3+ 在前面算法的基础上，以 Xception 的改进网络为特征提取网络，并引入了编码器—解码器的结构。

## 3. 目标追踪

目标追踪是利用视频或图像序列的上下文信息，对目标的外观和运动信息进行建模，从而对目标运动状态进行预测并标定目标的位置。传统的目标追踪算法多采用滤波方式进行目标外观和运动状态的学习，这类算法追踪速度快、算法简单，可以有效地应对简单的追踪场景。目标追踪代表性算法包括光流法、卡尔曼滤波、粒子滤波、均值漂移等。

光流法假设相邻帧之间的像素强度不变，即同一物体在不同帧之间的像素强度是相同的。通过计算相邻帧之间的像素位移推断物体的运动轨迹。卡尔曼滤波通过目标的历史位置，估计目标在下一帧的位置，从而完成追踪。具体来说，卡尔曼滤波将目标状态表示为一个向量，包括位置、速度等信息，通过状态转移方程和观测方程预测和更新目标状态。粒子滤波是一种粒子分布统计的算法，在目标搜索的过程中，按照预定的分布撒下一些粒子，统计粒子的相似度，从而确定目标可能存在的位置，在下一帧的相同位置撒下更多的新粒子，确保粒子追踪的连续性。均值漂移需要选择一个初始的目标区域，并计算该区域的直方图。在下一帧图像中，算法在以前的目标区域周围搜索，找到直方图与初始区域最相似的区域，并将该区域作为新的目标区域。不断重复这个过程，直到完成目标追踪。

面对日益复杂的追踪场景，传统的目标追踪算法对追踪场景的变化较为敏感，难以有效地提取目标的外观特征。深度学习提取的特征拥有更丰富的信息，能更好地表征目标，因而，目前主流的目标追踪算法多采用深度学习或深度学习与滤波相结合的方法。经典的深度学习追踪算法包括 SiamFC 算法、MDNet 算法、DeepSORT 算法和 CenterTrack 算法等。

SiamFC 算法是单目标追踪算法，它将待追踪目标模板图像和搜索区域图像通过权重共享的全卷积网络输出各自的特征图。基于卷积计算的同变性，将目标模板图像输出的特征图以滑动窗口的方式在搜索区域图像的特征图上进行互相关运算，确定目标在搜索区域的具体位置。MDNet 算法设计了一个多分支结构的卷积神经网络，由一个主干网络和多个分支结构组成，利用多域学习的方式训练多个分支对输入图像进行二分类；通过反向传播训练主干网络，使其能够对不同域的数据实现通用特征提取。DeepSORT 算法先通过卷积神经网络检测器的检测，对检测结果的运动信息和外观信息进行相似度计算，再通过卡尔曼滤波和匈牙利算法完成多目标追踪任务，有效缓解了目标追踪的身份切换问题。CenterTrack 算法使用 CenterNet 检测器定位目标中心，并输入一对相邻帧的图像及以点表示的前帧轨迹的热图。训练检测器输出一个当前目标中心和前一帧下目标中心的补偿向量，并作为中心点的一个属性。仅根据预测偏移量与前一帧检测到的中心点之间的距离进行贪婪匹配，即可实现目标关联。

### 4.5.3 摄像头的仿真应用

摄像头是关键的传感器模块，用于模拟车辆上的视觉感知系统。下面详细介绍摄像头在 ModelBase 软件中的应用和部署设置。

**1. 摄像头在 ModelBase 软件中的应用**

（1）目标检测和识别。摄像头是模拟车辆上的传感器，通过采集场景中的图像数据，使用计算机视觉算法进行目标检测和识别，如检测道路标志、车辆和行人等。

（2）车道识别和路径规划。通过摄像头获取道路图像，可以进行车道线检测、车道识别，从而为智能驾驶系统提供车辆所在的道路信息，并进行路径规划和决策。

（3）环境感知和障碍物检测。摄像头可以对模拟车辆周围的环境信息做精确感知，也可以检测和追踪障碍物，辅助智能驾驶系统进行环境感知和避障决策。

**2. 摄像头在 ModelBase 软件中的部署设置**

在 ModelBase 软件中，摄像头位置参数设置界面如图 4-28 所示。从"Project"节点选择"传感器"选项，右击，选择"新建传感器"选项。在传感器编辑界面上，新建摄像头时可以选择摄像头的类别，不同摄像头的参数略有不同。其中，鱼眼摄像头的参数最全面，涵盖普通摄像头和广角摄像头的参数，下面以鱼眼摄像头为例介绍其部署设置。

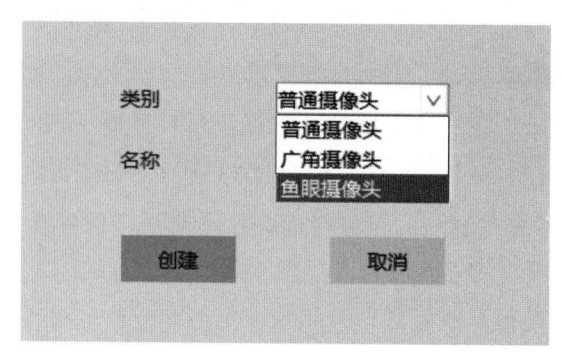

图 4-28　摄像头位置参数设置界面

（1）基本信息。摄像头的基本信息如表 4-8 所示。

表 4-8　摄像头的基本信息

| 名称 | 简介 |
| --- | --- |
| 传感器启用状态 | 当前传感器是否启用 |
| 名称 | 传感器的名称 |
| ID | 传感器类型_ID 组成的唯一标识 |

（2）视野范围。可以根据真实摄像头的参数设置仿真摄像头的视野角度和视野范围，模拟摄像头的不同光学特性，以适应不同的场景需求。摄像头的视野范围如表 4-9 所示。

表 4-9　摄像头的视野范围

| 名称 | 简介 |
| --- | --- |
| 垂直 FOV（°） | 摄像头看到的垂直角度 |
| 水平 FOV（°） | 摄像头看到的水平角度 |
| 最远探测距离（m） | 摄像头最远能探测到的距离 |
| 最近探测距离（m） | 摄像头最近能探测到的距离 |

（3）窗口布局参数。摄像头的窗口布局参数如表 4-10 所示。

表 4-10 摄像头的窗口布局参数

| 名称 | 简介 |
| --- | --- |
| 激活全屏 | 摄像头的动画窗口是否进入全屏模式 |
| 起点 $x$ | 在屏幕坐标系下，动画窗口左上角的 $x$ 坐标。屏幕坐标系的原点位于主屏幕的左上角 |
| 起点 $y$ | 在屏幕坐标系下，动画窗口左上角的 $y$ 坐标 |
| 宽度 | 摄像头动画在窗口模式下的宽度。为了保证显示效果，激活全屏时推荐设置成和显示器分辨率相同的宽度 |
| 高度 | 摄像头动画在窗口模式下的高度。为了保证显示效果，激活全屏时推荐设置成和显示器分辨率相同的高度 |

（4）安装位置参数。通过模拟车辆/路侧的真实摄像头安装位置，设置摄像头的安装位置和朝向，如前置摄像头、后置摄像头、侧置摄像头和路侧摄像头等。摄像头的安装位置参数同激光雷达传感器的安装位置参数。摄像头布置位置总览如图 4-29 所示。

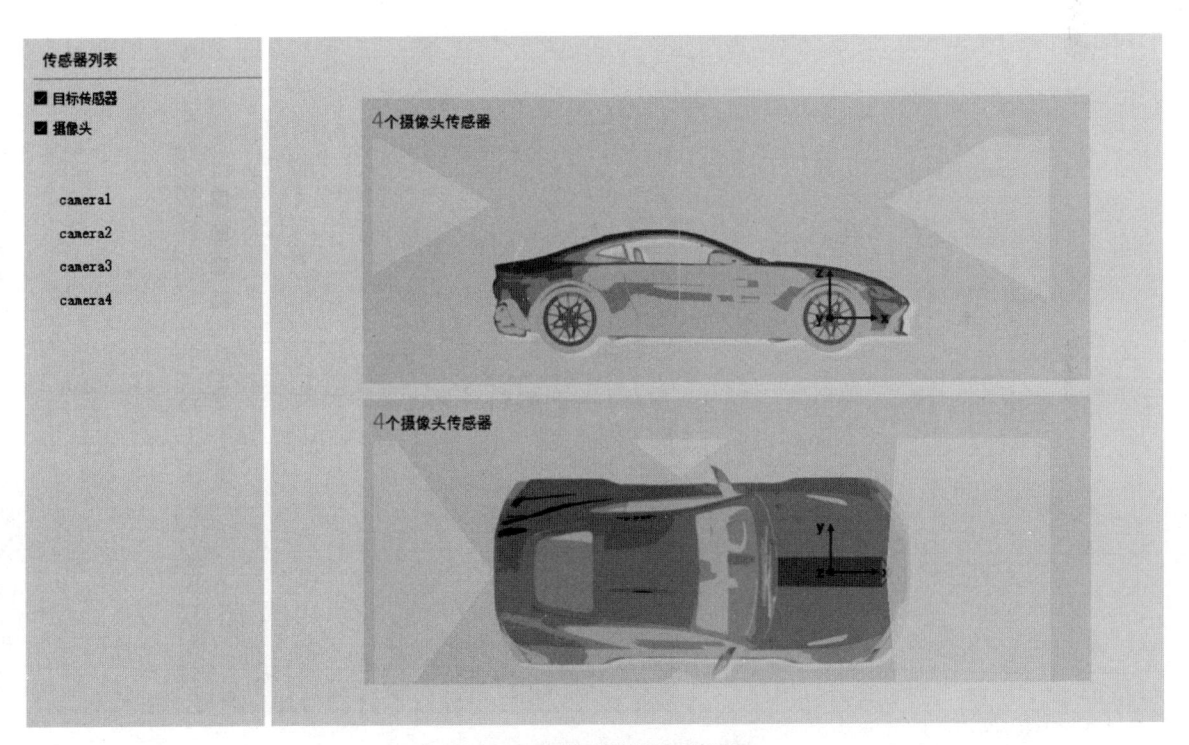

图 4-29 摄像头布置位置总览

（5）输出像素参数可以设置摄像头的分辨率，以控制输出图像的清晰度。摄像头的输出像素参数如表 4-11 所示。

表 4-11　摄像头的输出像素参数

| 名称 | 简介 |
|---|---|
| 图像输出的宽度 | 摄像头的输出图像的宽度 |
| 图像输出的高度 | 摄像头的输出图像的高度 |

（6）畸变参数。摄像头的畸变参数如表 4-12 所示。

表 4-12　摄像头的畸变参数

| 名称 | 简介 |
|---|---|
| $k_1$-$k_9$ | 畸变数学模型 $rd(r)$ 中的参数 |
| $k_{10}$-$k_{19}$ | 数学模型 $\theta(r)$ 中的参数 |
| 导入参数文件 | 选择摄像头的畸变参数文件，自动生成数学模型中所需的参数 |

畸变参数文件的格式为 .csv，其中，数据入射角和像高为必需数据，名称为 Angle(deg) 和 Real Height。以鱼眼摄像头为例，其畸变参数文件地址为"\Modelbase_AD\FitTools\Fisheye-Tool\dist\LensDistortion.csv"。摄像头的图像畸变如图 4-30 所示。

图 4-30　摄像头的图像畸变

（7）其他参数。摄像头的其他参数如表 4-13 所示。

摄像头在智能驾驶仿真软件中输出的主要数据是图像。每帧图像都包含摄像头所观察到的场景图像，可以是彩色图像，也可以是灰度图像，具体取决于摄像头的配置。目前，在 ModelBase 软件中的摄像头只能通过高清多媒体接口（High Definition Multimedia Interface，HDMI）输出。

表 4-13 摄像头的其他参数

| 名称 | 简介 |
| --- | --- |
| 像元大小 | 每个像素的尺寸，可来源于真实摄像头的参数列表 |
| 天空盒尺寸（鱼眼摄像头特有） | 鱼眼摄像头采样使用的立方体盒大小会影响图像的清晰程度，该值越大，生成的图像越清晰，但是摄像头消耗的资源越多 |

摄像头输出的图像数据可以在仿真软件中进行可视化展示。通常会在仿真界面的一个窗口中显示摄像头所观察到的图像内容，以便用户观察和分析。同时，开发者和研究人员可以通过实时显示的图像观察目标检测结果、车道线检测结果等，更好理解和评估智能驾驶系统的视觉感知能力。在 ModelBase 软件中单击"运行"按钮，即可通过已设置的摄像头实现可视化仿真效果，不同位置摄像头的显示效果如图 4-31 所示。

图 4-31 不同位置摄像头的显示效果

总之，摄像头在智能驾驶仿真软件中扮演模拟真实视觉传感器的角色，帮助模拟和评估不同场景下的智能驾驶系统的视觉感知能力。此外，通过设置摄像头的参数和使用相应的算法，进行图像处理标注和计算机视觉任务，并将结果可视化，以帮助开发者和研究人员在虚拟环境中测试和优化与智能驾驶感知相关的算法和系统。

## 4.6 全球导航卫星系统

全球导航卫星系统（Global Navigation Satellite System，GNSS）泛指所有的卫星导航系统，包括全球系统、区域系统和增强系统（见图 4-32）。GNSS 是覆盖全球的、具有自主空间定位的卫星系统，用于导航与定位测量。简单来讲，GNSS 就是利用卫星信号传输实时位置与时间信息，从而计算得到地面接收设备的经纬度等地理位置信息。目前，在 GNSS 中，美国的 GPS 和俄罗斯的 GLONASS 处于完全运行状态，可以提供全球定位服务，中国的北斗卫星系统（BDS）于 2020 年建造完成。随着 GNSS 市场的快速增长，GNSS 芯片也逐渐向多模化的方向发展，即单一芯片支持多种卫星系统，如 GPS + GLONASS、GPS + GALILEO、GPS+BDS 等。

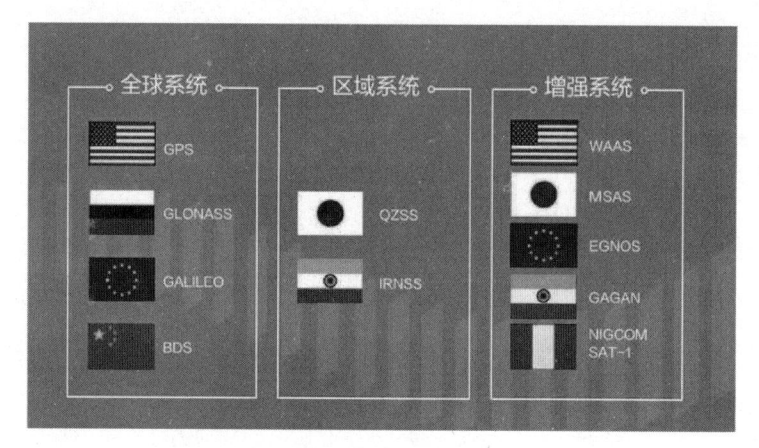

图 4-32 GNSS

在智能驾驶中，GNSS 提供车辆的准确位置和姿态信息。具体来说，GNSS 在以下 3 个方面发挥作用。第一，位置和姿态定位。GNSS 通过定位接收器获取车辆的精确位置和姿态信息，为智能驾驶系统提供准确的定位基准，保障车辆位置与地图的正确匹配。第二，地图匹配和路径规划。通过 GNSS 定位数据并与数字地图相匹配，实现车辆的精确定位和路径规划，为智能驾驶车辆的导航决策提供重要支撑。通过 GNSS 提供的位置信息，智能驾驶系统可以知道车辆当前位置和车辆即将行驶的路段，从而制定合理的路径规划。第三，车辆行为预测和决策。GNSS 定位数据并与其他传感器数据（如雷达、摄像头）相结合，辅助智能驾驶系统预测车辆行为并做出相应的决策。通过分析 GNSS 数据，可以系统了解车辆的行驶速度和转向等信息，做出适当的行驶决策，提高驾驶安全性。

## 4.6.1 GNSS 的工作原理

GNSS 从结构上分为 3 个部分（见图 4-33），即空间段、地面段和用户段。

空间段包括在地球上空 20000 ~ 37000km 运行的 GNSS 卫星，这些卫星识别正在传输的卫星及其时间、轨道和健康状况。地面段是由位于世界各地的主控台和监测台组成的控制网络，主要负责接收卫星信号，并将卫星显示的位置与轨道模型显示的位置进行比较、修正。用户段指所有可以接收卫星信号、并可以根据至少 4 颗卫星的时间和轨道位置确定用户位置的设备，主要包含信号接收天线、可处理信号模块和定位模块。其中，定位模块可以采用基准站与流动站作为参照，提高定位精度。目前，随着智能驾驶与智能物联网等技术的发展，高精度定位技术发展也越发迅猛，对定位精度与定位效果测试的需求也越来越多。

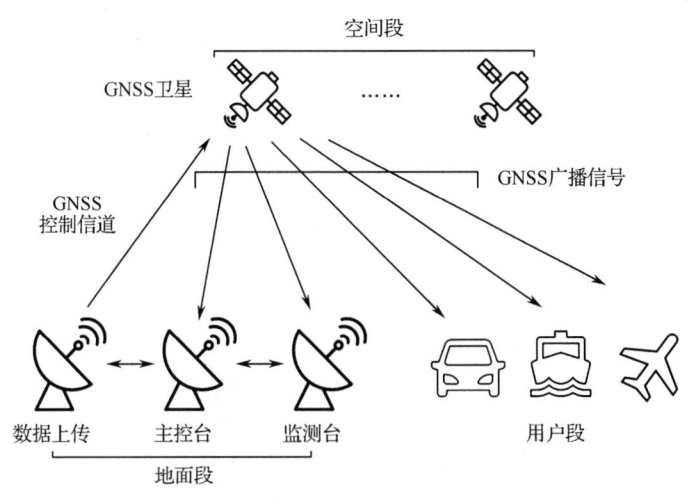

图 4-33 GNSS 的 3 个主要部分

GNSS 接收机通过三边测量法计算自身位置，使用导航电文中的传输时间和位置数据，测量卫星信号的时延，并由此计算伪距，即接收机与卫星的距离。GNSS 定位原理（见图 4-34）包括 5 个方面。第一，卫星发射信号，包括定位信号、辅助信号和延迟信号。GNSS 卫星通过发射电磁波信号提供位置信息，这些信号由卫星的高精度时钟同步发射，并由天线向地球表面广播。第二，定位信号接收，地面接收设备接收 GNSS 卫星发射的定位信号。接收器需要判断多个卫星信号的时间、频率和相位等参数，并计算出卫星信号的传播距离。第三，信号处理，卫星信号由接收设备接收并传递给 GNSS 计算机处理。GNSS 计算机计算接收器的位置、速度和时间等参数，并与卫星位置和时间信息进行比较。第四，位置计算，GNSS 计算机利用接收设备传递的卫星信号和计算结果确定接收器的位置。定位精度取决于使用的卫星数量、卫星位置和大气条件等因素。第五，数据传输，GNSS 计算机将接收器的位置和时间等数据传输到用户设备。数据传输形式有无线电信号、卫星数据链、互联网和其他通信模式。

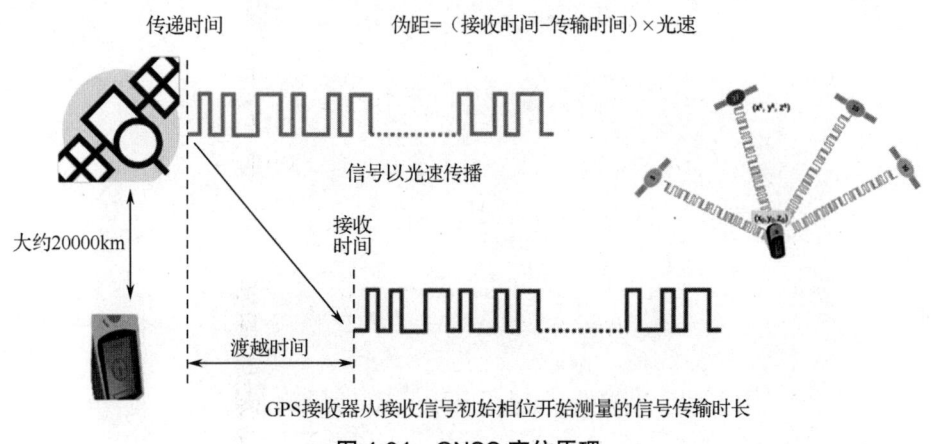

图 4-34 GNSS 定位原理

## 4.6.2 GNSS 的建模方法

GNSS 的性能指标有精度、速度和灵敏度（见图 4-35）。

图 4-35 GNSS 的性能指标

影响 GNSS 定位精度的主要因素是误差。误差既来自 GNSS 内部，又来自 GNSS 外部。例如，穿透电离层和对流层时产生的误差、卫星高速移动产生的多普勒效应引起的误差，以及多径效应误差、通道误差、卫星钟误差、星历误差和内部噪声误差等。为了更好地消除误差、提高速度和灵敏度，GNSS 引入天基或陆基的辅助手段。结合辅助手段的 GNSS，也被称为 A-GNSS。除了 A-GNSS，GNSS 建模过程中还引入了一些关键方法，如 RTK 方法和惯性导航方法，用于提升系统性能，提高建模精度。

### 1. RTK 方法

实时动态差分法（Real-Time Kinematic，RTK）又被称为载波相位差分技术，是实时处理两个测量站载波相位观测量的差分方法，包括传统 RTK 模式和网络 RTK 模式（见图 4-36）。传统 RTK 模式只有一个基准站，网络 RTK 模式有多个基准站。RTK 基于 GNSS 系统，卫星通过广播信号将定位信息传输给地面站，地面站接收并处理信号，计算出接收器相对于卫星的位置。

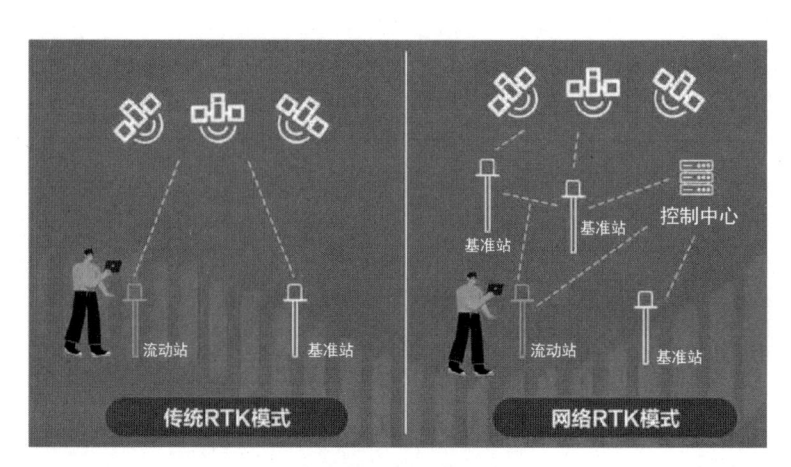

图 4-36 RTK 方法

## 2. 惯性导航方法

GNSS 卫星定位虽然方便，但容易受到客观条件的影响。例如，在隧道、森林等路段，GNSS 信号容易中断。此时，需要临时采用其他的辅助手段。

航位推算（Dead Reckoning，DR）是一种自主式的惯性导航方法。该方法通过采用加速度传感器和陀螺仪传感器，结合一些专用算法，根据用户终端（如车辆）的初始位置信息及传感器获得的信息，推算出用户终端在盲区位置的高精度导航数据。

目前，惯性传感器（GNSS+IMU）构成的组合导航系统是主流的定位系统方案，组合导航系统是定位信息的融合中心，它是唯一可以输出完整的 6 自由度数据的设备，具有数据更新频率高的特点。

惯性导航系统使用的核心算法主要包括惯性导航解算算法、组合导航的卡尔曼滤波器的耦合算法和环境特征信息与惯性导航融合算法。

以百度阿波罗的多传感器融合定位系统解决方案为例（见图 4-37），模块将 IMU、3D 地图、LiDAR 等定位信息进行融合，通过惯性导航系统解算、修正后，输出满足智能驾驶需求的、6 自由度的高精度位置信息。

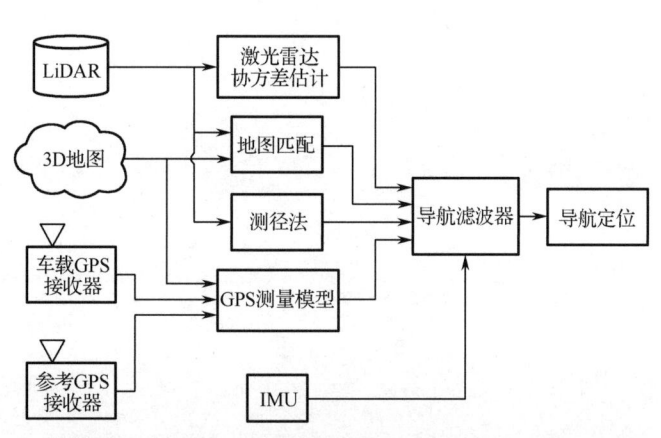

图 4-37 百度阿波罗的多传感器融合定位系统解决方案

### 4.6.3 GNSS 的仿真应用

在智能驾驶仿真软件中，GNSS 是一个关键的传感器模块，用于获取车辆的位置和状态信息。下面以 ModelBase 软件为例，介绍 GNSS 在智能驾驶仿真软件中的应用和部署设置。

#### 1. GNSS 在 ModelBase 软件中的应用

（1）定位和导航。通过 GNSS 可以获取车辆的当前位置，车辆控制算法根据当前位置规划行驶路线。

（2）规划和控制。通过 GNSS 可以获取车辆当前位置，根据当前位置及局部路径可以计算并发布车辆的控制指令，如加减速踏板、方向盘转角。

（3）车辆姿态控制。通过 GNSS 可以获取车辆当前加速度、横摆角速度和车辆姿态等信息，这些信息主要用于输入车身控制算法。

### 2. GNSS 在 ModelBase 软件中的部署设置

在 ModelBase 软件中，选择"Project"节点下的"传感器"选项，右击，选择"新建传感器"选项，在"类别"选项中选择 GNSS，命名后单击"创建"按钮，可以看到 GNSS 参数配置界面（见图 4-38）。

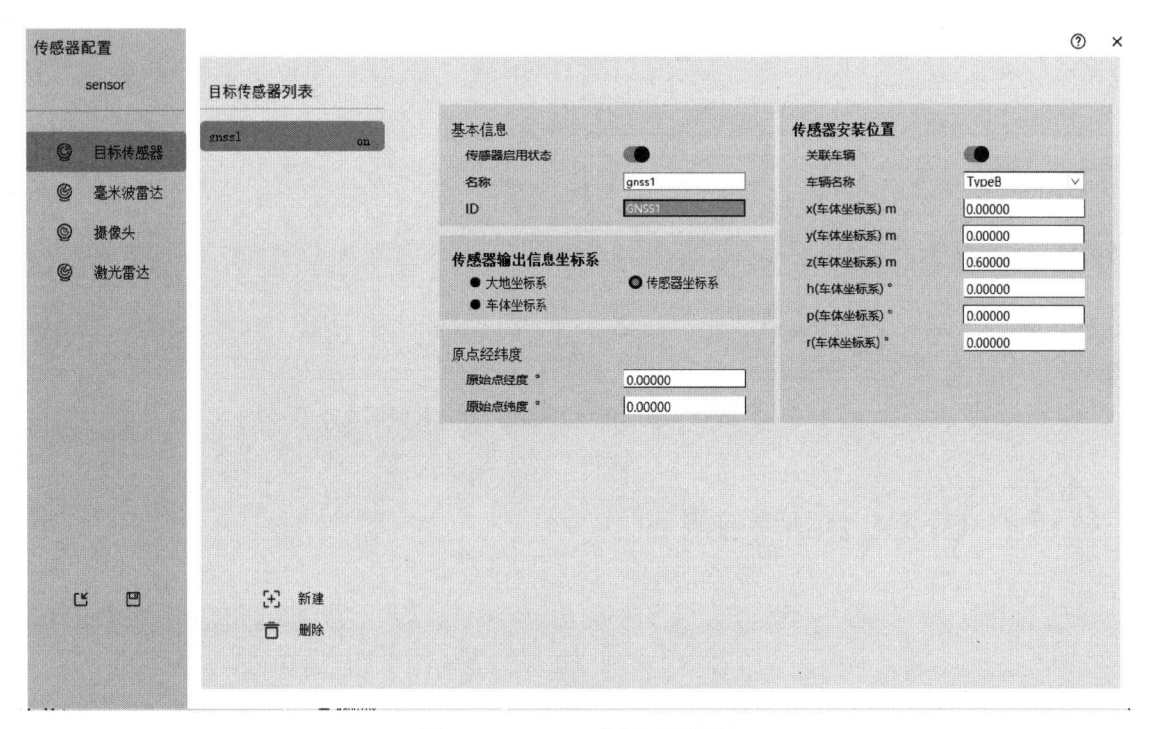

图 4-38　GNSS 参数配置界面

通过输出 IO 选择列表可输出目标传感器的监测结果，不须配置，只要激活传感器，在输出 IO 选择列表中就可以找到对应的传感器名称及该传感器输出结果。输入输出接口选择界面如图 4-39 所示。

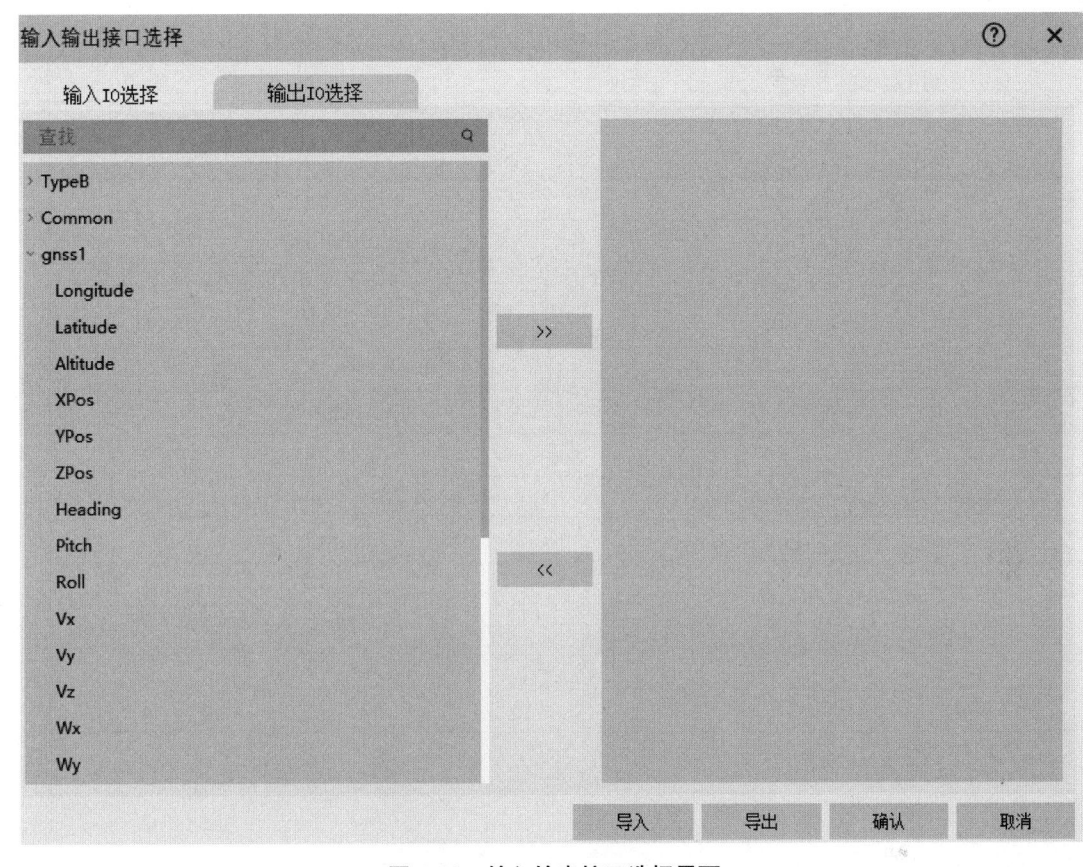

图 4-39　输入输出接口选择界面

超声波传感器输出参数信息如表 4-14 所示。

表 4-14　超声波传感器输出参数信息

| IO 变量名 | 单位 | 描述 |
| --- | --- | --- |
| Valid_Flag | — | 物体是否有效：-99 无效，1 有效 |
| ID | — | 交通标志 ID |
| Type | — | 交通标志 Type |
| Longitude | — | 经度 |
| Latitude | — | 纬度 |
| Altitude | — | 海拔高度 |
| XPos | m | 中心点 $x$ 坐标（前轴中心） |
| YPos | m | 中心点 $y$ 坐标（前轴中心） |
| ZPos | m | 中心点 $z$ 坐标（前轴中心） |
| Heading | rad | 航向角 |
| Pitch | rad | 俯仰角 |

续表

| IO 变量名 | 单位 | 描述 |
|---|---|---|
| Roll | rad | 侧倾角 |
| Vx | m/s | $x$ 方向车速 |
| Vy | m/s | $y$ 方向车速 |
| Vz | m/s | $z$ 方向车速 |
| Wx | rad/s | $x$ 方向角速度 |
| Wy | rad/s | $y$ 方向角速度 |
| Wz | rad/s | $z$ 方向角速度 |
| Ax | m/s^2 | $x$ 方向加速度 |
| Ay | m/s^2 | $y$ 方向加速度 |
| Az | m/s^2 | $z$ 方向加速度 |
| AAx | rad/s^2 | $x$ 方向角加速度 |
| AAy | rad/s^2 | $y$ 方向角加速度 |
| AAz | rad/s^2 | $z$ 方向角加速度 |
| UTCTime | — | 时间信息 |
| Hdop | — | 水平分量精度因子 |
| Pdop | — | 位置精度因子 |
| Vdop | — | 垂直分量精度因子 |

# 思考题

1. 请简要说明超声波雷达的工作原理及其在智能驾驶系统中的应用。
2. 毫米波雷达与激光雷达在智能驾驶系统中有什么不同？分别列出二者的优缺点。
3. 摄像头在车辆智能驾驶系统中的应用场景是什么？与雷达相比，它的优缺点是什么？
4. 在 ModelBase 软件中，如何对智能驾驶系统的传感器建模？请列举出主要的建模步骤。

# 第 5 章 智能驾驶功能仿真应用

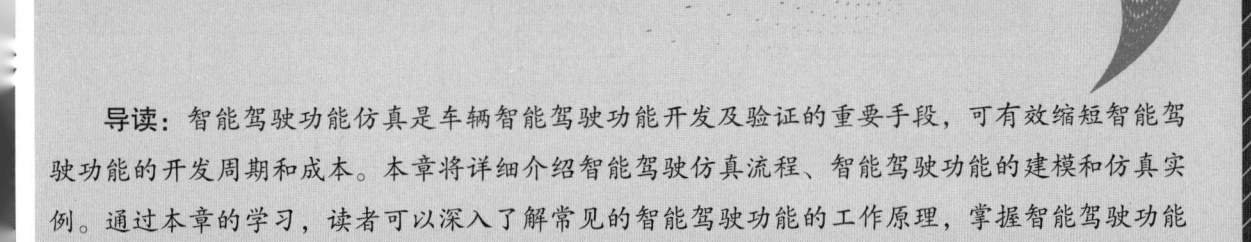

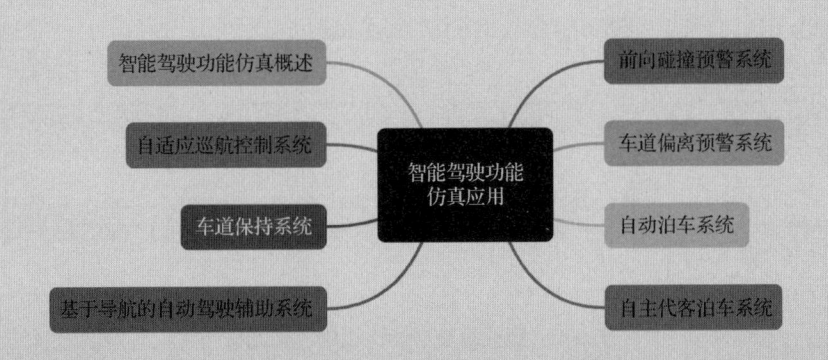

**导读**：智能驾驶功能仿真是车辆智能驾驶功能开发及验证的重要手段，可有效缩短智能驾驶功能的开发周期和成本。本章将详细介绍智能驾驶仿真流程、智能驾驶功能的建模和仿真实例。通过本章的学习，读者可以深入了解常见的智能驾驶功能的工作原理，掌握智能驾驶功能的 ModelBase 建模仿真方法，为后续章节的联合仿真奠定基础。

- 智能驾驶功能仿真概述
- 自适应巡航控制系统
- 车道保持系统
- 基于导航的自动驾驶辅助系统

智能驾驶功能仿真应用

- 前向碰撞预警系统
- 车道偏离预警系统
- 自动泊车系统
- 自主代客泊车系统

## 5.1 智能驾驶功能仿真概述

智能驾驶功能仿真是智能驾驶系统开发的重要环节，其通过传感器仿真、车辆动力学仿真、交通流仿真、数字仿真、驾驶场景构建等技术模拟实车道路测试环境，并在仿真过程中添加智能驾驶算法，从而搭建相对真实的驾驶场景，以实现智能驾驶功能仿真应用。

智能驾驶功能仿真需要对照真实的驾驶场景搭建虚拟场景，即建立仿真测试平台，该平台包括动态仿真场景、V2X 仿真、传感器仿真、定位仿真等功能，能够较为容易地接入感知算法、规划决策算法、控制执行算法。智能驾驶功能仿真平台如图 5-1 所示。只有将智能驾驶算法与仿真平台紧密结合，智能驾驶功能仿真才能形成一个闭环，从而达到持续迭代和优化的目的。

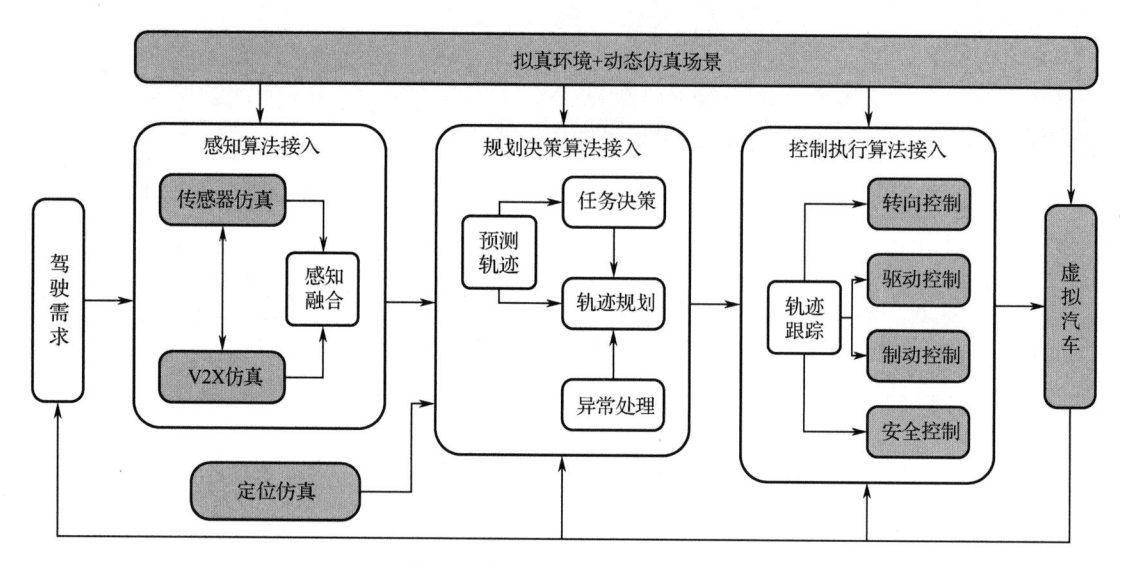

图 5-1 智能驾驶功能仿真平台

完整的智能驾驶功能仿真测试可以分为仿真工具开发、仿真工具集成、测试场景开发和仿真测试执行四个部分。智能驾驶功能仿真的测试流程如图 5-2 所示。

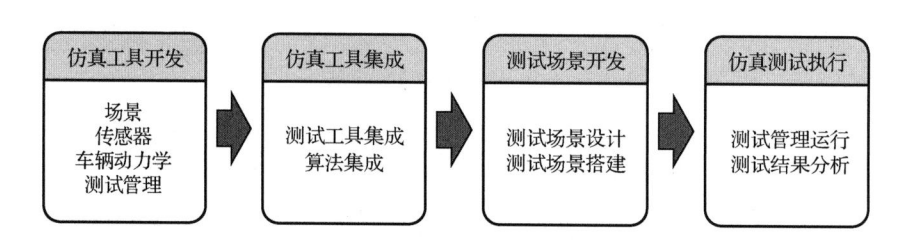

图 5-2 智能驾驶功能仿真的测试流程

目前，智能驾驶功能仿真工具一般由专业仿真软件公司开发，如 PreScan、CarSim、ECU-TEST 等，包括场景、传感器、车辆动力学和测试管理等方面。仿真工具集成主要包含两部分，一是基于用户测试需求，使测试工具集成为测试环境；二是将仿真测试环境与被测算法集成，形成测试过程的闭环。测试场景开发重点在于确保仿真测试的场景覆盖度，首先针对智能驾驶算法的设计运行域（ODD）进行测试场景设计；其次充分考虑路况、道路车辆的位置和运动状态、传感器感知范围和自身车辆状态等方面的影响，进行测试场景搭建。仿真测试执行前要对测试场景库进行维护，并针对不同算法选取的不同测试场景进行测试，测试完成后，整理、提供清晰的测试报告并对测试结果进行分析。

## 5.2 前向碰撞预警系统

前向碰撞预警系统通过雷达或摄像头实时监测前车，通过判断主车与前车之间的距离、方位及相对速度，确定系统是否存在潜在碰撞危险。前向碰撞预警系统本身不会采取任何制动措施控制车辆。在若不立即采取纠正措施，就很可能发生碰撞的情况下，有的车型的前向碰撞预警系统会发出蜂鸣音，并在仪表板上以红色高亮显示前车。以下是前向碰撞预警系统的使用场景及其具体功能。

（1）使用场景为直道工况，车速为 10～70km/h。
（2）当主车与前车存在追尾风险时，前向碰撞预警系统通过预警方式提醒驾驶员进行制动。
（3）前向碰撞预警系统的预警策略分级为一级预警和二级预警。
（4）驾驶员可通过 App 进行前向碰撞预警系统功能的开启和关闭操作。
（5）当驾驶员通过大角度转向或急打方向盘进行主动干预时，前向碰撞预警系统功能关闭；当驾驶员主动干预结束后，前向碰撞预警系统功能将会自动恢复。
（6）当驾驶员打转向灯准备转弯时，前向碰撞预警系统功能关闭；当转向灯关闭后，前向碰撞预警系统功能将会自动恢复。
（7）在开启双闪的状态下，前向碰撞预警系统功能关闭。

### 5.2.1 系统建模

前向碰撞预警系统建模的关键是如何确定碰撞时间，最早提出的碰撞时间是通过主车与前车相对距离和主车与前车的相对速度计算获得的，公式为

$$\text{TTC} = \frac{D_{re}}{v_{re}} \tag{5-1}$$

式中，$D_{re}$ 为主车与前车的相对距离；$v_{re}$ 为主车与前车的相对速度；TTC 为主车与前车的碰撞时间。

式（5-1）给出的碰撞时间并未考虑主车与前车的相对加速度的影响。如果考虑两车的相对加速度的影响，则碰撞时间符合以下方程关系：

$$v_{re} \times \text{TTC} + \frac{1}{2} a_{re} \times \text{TTC}^2 = D_{re} \tag{5-2}$$

式中，$a_{re}$ 为主车与前车的相对加速度。求解式（5-2）可得公式如下：

$$\text{TTC} = \frac{-v_{re} \pm \sqrt{v_{re}^2 + 2a_{re} D_{re}}}{a_{re}} \quad (a_{re} \neq 0) \tag{5-3}$$

空载车辆的平均制动减速度为 6.2m/s²，满载车辆的平均制动减速度为 5.9m/s²，空载车辆和

满载车辆的平均制动减速度为 6.05m/s²；由于 95% 的驾驶员的反应时间低于 1.89s，因此动态碰撞时间阈值为

$$T_{\text{thr}} = \frac{v_{\text{re}}}{6.05} + 1.89 \tag{5-4}$$

当 TTC < $T_{\text{thr}}$ 时，需要触发前向碰撞预警系统。

## 5.2.2 仿真实例

下面在 ModelBase 软件中搭建对应的工况进行仿真测试。在 ModelBase 软件的工程页面新建一个路网，新建地图 map1（见图 5-3），双击 map1 节点，打开道路编辑器。

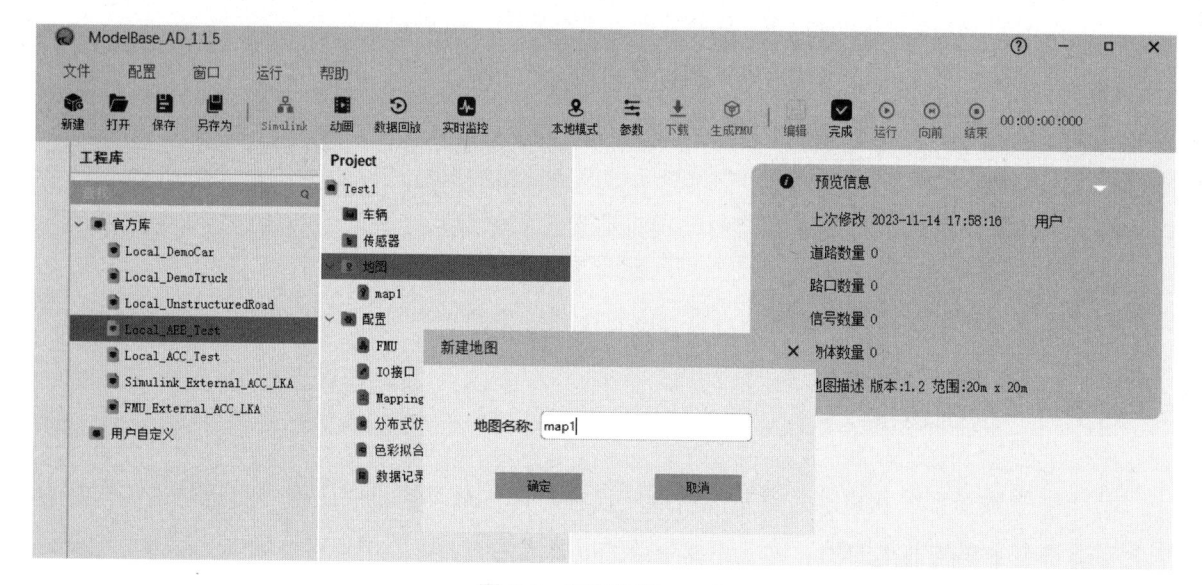

图 5-3 新建地图 map1

此时路网是空白的，使用"创建圆弧路"工具创建一条圆弧道路，创建的方式是在画布中画三个点，第一个点是圆弧道路的起点，第二个点和第一个点之间的直线是圆弧起点的切线，第三个点是圆弧道路的终点，创建圆弧道路界面如图 5-4 所示。

切换"选择"工具，选中刚创建的道路，在右边的属性页面弹出该道路的"属性"界面，在"属性"界面修改道路的起点为（0,0），修改圆弧半径为 250m，修改圆弧长度为 300m，修改圆弧道路属性界面如图 5-5 所示。也可以修改圆弧道路的"车道属性""高程属性""超高属性"等。

关闭道路编辑器，右击"道路名称"，在弹出的快捷菜单中选择"新建场景"选项，场景名称为 sce1，单击"确定"按钮。创建场景 sce1 界面如图 5-6 所示。

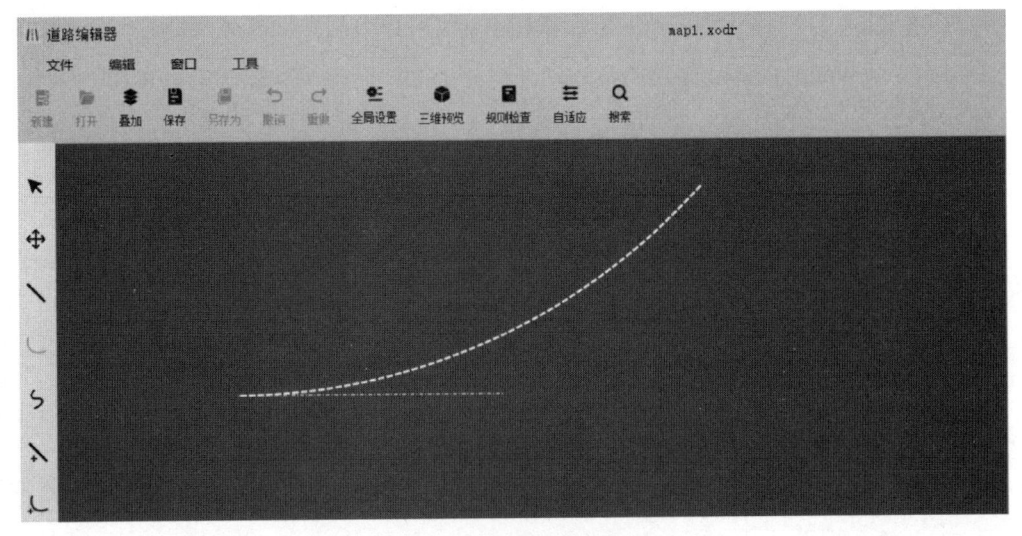

图 5-4 创建圆弧道路界面

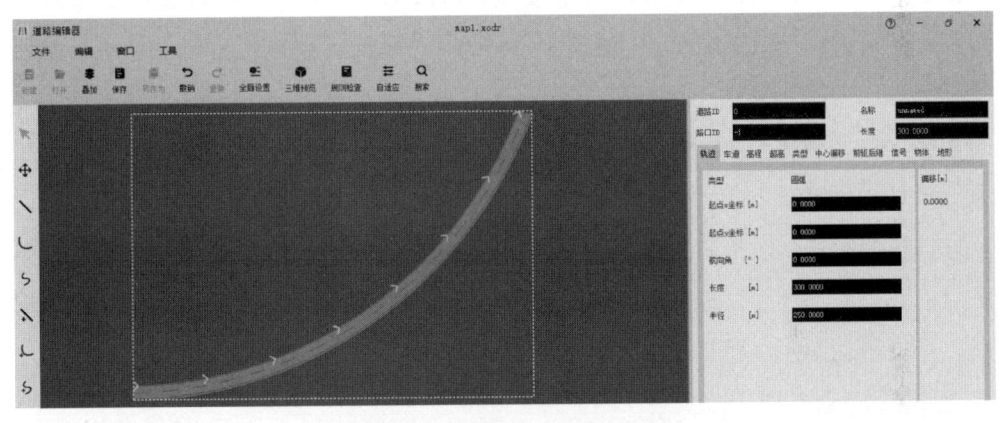

图 5-5 修改圆弧道路属性界面

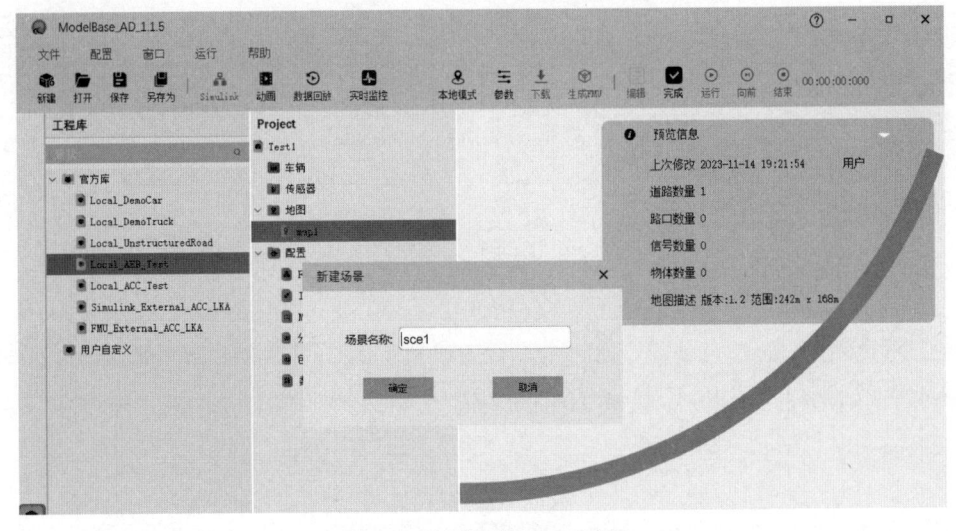

图 5-6 创建场景 sce1 界面

双击新建的场景文件，打开场景编辑器（需要先在工程中创建主车才可以打开场景编辑器），在场景编辑器界面中可以看到刚创建的道路，在道路上添加两辆车，即一辆前车和一辆主车（见图 5-7）。

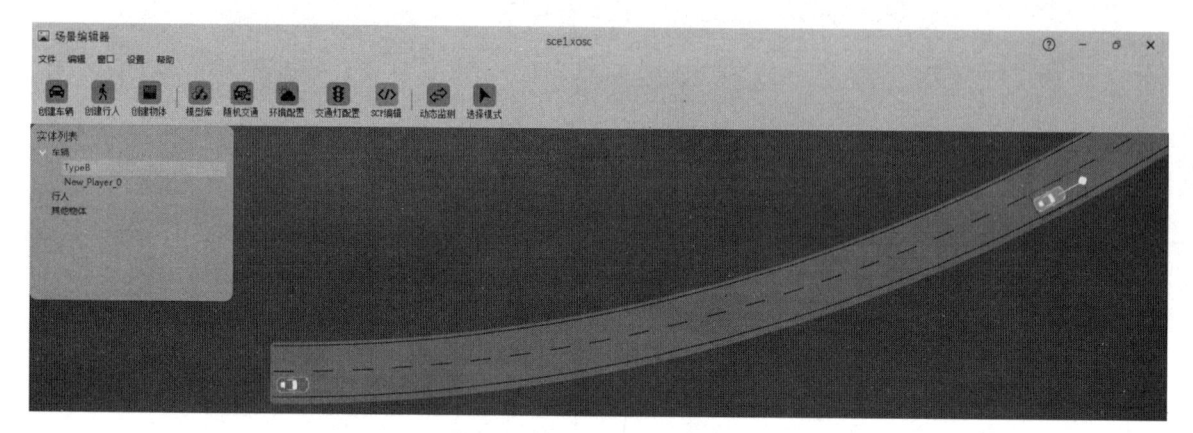

图 5-7 添加前车和主车界面

双击前车，弹出车辆行为设置界面，前车行为设置界面如图 5-8 所示，可以对前车的运动状态进行设置，如前车静止、匀速、匀加减速，也可以设置成几种方式的组合，这里采用最简单的工况，直接在初始状态界面上选择 NoDriver 选项，前车会处于静止状态。

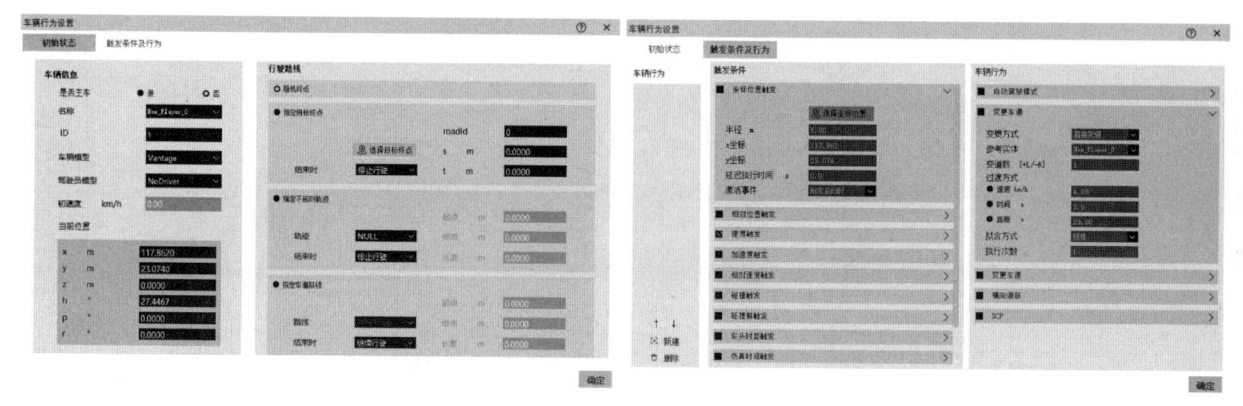

图 5-8 前车行为设置界面

双击主车，弹出车辆行为设置界面。主车行为设置界面如图 5-9 所示，车辆选择主车，驾驶员模型选择默认的 DefaultDriver。在实际测试过程中，主车受被测算法控制，所以不需要额外设置主车的动作行为。

图 5-9 主车行为设置界面

在仿真测试过程中，主车看到前车后，被测算法会控制主车进行碰撞预警，并且控制主车停止。仿真测试过程界面如图 5-10 所示。

图 5-10 仿真测试过程界面

如果有完善的前向碰撞算法，可以使用 MIL 的方式进行下一步验证。首先需要在车辆上安装传感器，被测算法为决策算法，只需添加目标传感器，这里添加一个摄像头和一个毫米波雷达。目标传感器配置界面如图 5-11 所示。

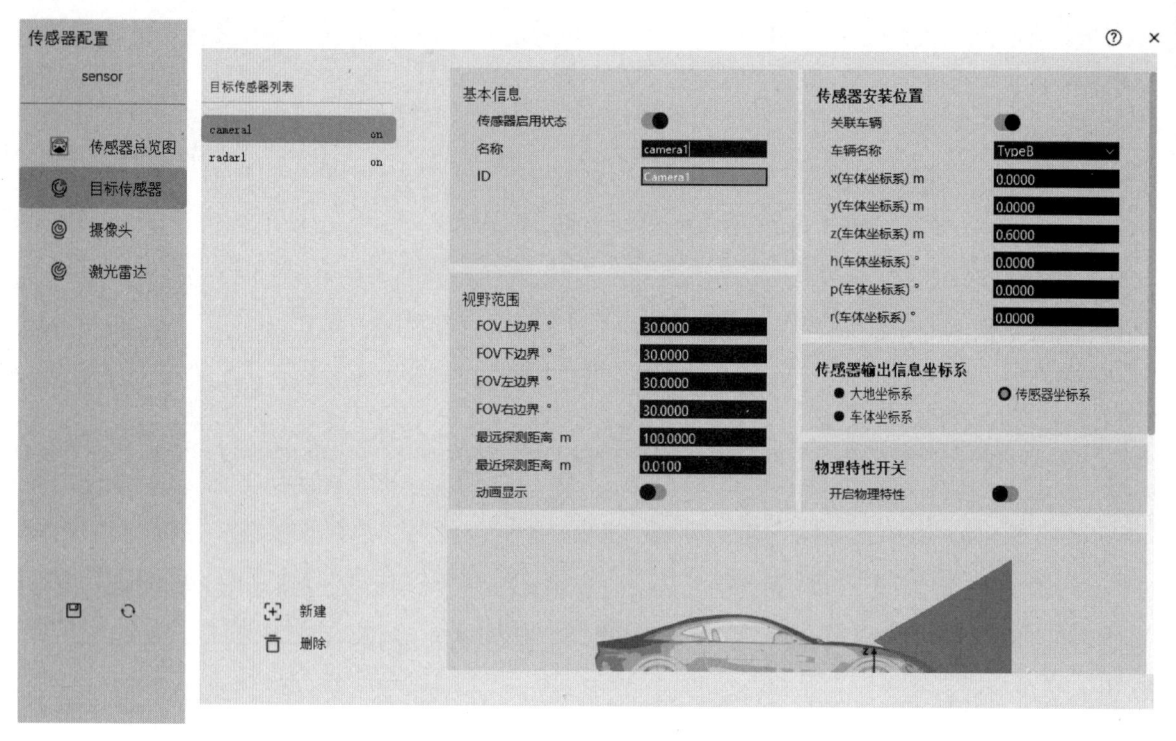

图 5-11 目标传感器配置界面

设置算法和模型的输入输出接口，选择输入接口为制动踏板，选择输出接口为毫米波雷达识别的目标结果（这里也可以选择摄像头输出的目标检测结果）（见图 5-12）。

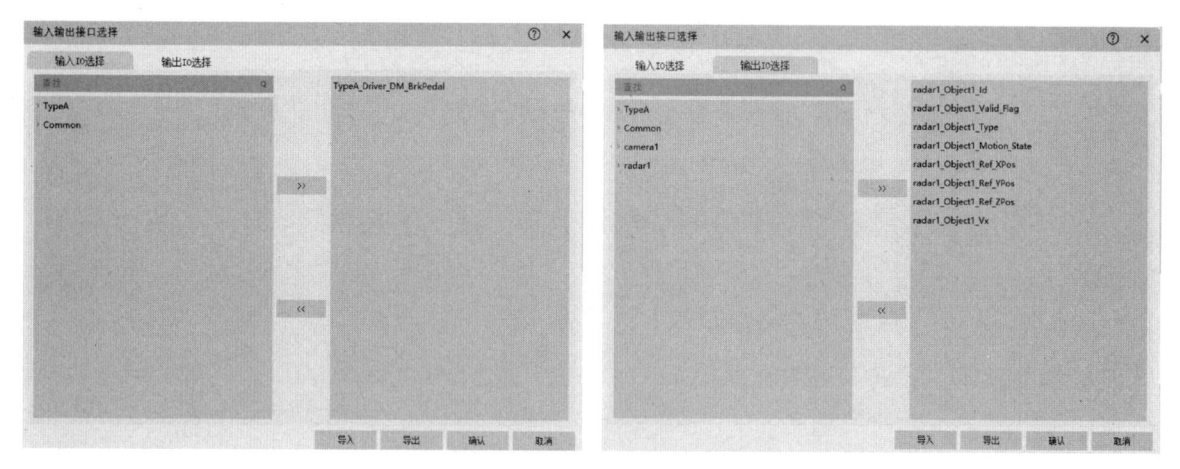

图 5-12 输入输出接口选择界面

单击主界面工具栏上的 Simulink 按钮，打开 Simulink 界面（见图 5-13），可以看到一个带有输入输出接口的 s-function 模型，可以把提前搭建好的前向碰撞预警算法复制到该模型中，并实现算法和 s-function 模型的输入输出映射。

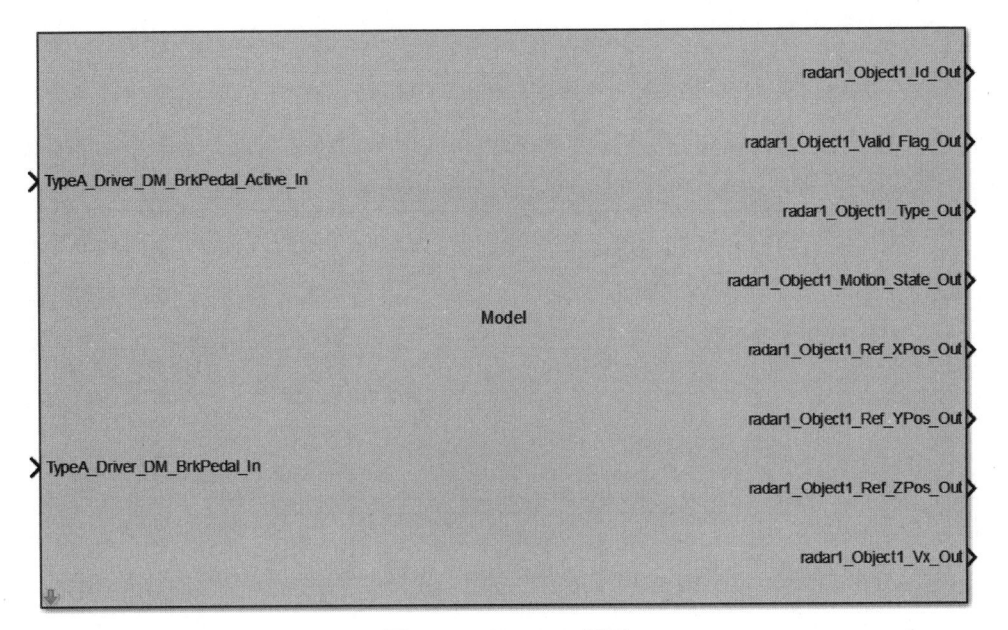

图 5-13  Simulink 界面

在完成前向碰撞预警算法和接口映射后，即可单击 Simulink 界面上的"运行""停止""暂停"按钮进行算法仿真。

## 5.3 自适应巡航控制系统

自适应巡航控制系统是一种功能更为强大、适用场景更广泛的巡航技术，它通过安装在汽车前部的车距传感器感知并监测前方道路的交通情况。例如，当主车和前车之间的相对距离超过安全距离时，它会采取相应操作控制汽车的行驶速度，如调节制动力矩、发动机节气门开度等，避免交通事故的发生，减轻驾驶车辆的劳动强度，同时提高通行效率。通常自适应巡航控制系统在控制汽车制动时，会将制动减速度控制在不影响乘车舒适性的范围内。当需要更大的减速度时，自适应巡航控制系统会发出预警信号，以提醒驾驶员采取制动操作。自适应巡航控制演示如图 5-14 所示。

图 5-14  自适应巡航控制演示

以燃油汽车为例，自适应巡航控制系统主要由信息感知模块、ECU、执行控制模块和人机交互模块组成（见图 5-15）。信息感知模块主要负责采集各种信息并发送给 ECU，主要由测距传感器、转速传感器、转向角传感器、节气门传感器等组成；ECU 负责根据驾驶员设定的安全车距和车速，结合信息感知模块发送的信息确定主车与前车的行驶状态，决策主车的控制策略，并将期望的节气门开度和制动压力信号发送给执行控制模块；执行控制模块主要负责执行 ECU 的指令，直接控制主车的行驶状态，包括油门控制器、制动控制器、转向控制器和其他控制器；人机交互模块主要是驾驶员设定系统参数和状态显示，自适应巡航控制系统的指令控制开关由驾驶员设定，一般操作所需的按键位于汽车方向盘上。启动自适应巡航控制系统时，需要设定安全车距和车速。

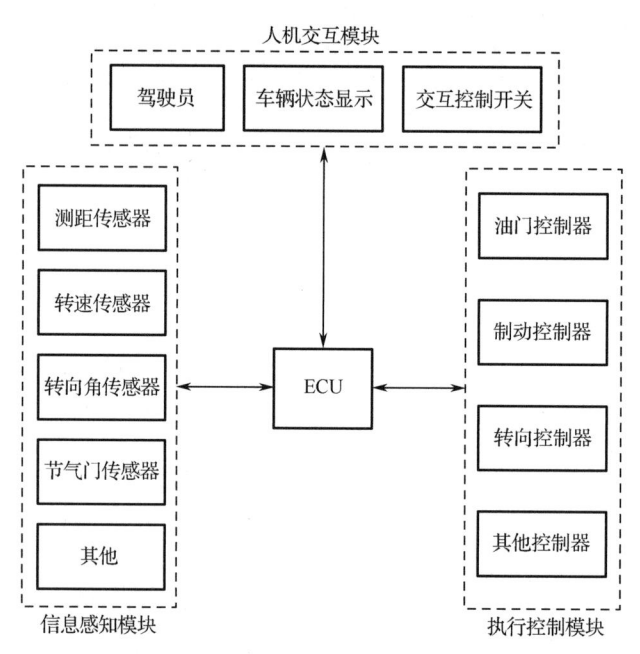

图 5-15　燃油汽车自适应巡航控制系统的组成

自适应巡航控制系统根据速度区段进行分类，可分为基本型自适应巡航控制系统和全速型自适应巡航控制系统，基本型自适应巡航控制系统在车速降低到 30km/h 以下时，需要人工参与。全速型自适应巡航控制系统在车速低于 30km/h 时也同样适用，二者在传感器配置方面有所差别。具体分类如表 5-1 所示。除此之外，自适应巡航控制系统还有其他分类方法，此处不涉及，读者可查阅相关文献。

表 5-1　自适应巡航控制系统分类

| 类型 | 速度区段 | 传感器配置 |
| --- | --- | --- |
| 基本型自适应巡航控制系统 | 30km/h～最高车速 | 毫米波雷达 |
| 全速型自适应巡航控制系统 | 0km/h～最高车速 | 毫米波雷达 + 摄像头 |

## 5.3.1 系统建模

以燃油汽车为例，自适应巡航控制系统的工作原理如图 5-16 所示。驾驶员启动自适应巡航控制系统后，安装在汽车前部的车距传感器持续扫描汽车前方的道路状况，同时轮速传感器采集车速信号。如果主车前方没有车辆或与前车距离很远或主车速度很快，自适应巡航控制系统就会激活巡航控制模式，同时根据驾驶员设定的车速和轮速传感器采集的主车速度自动调节节气门开度或制动压力，使主车达到设定的车速并巡航行驶；如果前车距离较近或主车速度很慢，自适应巡航控制系统就会激活跟随控制模式，同时根据驾驶员设定的安全车距和轮速传感器采集的主车速度计算出期望车距，并与车距传感器采集的实际距离进行比较，自动调节节气门开度或制动压力，使汽车以一个安全车距稳定地跟随前车行驶。为了适用更多工况，自适应巡航控制系统除了以上两种工作模式，还有减速控制和加速控制等。自适应巡航控制系统的工作模式如图 5-17 所示。

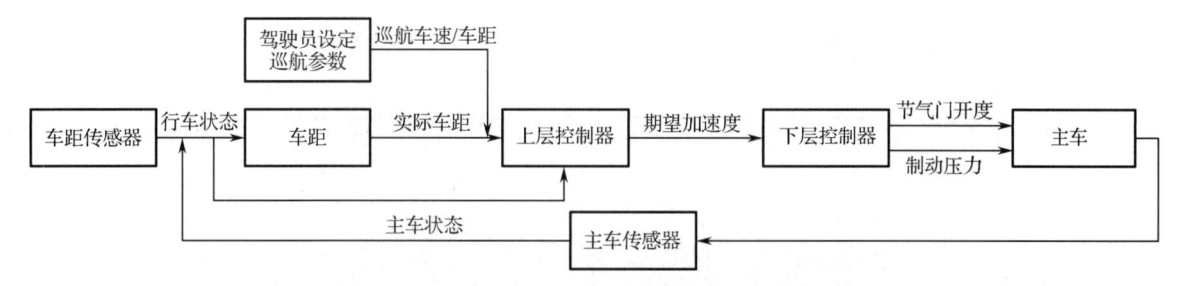

图 5-16 燃油汽车自适应巡航控制系统的工作原理

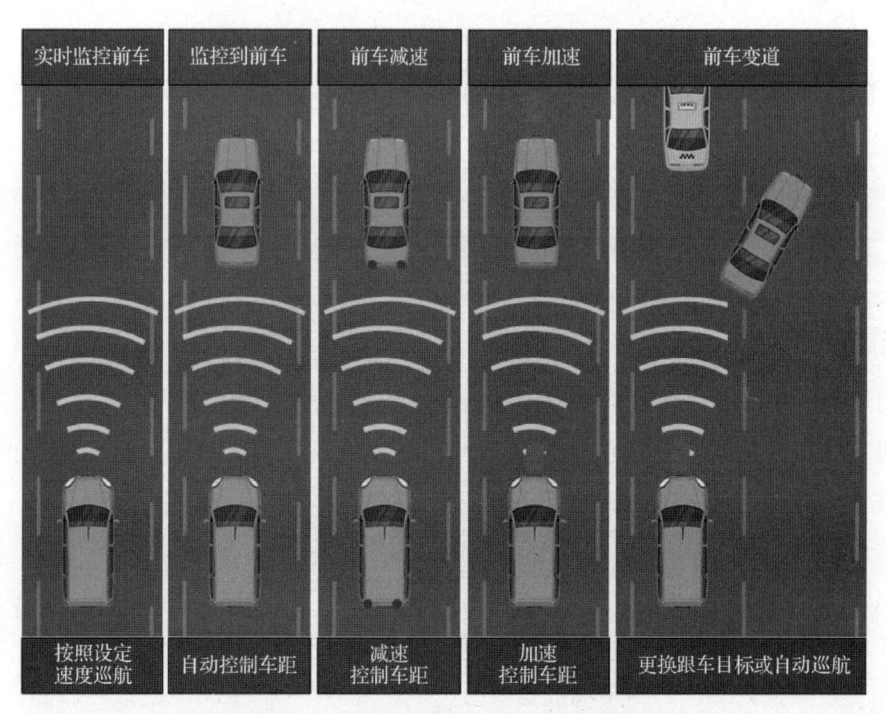

图 5-17 自适应巡航控制系统的工作模式

为方便驾驶员的判断，自适应巡航控制系统还有紧急报警装置，在自适应巡航控制系统无法避免碰撞时及时警告驾驶员并由驾驶员处理紧急状况。

由于自适应巡航控制系统工作时需要明确车辆的运动情况，因此需要建立合适的模型。首先根据纵向运动学构建车辆纵向运动学模型，之后根据自适应巡航控制系统的下层控制器构建车辆逆纵向动力学模型。

1）构建车辆纵向运动学模型

自适应巡航控制系统单车道的车辆跟随问题。车辆纵向运动关系如图 5-18 所示。其中，$v_f$ 为前车速度，$a_f$ 为前车加速度，$v_r$ 为主车速度，$a_r$ 为主车加速度，$d$ 为前车与主车的间距，$d_{des}$ 为两车的期望间距，$\Delta d$ 为两间距的差值。

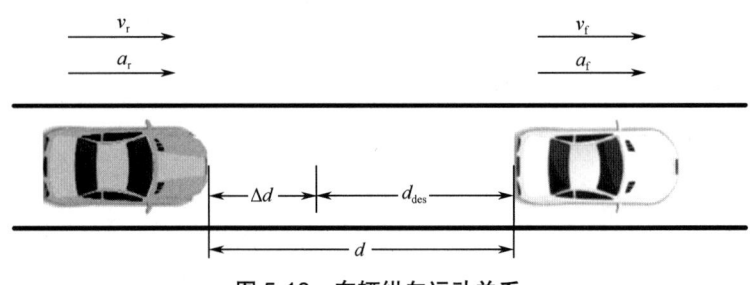

图 5-18 车辆纵向运动关系

自适应巡航控制系统在车辆跟随模式下，需要主车与前车之间有一个安全距离，通常利用固定车间时距得到期望间距，其表达式为

$$d_{des}(t) = t_h v_r(t) + d_0 \tag{5-5}$$

式中，$t_h$ 为车间时距，单位为 s；$d_0$ 表示两车静止时的最小安全距离，单位为 m。

2）构建车辆逆纵向动力学模型

自适应巡航控制系统的下层控制器不能直接使用上层控制器的期望加速度进行车速控制，需要通过车辆逆纵向动力学模型将车辆的期望加速度转变为发动机节气门开度与制动压力。自适应巡航控制系统逆纵向动力学模型包括逆驱动系统模型和逆制动系统模型。

（1）逆驱动系统模型。

当车辆处于驱动控制模式时，下层控制器根据输入的期望加速度和当前主车的车速计算出发动机的期望输出扭矩，为了使逆驱动系统模型更加简化，忽略车辆的加速阻力的影响，由汽车理论可知，发动机的期望输出扭矩 $T_{tpdes}$ 为

$$T_{tpdes} = \frac{ma + F_f + F_w + F_i}{G_d} \tag{5-6}$$

式中，$m$ 为主车质量，单位为 kg；$a$ 为主车加速度，单位为 m/s²；$F_f$ 为车辆滚动阻力，单位为 N；$F_w$ 为空气阻力，单位为 N；$F_i$ 为车辆坡度阻力，单位为 N；$G_d$ 为中间变量，公式为

$$G_{\mathrm{d}} = \frac{i_0 i_g \eta_{\mathrm{T}} \tau\left(\dfrac{n_{\mathrm{tr}}}{n_{\mathrm{e}}}\right)}{r} \tag{5-7}$$

式中，$i_g$ 为变速器的传动比；$i_0$ 为主减速器的传动比；$\eta_{\mathrm{T}}$ 为传动系统的机械效率；$\tau\left(\dfrac{n_{\mathrm{tr}}}{n_{\mathrm{e}}}\right)$ 为液力变矩器的扭矩特性的变化函数；$n_{\mathrm{tr}}$ 为液力变矩器的涡轮转速，单位为 r/min；$r$ 为车轮半径，单位为 m；$n_{\mathrm{e}}$ 为发动机转速，单位为 r/min。

在得到发动机的期望输出扭矩后，通过发动机的 MAP 图反查结果，得到发动机在该期望输出扭矩下的节气门开度为

$$\mathrm{Thr} = f(T_{\mathrm{tqdes}}, n_{\mathrm{e}}) \tag{5-8}$$

（2）逆制动系统模型。

当车辆处于驱动控制模式时，下层控制器根据输入的期望加速度和当前主车车速计算出制动器的期望制动力矩，将期望制动力矩输入逆制动系统模型，得到期望制动压力，以实现对车辆的制动控制。

由牛顿力学可知，车辆在制动过程中的动力学方程为

$$ma = -(F_{\mathrm{B}} + F_f + F_w + F_i) \tag{5-9}$$

式中，$F_{\mathrm{B}}$ 为车轮的制动力，单位为 N。

根据式（5-9）可求出车轮的制动力 $F_{\mathrm{B}}$ 为

$$F_{\mathrm{B}} = -(ma + F_f + F_w + F_i) \tag{5-10}$$

假设车辆不出现滑移，则可以将车辆的制动力与制动压力视为线性关系，则二者的表达式为

$$F_{\mathrm{B}} = G_b P_{\mathrm{des}} \tag{5-11}$$

式中，$P_{\mathrm{des}}$ 为期望制动缸压力，单位为 N；$G_b$ 为车辆的制动力与制动压力的比值。

由此得到期望制动压力 $P_{\mathrm{des}}$ 为

$$P_{\mathrm{des}} = \frac{|ma + F_f + F_w + F_i|}{G_b} \tag{5-12}$$

### 5.3.2 仿真实例

下面在 ModelBase 软件中搭建对应的工况并进行仿真测试。在工程配置界面新建地图 map2，双击"地图名称"，弹出道路编辑器。创建直路地图界面如图 5-19 所示，在道路编辑器中画一条直路，起点为（0，0），航向角为 0°，长度为 2000m，单向双车道，在道路两边添加草地。单击"保存"按钮，关闭道路编辑器。

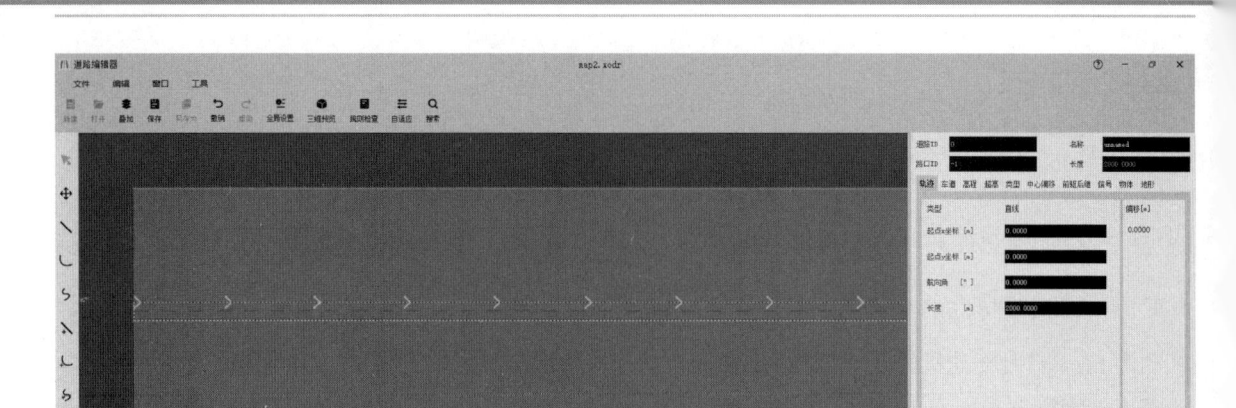

图 5-19 创建直路地图界面

在工程配置界面上右击地图 map2，在弹出的快捷菜单中选择"新建场景"选项，场景命名为 sce2，双击"场景名称"，打开场景编辑器。在道路起点处添加主车，由于主车通常由被测算法控制，所以主车不用额外配置车辆行为，主车默认的巡航车速是 72km/h。

在道路 800m 附近添加两辆交通车"New_Player_1"和"New_Player_2"。创建两辆交通车界面如图 5-20 所示。其中，"New_Player_1"和主车在同一车道上，"New_Player_2"和主车在相邻车道上。

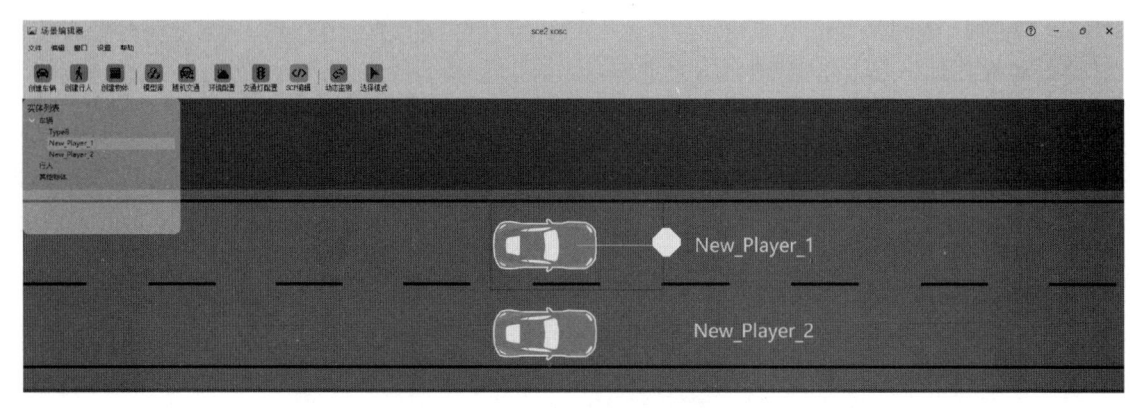

图 5-20 创建两辆交通车界面

给"New_Player_1"添加两个 event，第一个 event 无 trigger，表示一旦启动就触发，action 设置为车速等于 0，目的是让车辆初始状态静止。第二个 event 的 trigger 设置为相对主车距离为 50m 触发，action 设置为车速等于 30，目的是让"New_Player_1"在主车靠近距离 50m 的时候以 30km/h 的速度匀速运行。给"New_Player_1"同样添加两个 event，只是目标速度设置为 20km/h。两辆交通车的动作行为设置界面如图 5-21 所示。

由于运行仿真开始时主车的传感器没有看到目标车，所以按照预设的巡航车速行驶（见图 5-22）。

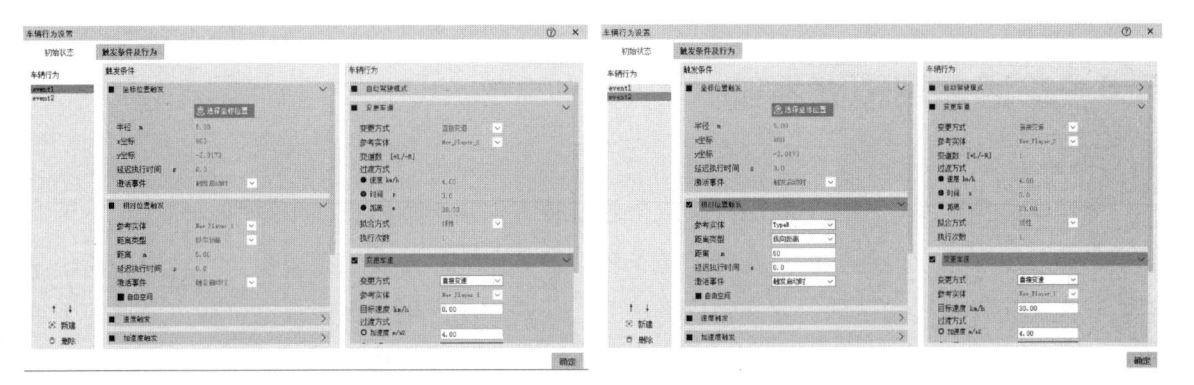

图 5-21　两辆交通车的动作行为设置界面

图 5-22　主车按照预设的巡航车速行驶的仿真界面

当主车靠近两辆交通车时，相同车道的前车"New_Player_1"开始以 30km/h 的速度行驶，相邻车道的前车"New_Player_2"以 20km/h 的速度行驶，主车识别"New_Player_1"为目标车，开始跟踪目标车行驶，通过调整主车速度保持和目标车之间的距离。主车跟踪前车行驶的仿真界面如图 5-23 所示。

图 5-23　主车跟踪前车行驶的仿真界面

## 5.4 车道偏离预警系统

车道偏离预警系统通过车载摄像头或传感器技术识别车辆所在的车道线,并在车辆偏离车道线时发出警告,提醒驾驶员及时调整车辆行驶方向,以防发生意外事故。车道偏离预警系统已经成为现代汽车常见的安全辅助系统之一,被广泛应用于高速公路、城市道路等多种路况。

在实际使用中,车道偏离预警系统通常被设置为3种工况,即普通工况、侵入警告工况和追车提示工况。

(1)普通工况。当车辆在规定的车道内行驶时,车道偏离预警系统对车道进行实时检测,并在车辆偏离车道线时发出声音或震动等提示,提醒驾驶员及时调整行驶方向。在这种情况下,车道偏离预警系统可以帮助驾驶员更好地掌控车辆,降低因疲劳或注意力不集中而导致车祸的风险。

(2)侵入警告工况。当车辆逐渐靠近车道线时,车道偏离预警系统发出警告,提醒驾驶员将车辆转回规定的车道内。如果驾驶员不及时做出反应,车道偏离预警系统发出更强烈的警告,提醒驾驶员调整车辆行驶方向,避免发生意外事故。

(3)追车提示工况。当车辆行驶在高速公路或其他限速区域时,如果后车行驶速度高于前车,并且距离较近,车道偏离预警系统发出警告,提醒驾驶员需要注意后车,并注意调整车速或车道。

### 5.4.1 系统建模

车道偏离预警系统的主要目的是在车辆即将偏离车道时,提前给驾驶员发出警示信号,确保提前发出预警信号的同时减少误警率。车道偏离预警系统的警报越早被触发,提供给驾驶员的调整时间就越多。因此需要建立准确的数学模型,确定预警触发时间。

首先我们需要计算左右侧车轮距离左右车道线的距离(见图5-24):

$$D_{LC}^{l} = \frac{W_R - W_b}{2} - e_C \tag{5-13}$$

$$D_{LC}^{r} = \frac{W_R - W_b}{2} - e_C \tag{5-14}$$

在式(5-13)和式(5-14)中,$D_{LC}^{l}$ 和 $D_{LC}^{r}$ 分别为左侧车轮到左侧车道线的距离和右侧车轮到右侧车道线的距离;$W_R$ 为车道线宽度;$W_b$ 为左右车轮的轮距;$e_C$ 为车辆重心偏离车道线中心线的距离。

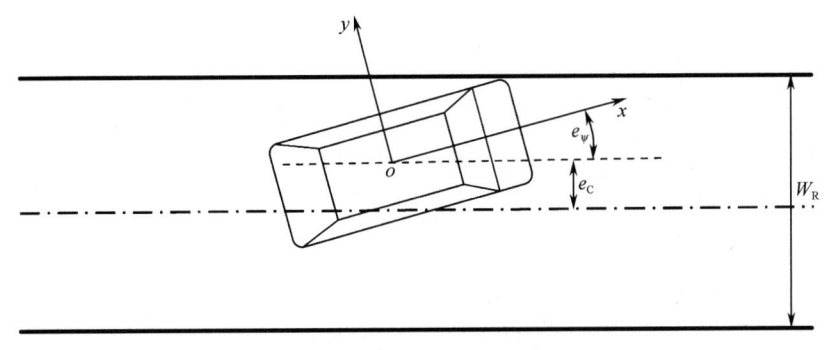

图 5-24 车辆偏离车道线

为了使车道偏离预警系统产生警报，需要设定一个阈值 $D_{thr}$，当 $D_{LC}^l > D_{thr}$ 或 $D_{LC}^r < -D_{thr}$ 时，车道偏离预警系统为驾驶员提供预警。如果只考虑车辆车速、侧向位置偏差和航向角偏差对横越车道线时间 $t_{LC}$ 的影响，则横越车道线时间 $t_{LC}$ 可由以下公式计算获得：

$$t_{LC} = \frac{\text{sgn}(e_\psi)\frac{W_R - W_b}{2} - e_C}{v_x \sin e_\psi} \tag{5-15}$$

式中，$e_\psi$ 为车辆相对于车道线的航向角偏差，$v_x$ 为车辆纵向车速。

式（5-15）表示车辆在直道上的行驶情况，如果车辆行驶在曲率半径为 $R$ 的圆弧道路上，则需要考虑车辆的横向加速度对横越车道线的影响。此时横越车道线时间 $t_{LC}$ 满足以下一元二次方程

$$-\frac{1}{2}v_x^2 R t_{LC}^2 + v_x \sin(e_\psi) t_{LC} = D_{LC}^l \tag{5-16}$$

$$-\frac{1}{2}v_x^2 R t_{LC}^2 + v_x \sin(e_\psi) t_{LC} = D_{LC}^r \tag{5-17}$$

求解方程（5-16）和方程（5-17）得到 4 个根 $t_{LC1}^l$、$t_{LC2}^l$、$t_{LC1}^r$ 和 $t_{LC2}^r$，则横越车道线时间 $t_{LC}$ 取 4 个根 $t_{LC1}^l$、$t_{LC2}^l$、$t_{LC1}^r$ 和 $t_{LC2}^r$ 中的最小正整数根。

### 5.4.2 仿真实例

下面在 ModelBase 软件中搭建对应的工况进行仿真测试，在工程配置界面新建地图 map3。直路加圆弧道路创建界面如图 5-25 所示，双击"地图名称"，弹出道路编辑器，在道路编辑器中画直路和圆弧道路，直路起点为(0, 0)，航向角为 0°，长度为 500m，圆弧道路和直路平滑连接，半径为 250m，长度为 300m。整条道路均为双向双车道，在道路两边添加草地。单击"保存"按钮，关闭道路编辑器。

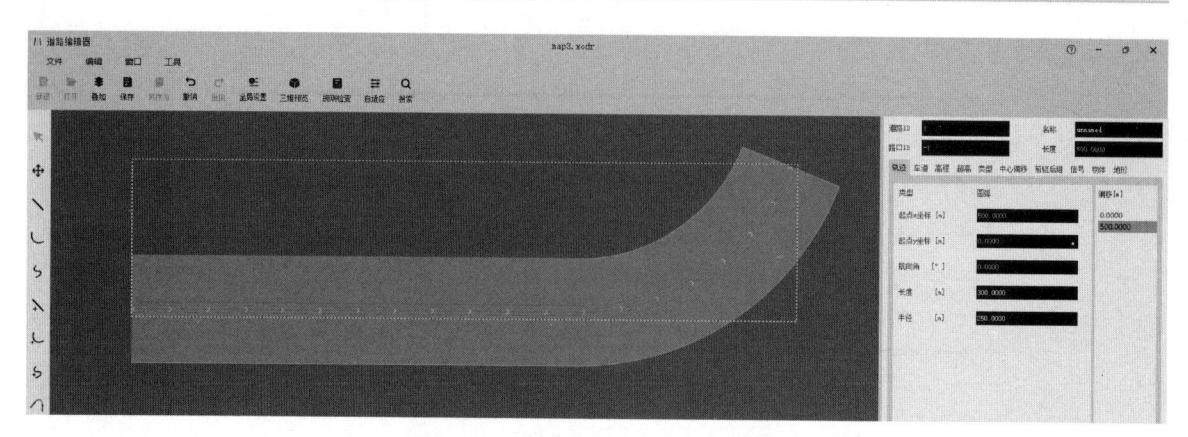

图 5-25　直路加圆弧道路创建界面

右击地图 map3，在弹出快捷菜单中选择"新建场景"选项，场景命名为 sce3，双击"场景名称"，打开场景编辑器，可以看到刚刚画的道路，在道路起点处添加主车，设置随机终点（见图 5-26）。

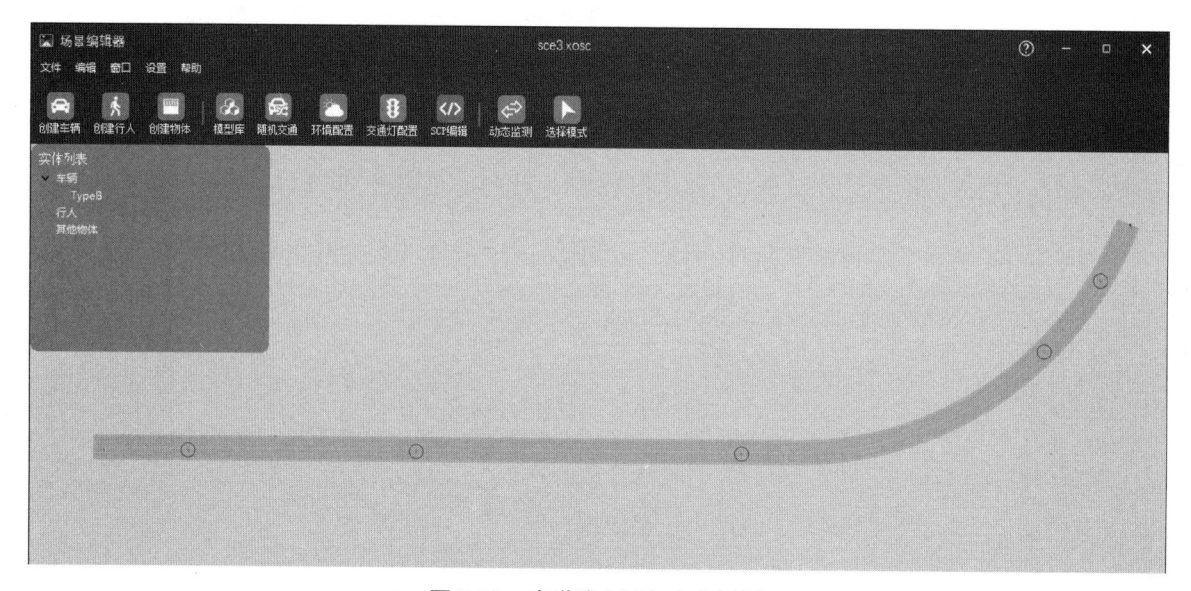

图 5-26　在道路上添加主车界面

为了测试车道偏离预警系统，这里添加了 5 个 event，第 1 个 event 是在直路位置让车辆以 1m/s 的速度往左偏离 0.8m；第 2 个 event 是在直路位置让车辆以 1m/s 的速度往左偏离 1.5m；第 3 个 event 是让车辆回到车道中心位置；第 4 个 event 是让车辆在半径为 250m 的弯道上以 1m/s 的速度往左偏离 0.8m；第 5 个 event 是让车辆在 250m 的弯道上以 1m/s 的速度往左偏离 1.5m。主车驾驶行为设置界面如图 5-27 所示。

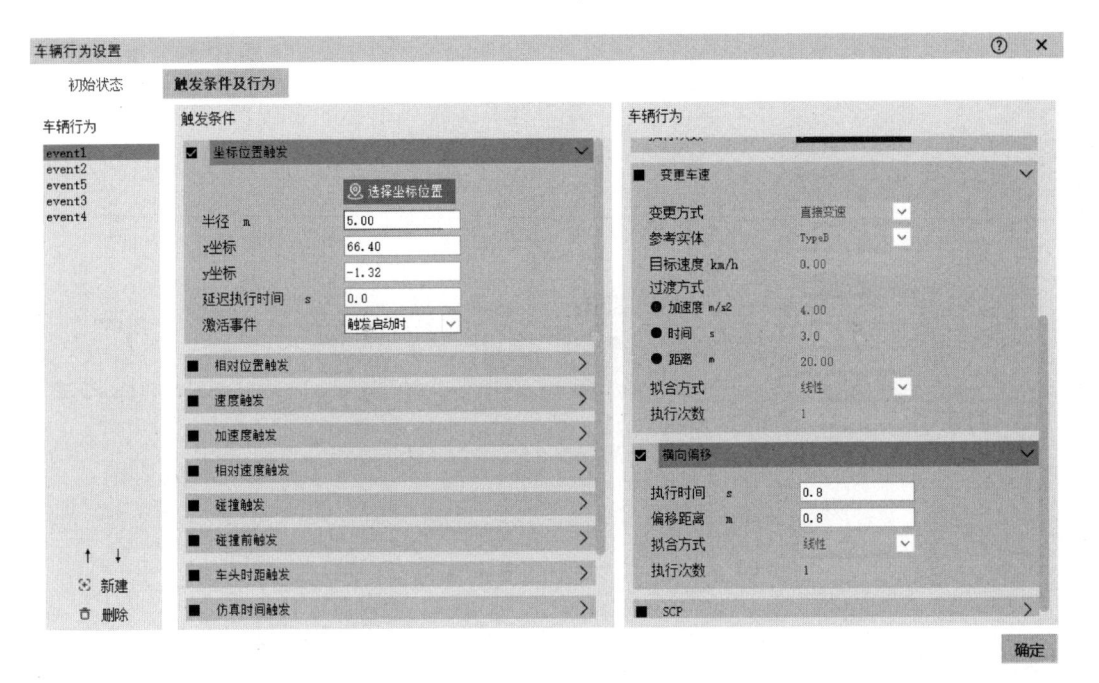

图 5-27 主车驾驶行为设置界面

另外，可以搭建相应的车道偏离预警算法，使用 MIL 的方式进行仿真验证。这就需要在车辆上安装传感器，当被测算法为决策算法时，只须添加目标传感器，这里添加一个摄像头即可。目标传感器的参数配置界面如图 5-28 所示。

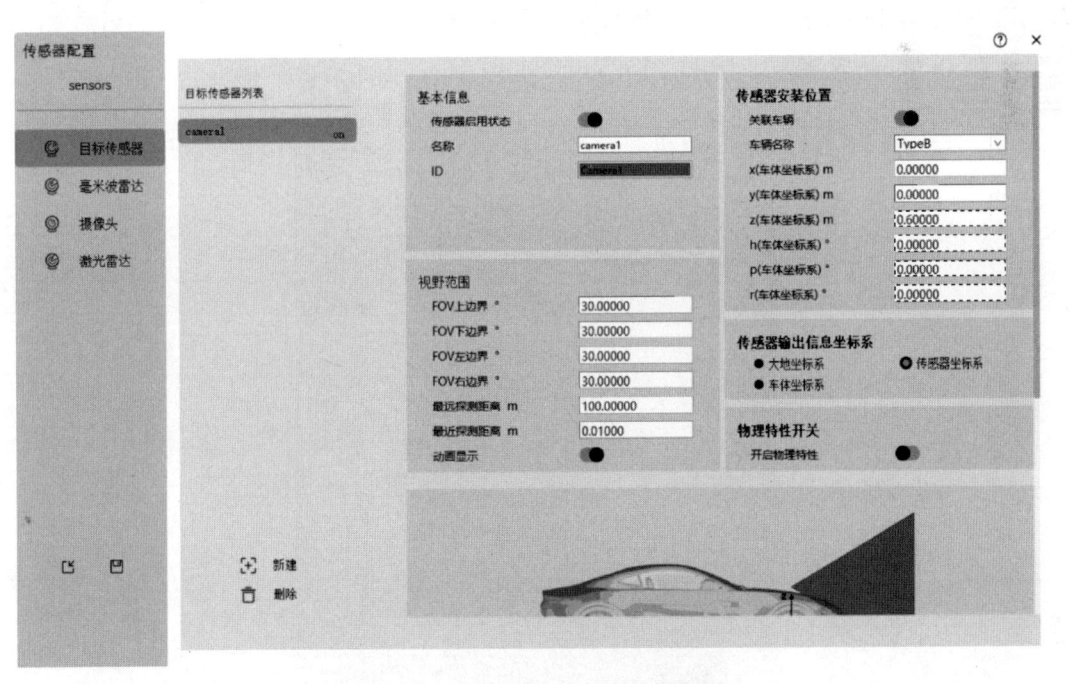

图 5-28 目标传感器的参数配置界面

设置算法和模型的输入输出接口，选择 ModelBase 的输出接口为摄像头检测到的车辆当前行驶车道的左右两侧车道线信息，以及车辆当前的主车位置等信号，输入接口不做选择（见图 5-29）。

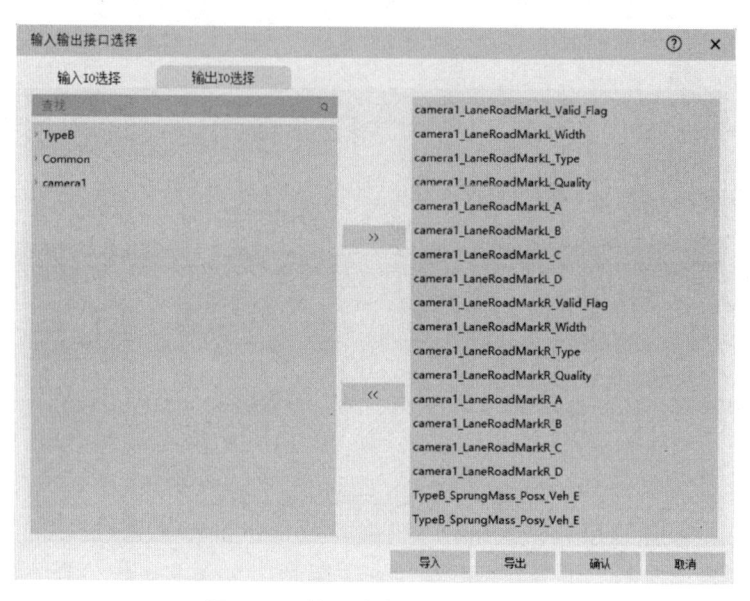

图 5-29　输入输出接口选择界面

单击 ModelBase 主窗口工具栏上的 Simulink 按钮，打开 Simulink 界面，即可看到一个带有输入输出接口的 s-function 模型。Simulink 界面如图 5-30 所示，可将提前搭建好的车辆偏离预警算法复制到 Simulink 模型中，实现算法和 s-function 模型的输入输出映射。

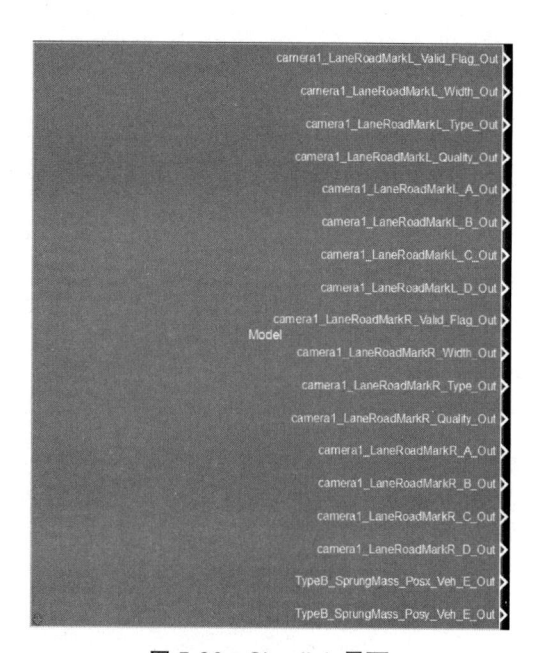

图 5-30　Simulink 界面

完成车辆偏离预警算法和接口映射后，可单击 ModelBase 主窗口或 Simulink 界面上的"运行""停止""暂停"按钮进行算法仿真。

在直路上的仿真测试结果（见图 5-31），即在直路上车道偏离的仿真结果，左图是偏离道路中心，右图是偏离车道边界。

图 5-31　在直路上的仿真测试结果界面

在圆弧道路上的仿真测试结果（见图 5-32），即在半径为 250m 的弯道上，车道偏离的仿真测试结果，左图是偏离道路中心，右图是偏离车道边界。

图 5-32　在圆弧道路上的仿真测试结果界面

## 5.5　车道保持系统

车道保持系统是在车道偏离预警系统的基础上发展而来的。该系统不仅可以通过报警等方式提醒驾驶员注意，还可以辅助驾驶员实现对转向和制动系统的协调控制，纠正车辆在行驶过程中偏离所在车道的错误，使车辆保持在本车道内行驶，减少交通事故的发生。

有的车道保持系统只在汽车即将偏离车道时才会发挥作用，而有的车道保持系统则能为驾驶员提供持续的方向盘操作辅助，从而减轻驾驶员的驾驶负担，大幅缓解驾驶员在高速公路行驶时的驾驶疲劳。

车道保持系统一般由信息感知模块、ECU 和执行控制模块等组成（见图 5-33）。信息感知模块主要由车道线信息采集传感器和汽车行驶状态采集传感器组成，主要负责将采集的信息发送给 ECU；ECU 主要负责对信息进行处理并制定相应的控制策略；执行控制模块主要由预警器、转向控制器和制动控制器组成，其中，预警器与车道偏离预警系统类似，以方向盘或仪表盘显示预警，以声音警报中的一种或多种形式实现预警。转向控制器和制动控制器是车道保持系统所特有的，主要实现横向运动和纵向运动的协同控制，并保证汽车在车道保持系统工作期间具有一定的行驶稳定性。

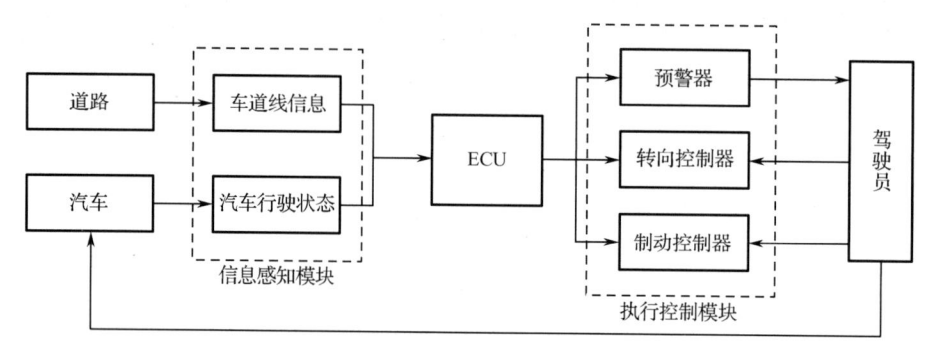

图 5-33  车道保持系统的组成

车道保持系统可以在行车的全程或速度达到某一阈值后开启，也可以手动关闭。当系统正常工作时，信息感知模块通过车载传感器采集车速信号、方向盘转角信号等信息，ECU 对采集的信息进行处理，比较车道线和汽车的行驶方向，判断汽车是否偏离车道行驶。当汽车可能偏离车道行驶时，发出报警信息；当汽车距离偏离侧车道线小于一定阈值或已经有车轮偏离出车道线时，ECU 计算出辅助操舵力和减速度，根据偏离的程度控制方向盘和制动控制器的操纵模块，施加操舵力和制动力使汽车稳定地回到正常车道；若驾驶员打开转向灯，正常进行变线行驶，则系统不会做出任何提示。车道保持系统的工作过程如图 5-34 所示，在车道保持系统起作用时，将不同时刻的汽车行驶照片重叠后可以看出，图中从后面起第 2 个车影已经偏离行驶车道，于是系统发出报警信息，第 3 个车影和第 4 个车影是系统主动进行车道偏离调整的过程，在第 5 个车影时，汽车已经重新处于正确的行驶车道上，车道保持系统完成了一个完整的工作周期。

图 5-34　车道保持系统的工作过程

### 5.5.1　系统建模

车道保持系统通过对车辆的横向运动控制，防止车辆偏离车道，使车辆稳定地行驶在正确区域，因此有必要建立轮胎模型和汽车横向动力学模型。

（1）轮胎模型

在车辆运动过程中，轮胎所受的纵向力、侧向力、垂直力矩及回正力矩对汽车的操纵稳定性和安全性具有重要作用。但是轮胎的结构复杂，动力学呈非线性，这就导致研究情况变得复杂。

目前，最常见的是 Pacejka 提出的以魔术公式为基础的半经验轮胎模型，它能够表达不同驱动情况时的轮胎特性。魔术公式的一般表达式为

$$Y(x) = D\sin(C\arctan(Bx - E(Bx - \arctan(BX)))) \tag{5-18}$$

式中，$B$ 为刚度因子；$C$ 为曲线形状因子；$D$ 为曲线峰值因子；$E$ 为曲率因子，由轮胎的垂向载荷和外倾角确定；$Y$ 为输出变量；$x$ 为输入变量，在不同驱动情况下分别表示轮胎的侧偏角和纵向滑移率。

本书主要关注轮胎的侧向力，利用魔术公式计算轮胎侧向力为

$$F_y = D\sin(C\arctan(Bx - E(Bx - \arctan(Bx)))) + S_v \tag{5-19}$$

式中，$x = \alpha + S_h$，$\alpha$ 为轮胎的侧偏角，单位为 rad 或°，$S_h$ 为曲线在水平方向上的偏移，$S_h = A_9 F_z + A_{10} + A_8 \gamma$；$S_v$ 为曲线在垂直方向上的漂移，$S_v = A_{11} F_z \gamma + A_{12} F_z + A_{13}$；$B$ 为刚度因子，$B = A_3 \sin\left[2\arctan\left(\dfrac{F_z}{A_4}\right)\right](1 - A_5|\gamma|)/(CD)$，$\gamma$ 为轮胎的外倾角，单位为 rad 或°；$F_z$ 为轮胎受到的垂向载荷，单位为 N；$C$ 为曲线形状因子，$C = A_0$；$D$ 为曲线峰值因子，表示曲线的最大值，$D = \mu(A_1 F_z^2 + A_2 F_z)$，$\mu$ 为地面附着系数；$E$ 为曲率因子，$E = A_6 F_z + A_7$，参数 $A_0 \sim A_{13}$ 是根据轮

胎试验数据拟合得到的轮胎侧向力特性参数。

（2）汽车横向动力学模型

为准确地反映汽车在跟踪车道中心线的运动状态，需要建立合理的、适用于车道保持系统的汽车动力学模型，本书采用线性 2-DOF 汽车横向动力学模型（见图 5-35）。

$$\dot{\beta} = -\frac{a_1}{mv_x(t)}\beta - \left(1 + \frac{a_2}{mv_x^2(t)}\right)\omega + \frac{2C_f}{mv_x(t)}\delta_f \tag{5-20}$$

$$\dot{\omega} = -\frac{a_2}{I_z}\beta - \frac{a_3}{I_z v_x(t)}\omega + \frac{2l_f C_f}{I_z}\delta_f \tag{5-21}$$

在式（5-20）和式（5-21）中，$\dot{\beta}$ 表示质心侧偏角变化率；$\dot{\omega}$ 表示横摆角速度的变化率；$a_1$、$a_2$、$a_3$ 为与主车系统结构有关的常数，$a_1=2C_f+2C_r$，$a_2=2l_f C_f-2l_r C_r$，$a_3= 2l_f^2 C_f + 2l_r^2 C_r$；$\omega$ 为横摆角速度，单位为 rad/s 或°/s；$\beta$ 为质心侧偏角，单位为 rad 或°；$\delta_f$ 为前轮转角，单位为 rad 或°；$m$ 为整车质量，单位为 kg；$I_z$ 为整车绕铅垂轴转动惯量，单位为 kg·m²；$l_f$ 为主车质心到前轴的距离，单位为 m；$l_r$ 为汽车质心到后轴的距离，单位为 m；$C_f$ 为主车前轮侧偏角，单位为 rad 或°；$C_r$ 为主车后轮侧偏角，单位为 rad 或°；$v_x(t)$ 为主车纵向速度，单位为 m/s。

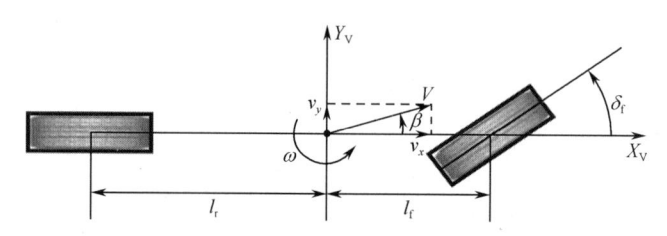

图 5-35 线性 2-DOF 汽车横向动力学模型

### 5.5.2 仿真实例

下面在 ModelBase 软件中搭建对应的工况进行仿真测试，在工程配置界面新建地图 map4。直路和圆弧道路创建界面如图 5-36 所示。双击"地图名称"，弹出道路编辑器，在道路编辑器中画直路和圆弧道路，直路起点为 (0, 0)，航向角为 0°，长度为 500m，圆弧道路和直路平滑连接，半径为 250m，长度为 500m。整条道路均为双向双车道，在道路两边添加草地，单击"保存"按钮，后关闭道路编辑器。

右击地图 map4，在弹出的快捷菜单中选择"新建场景"选项，场景命名为 sce4，双击"场景名称"，打开场景编辑器，可以看到刚刚绘制的道路，在道路起点处添加主车，设置随机终点。在地图中添加主车界面如图 5-37 所示。

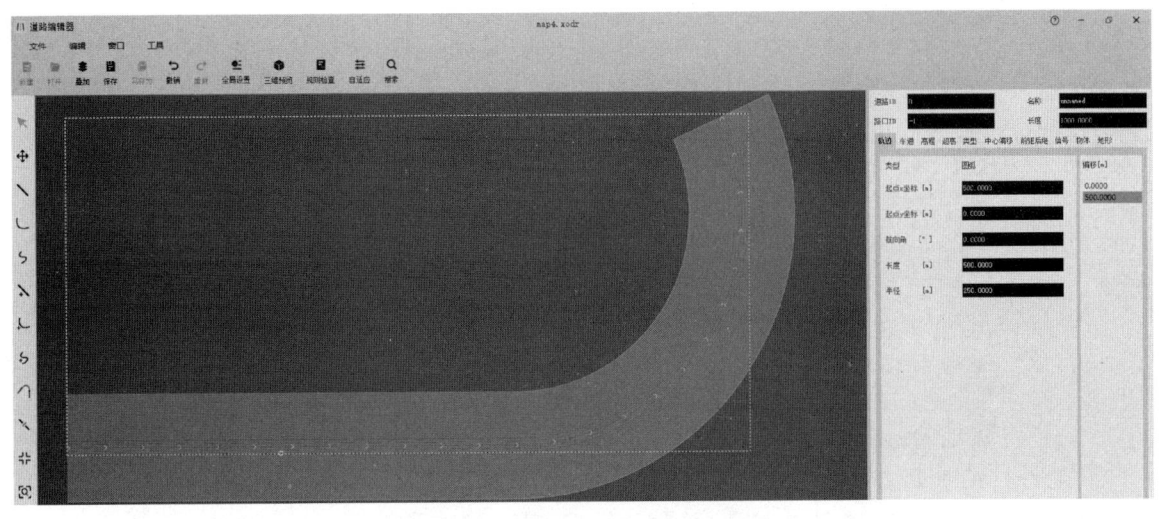

图 5-36 直路和圆弧道路创建界面

图 5-37 在地图中添加主车界面

为了测试车道保持系统，这里添加了 4 个 event，第 1 个 event 是让车辆以 70km/h 的速度匀速行驶；第 2 个 event 是在直路位置让车辆以 0.5m/s 的速度往左偏离 2m；第 3 个 event 是让车辆回到车道中心位置；第 4 个 event 是让车辆在半径为 250m 的弯道上以 0.5m/s 的速度往左偏离 2m。主车驾驶行为设置界面如图 5-38 所示。

搭建相应的车道保持辅助算法，使用 MIL 的方式进行仿真验证，首先需要在车辆上安装传感器，当被测算法为决策算法时，只需添加目标传感器，这里添加一个摄像头即可。目标传感器配置界面如图 5-39 所示。

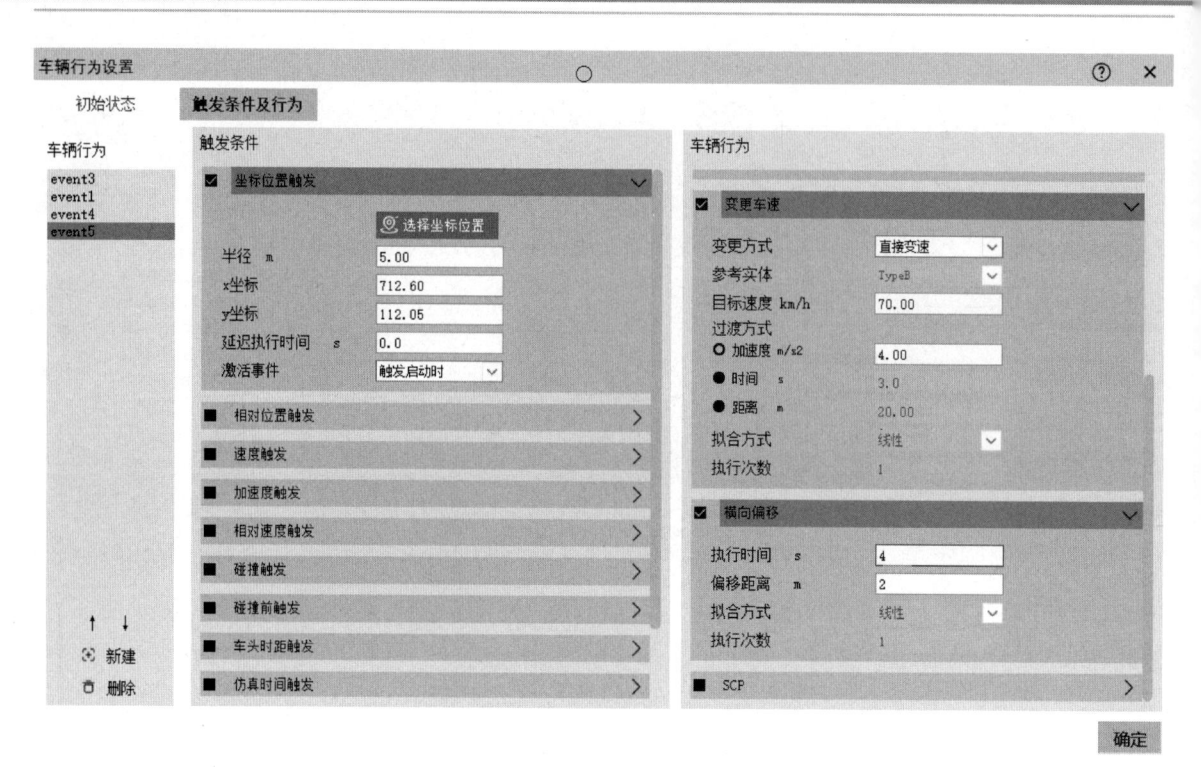

图 5-38 主车驾驶行为设置界面

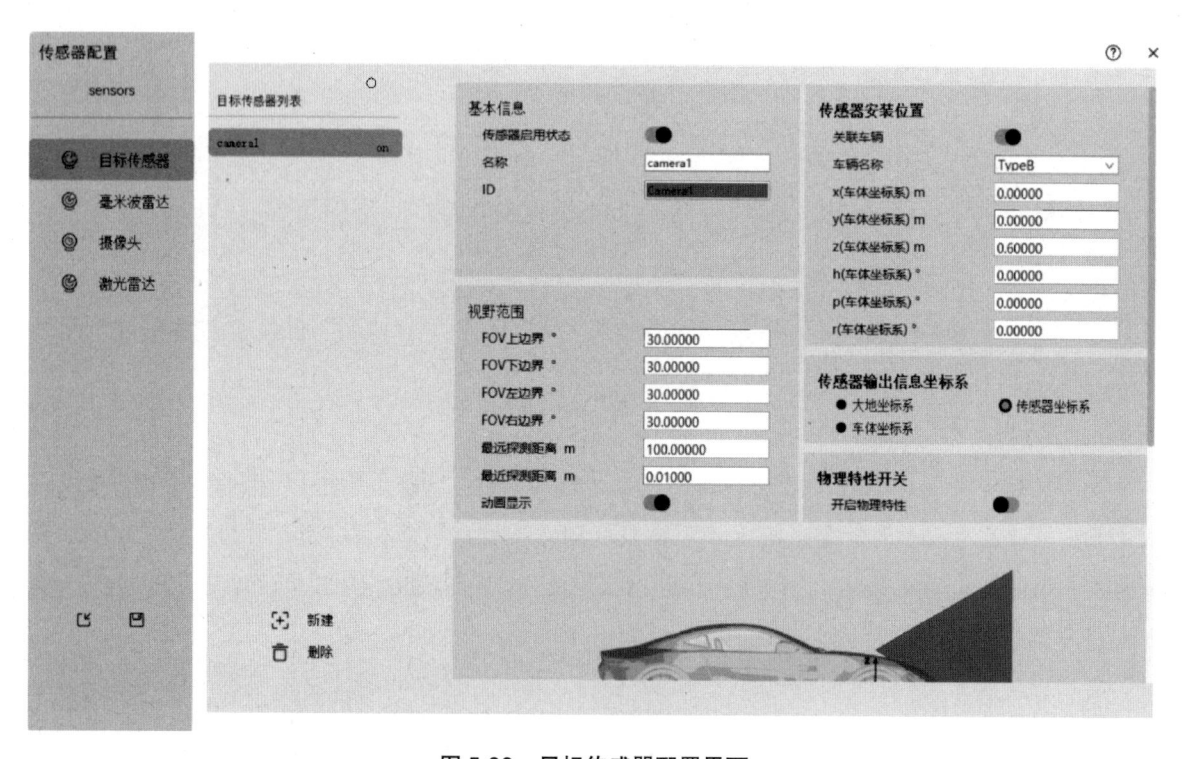

图 5-39 目标传感器配置界面

设置算法和模型的输入输出接口，选择 ModelBase 的输入接口为方向盘转角与制动踏板，输出接口为摄像头检测到的车辆当前行驶车道左右两侧车道线的车道线信息，以及车辆当前的主车位置、主车行驶速度和方向盘转角等行驶参数（见图 5-40）。

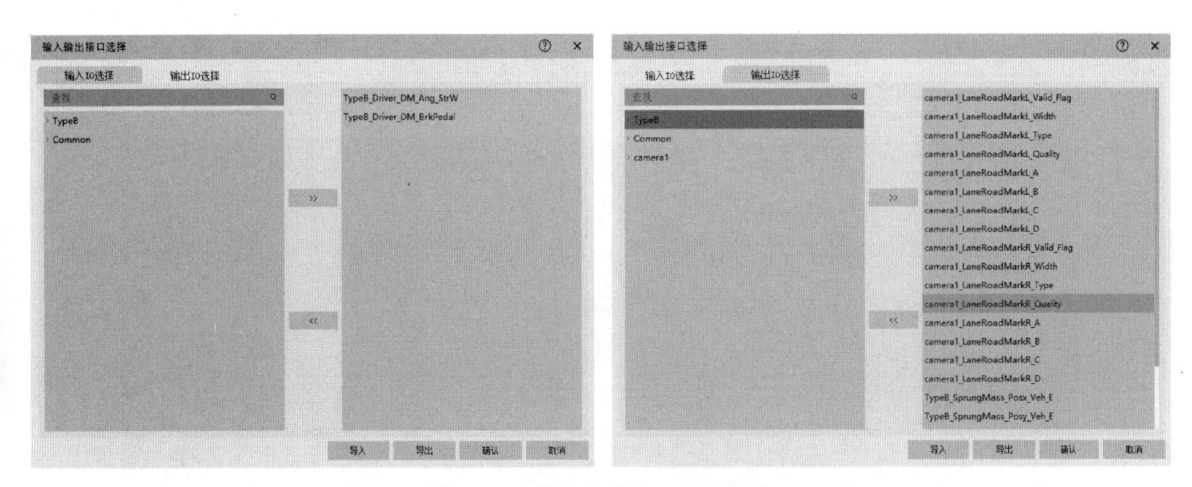

图 5-40　输入输出接口选择界面

单击 ModelBase 主窗口工具栏上的 Simulink 按钮，打开 Simulink 界面，即可看到一个带有输入输出接口的 s-function 模型。Simulink 界面如图 5-41 所示，可将提前搭建好的车辆保持算法复制到 Simulink 模型中，并实现算法和 s-function 模型的输入输出映射。

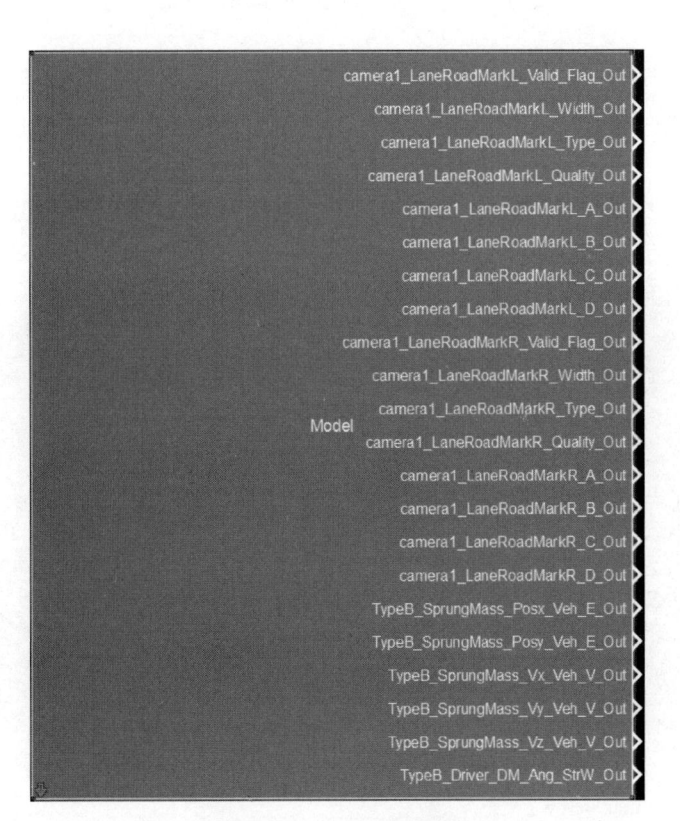

图 5-41　Simulink 界面

完成车辆保持算法和接口映射后，可单击 ModelBase 主窗口或 Simulink 界面上的"运行""停止""暂停"按钮进行算法仿真。

在直路上的仿真结果界面如图 5-42 所示，车辆纵向速度为 70km/h，以 0.5m/s 的侧向速度向左偏离，此时车道保持系统会被激活，以控制车辆回到车道中心。

图 5-42　在直路上的仿真结果界面

在半径为 250m 弯道上的仿真结果界面如图 5-43 所示，车辆纵向速度为 70km/h，以 0.5m/s 的侧向速度向左偏离，此时车道保持系统会被激活，控制车辆回到车道中心。

图 5-43　在半径为 250m 弯道上的仿真结果界面

## 5.6 自动泊车系统

自动泊车系统（Autonomous Parking System，APS）是利用车载传感器探测周围的有效泊车空间，并帮助驾驶员自动将汽车泊入目标车位，完成汽车泊车操作的汽车辅助驾驶系统。

根据车位类型的不同，自动泊车系统一般分为横向泊车、纵向泊车和斜向泊车 3 类（见图 5-44）。

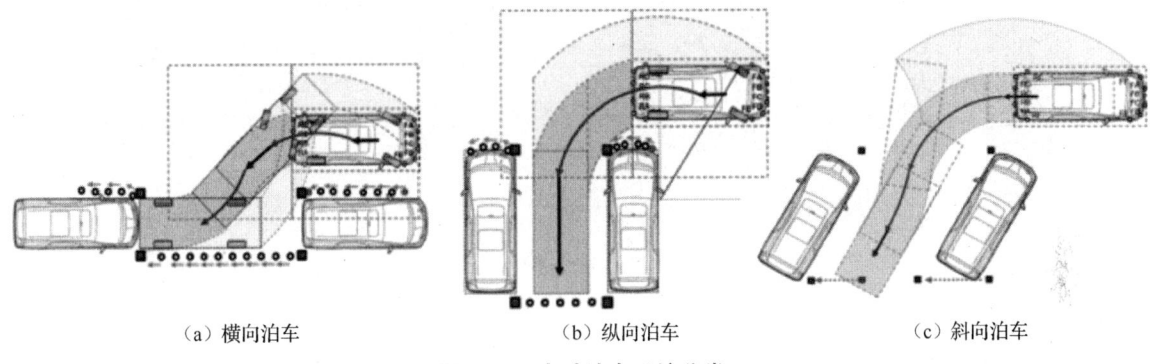

（a）横向泊车　　　　　　（b）纵向泊车　　　　　　（c）斜向泊车

图 5-44　自动泊车系统分类

按照自动化程度等级，自动泊车系统可以分为半自动泊车系统和全自动泊车系统两类。在半自动泊车系统中，驾驶员通过油门和刹车踏板控制车速，系统根据车速及周边环境规划路径并执行转向操作，该系统对应 SAE 智能驾驶级别中的 L1 级。全自动泊车系统可以控制转向和加减速等全部操作，驾驶员可在车内或车外监控，该系统对应 SAE 智能驾驶级别中的 L2 级。

自动泊车系统主要由感知模块、中央控制模块和运动控制执行模块组成。根据所采用的传感器的种类不同，自动泊车系统可以分为超声波自动泊车和基于超声波与摄像头的融合式自动泊车。超声波与摄像头的性能对比如表 5-2 所示。

表 5-2　超声波与摄像头的性能对比

| 传感器 | 探测范围 | 优点 | 缺点 | 泊车原理概述 | 现状 |
| --- | --- | --- | --- | --- | --- |
| 摄像头 | >5m | 能够识别色彩、形状等更多的环境信息 | 受光照、烟雾影响较大、距离信息不精确 | 多个摄像头获取环境信息，利用图像拼接技术再现车辆360°全息场景；通过图像处理方法，提取车位信息，定位车辆位置；进行路径规划；泊车时实时跟随车辆位置进行必要校正 | 多用于泊车辅助、全景显示 |
| 超声波 | ≤5m | 不受光照、烟雾等影响，成本低 | 只能测量距离，不能确定物体的确切方位 | 利用多个超声波传感器测距功能，探测车辆周围障碍物距离；根据车辆行驶距离、超声波传感器位置和距离变化推测出车位形状与位置；路径规划与泊车 | 目前量产车型中配置的自动泊车系统基本都基于超声波传感器实现 |

自动泊车系统的运行过程主要包括车位检测、路径规划、轨迹跟踪3个步骤。

（1）车位检测。借助车载传感器，如摄像头、超声波雷达等感知周围环境，确定障碍物的位置。自动泊车系统车位检测如图 5-45 所示。通过对环境区域的分析和建模，搜索有效车位，当找到可泊入的空闲车位后，等待驾驶员发送泊车指令。

图 5-45 自动泊车系统车位检测

（2）路径规划。驾驶员可以自主选择任意可泊入的车位进行自动泊车。汽车收到泊车指令后，ECU 会依据汽车的尺寸大小、车位信息及周围环境规划出一条合理的能使汽车安全泊入车位的泊车路径。自动泊车系统路径规划如图 5-46 所示。

图 5-46 自动泊车系统路径规划

（3）轨迹跟踪。通过协调控制油门、刹车、方向盘及变速箱，自动操纵汽车，使汽车根据预先规划的泊车路径泊入车位。在泊车过程中避障系统实时运行，避免碰撞周围障碍物或突然出现的行人及车辆。自动泊车系统轨迹跟踪如图 5-47 所示。

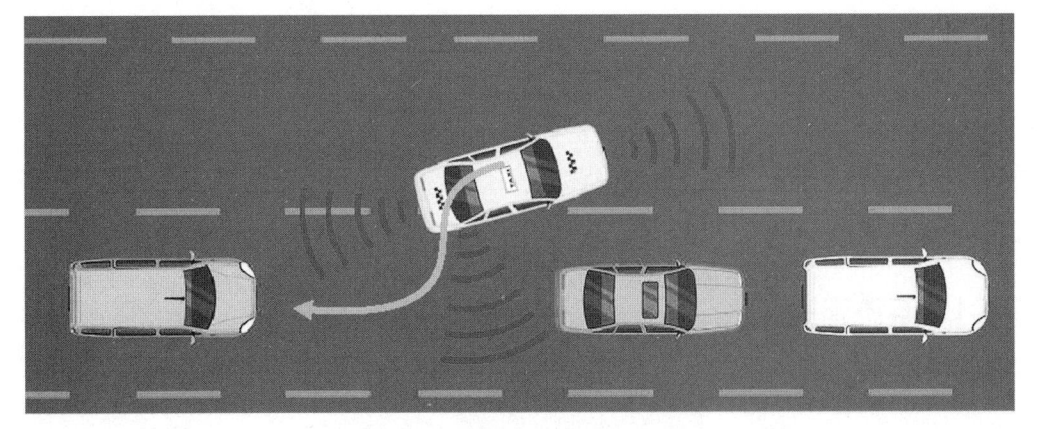

图 5-47 自动泊车系统轨迹跟踪

基于超声波雷达的车位识别技术对停车环境有一定的要求,需要空车位两侧有停放整齐的汽车或其他障碍物。超声波雷达识别车位如图 5-48 所示。该方法虽然检测精度不高,但是其成本低、检测方法简单,所以在自动泊车系统中应用广泛。

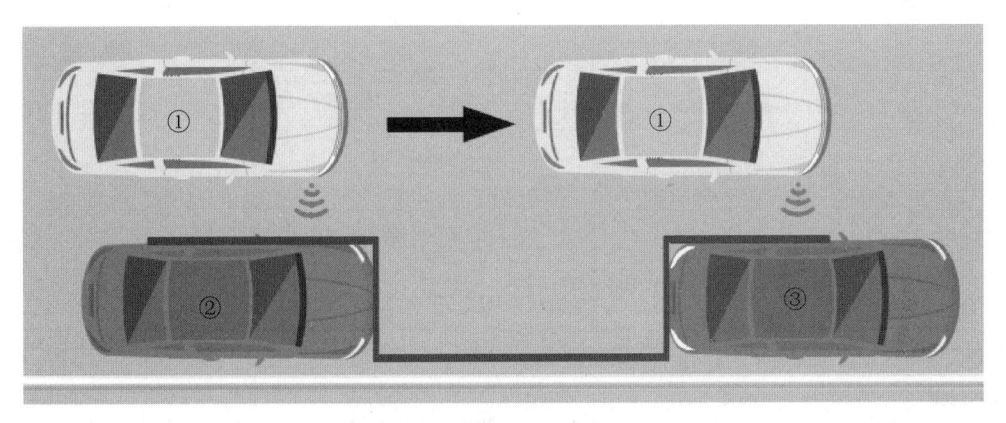

图 5-48 超声波雷达识别车位

当仅使用超声波雷达探测泊车位时,由于存在雷达张角,故存在探测精度较低等问题。因此,在超声波雷达的基础上增加视觉传感器,通过数据融合提高泊车位的探测精度。常见的传感器配置方案如下:在车身左右两侧的同样高度各安装 2 个长距离超声波雷达,用于探测车位纵深长度;在车身前后的车牌上方、车身左右的后视镜下方各安装 1 个鱼眼摄像头,用于识别车位周围车辆的轮毂;在后车轮处安装里程计,用于读取主车行走的距离。融合视觉的车位识别传感器方案如图 5-49 所示。

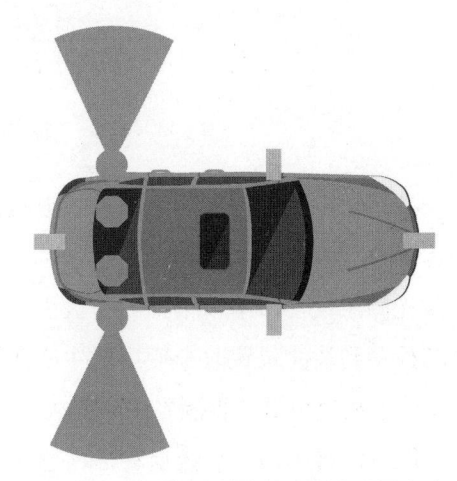

图 5-49 融合视觉的车位识别传感器方案

在车位识别过程中实时融合超声波传感器、视觉信息传感器和里程计的特征数据，获取车位周围的空间几何参数，并将其导入车位空间模型。模糊推理模块输入车位空间模型提取的车位特征参数，输出车位类型辨识结果。

总之，自动泊车系统对新手驾驶员来说是一项相当便捷的配置，不仅可以节约因不熟练停车所花费的时间，还可以在一定程度上避免因停车发生的剐蹭事故。

### 5.6.1 系统建模

在 MATLAB/Simulink 中搭建典型的自动泊车系统模型（见图 5-50），包括传感器接口、感知模块、轨迹规划模块、轨迹跟踪模块、通信模块和可视化模块。传感器接口接收 ModelBase 传输过来的所有传感器信号，并对其进行简单滤波。通信模块将油门开度、制动压力、方向盘转角和挡位的控制信号传递给 ModelBase 软件中的车辆动力学模型。

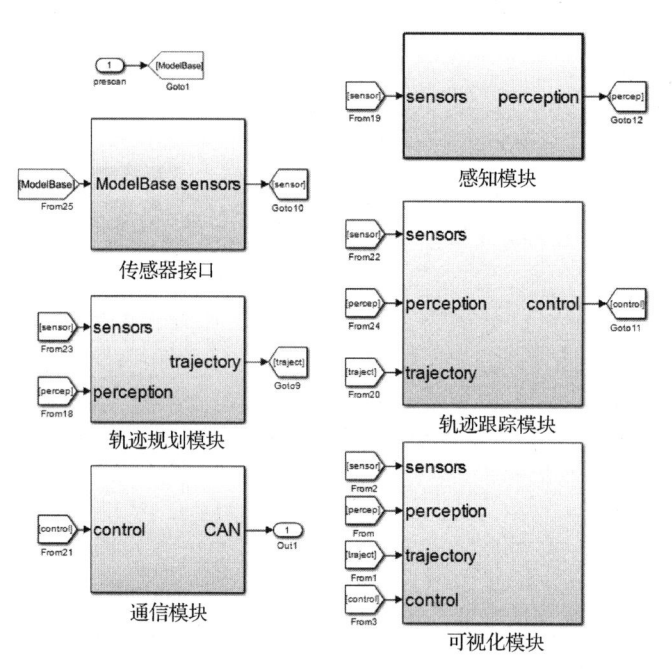

图 5-50 自动泊车系统模型

在感知模块中，自动泊车系统根据激光测距仪感知的距离信息判断车位的边缘位置，结合编码器输出的里程，计算车位的大小和被测车辆相对于车位的位置。在判断车位的边缘位置时，若激光测距仪前后两帧数据的差大于一定阈值，则可判断检测边缘位置，记录激光测距仪的数据和检测到边缘位置时车辆后轴中心的里程。最终根据记录的数据推算出车位大小和被测车辆与车位的相对位置是否满足泊车需求。

同时，自动泊车系统启动后，感知模块中的轨迹推演程序开始根据车辆后轴中心的里程和车辆的横摆角计算被测车辆的运动轨迹。在感知到车位后，还需要计算出被测车辆相对于车位的位置。完成泊车路径规划后，被测车辆开始跟踪规划路况，此时还需要计算出被测车辆相对于规划路径的位置。

$$\begin{cases} x_v = x_v^f - (d_r - d_r^f)d_d \sin(\omega) \\ y_v = y_v^f + (d_r - d_r^f)d_d \cos(\omega) \end{cases} \quad (5\text{-}22)$$

式中，$x_v$、$y_v$ 为当前帧车辆后轴中心点的坐标；$x_v^f$、$y_v^f$ 为前一帧车辆后轴中心的坐标；$d_r$ 为当前帧车辆后轴中心的里程；$d_r^f$ 为前一帧车辆后轴中心的里程；$d_d$ 为当前帧车辆的行驶方向，前进为 1，倒退为 -1；$\omega$ 为当前帧车辆的横摆角，单位为 rad 或°。

垂直泊车轨迹的优化如图 5-51 所示，图中 $d_i$ 为垂直泊车轨迹终点深入车位的距离，$d_o$ 为垂直泊车轨迹突出车位的距离。

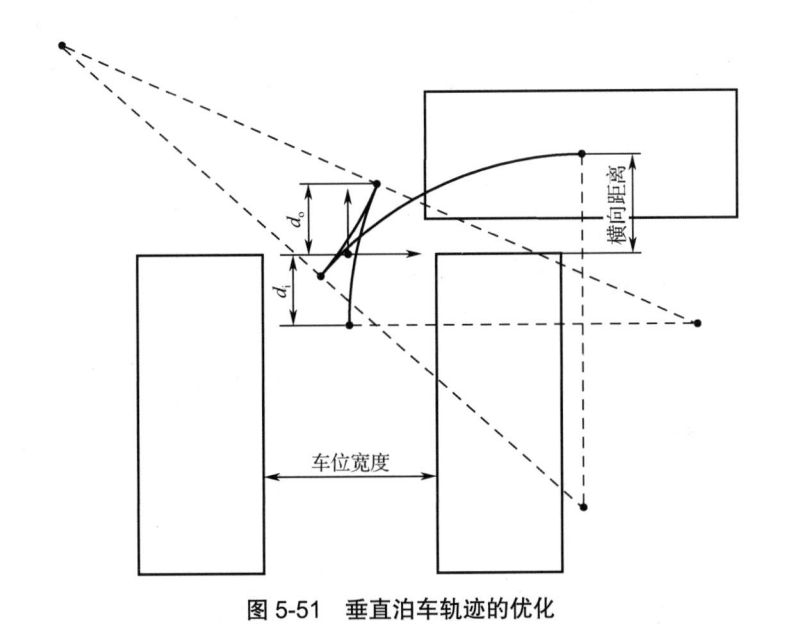

图 5-51 垂直泊车轨迹的优化

平行泊车轨迹的优化如图 5-52 所示，图中 $d_u$ 为平行泊车轨迹到上边缘的距离，$d_s$ 为平行泊车轨迹中直线的长度，$a_a$ 为平行泊车轨迹中最后一段圆弧的圆心角。

利用纯跟踪（Pure Pursuit）算法进行泊车的横向控制，利用 PID 算法控制被测车辆，使其保持稳定、低速行驶，从而逐段跟踪规划出的泊车路径。在选取预瞄点时先搜索距离被测车辆最近的轨迹点，当该点与被测车辆的距离大于预瞄距离时，以最近点为预瞄点，否则沿着轨迹搜索刚刚超出预瞄距离的轨迹点，以该点为预瞄点。找到预瞄点后即可根据预瞄角度计算对应的方向盘转角。方向盘转角计算示意图如图 5-53 所示。

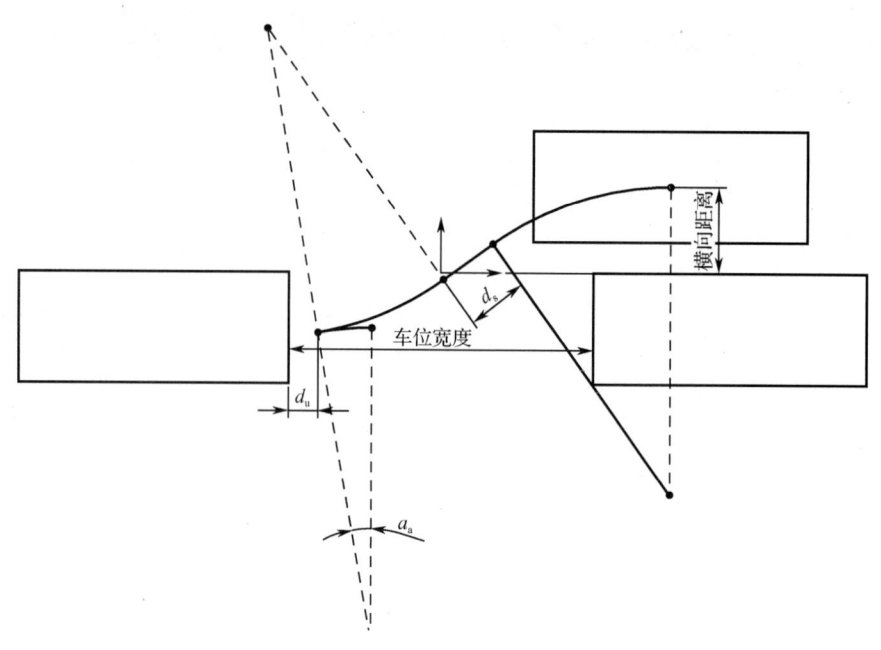

图 5-52 平行泊车轨迹的优化

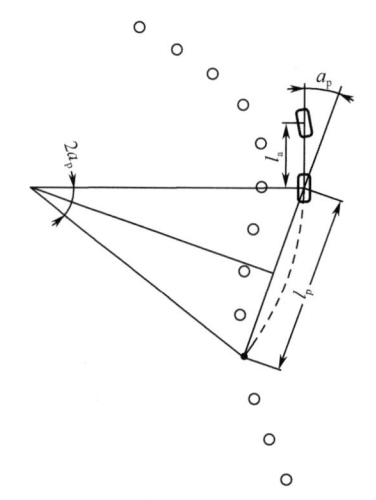

图 5-53 方向盘转角计算示意图

根据预瞄角度和预瞄距离计算方向盘转角为

$$\alpha_s = -d_d \arctan\left(\frac{2l_a \sin a_p}{l_p}\right) i_s \tag{5-23}$$

式中，$i_s$ 为转向系传动比；$a_p$ 为预瞄角度；$l_p$ 为实际预瞄距离；$l_a$ 为被测车辆轴距。

## 5.6.2 仿真实例

下面在 ModelBase 软件中搭建对应的工况进行仿真测试。可以在工程配置界面新建停车场地图，也可以直接使用 ModelBase 软件自带的 ParkingLot 停车场地图，本小节使用软件自带的地图，在该地图下创建场景，在场景编辑器中将车辆放在车位旁边的道路上，设置车辆速度为 3km/h。

搭建相应的自动泊车算法，使用 MIL 的方式对算法进行仿真验证，首先在车辆上安装传感器，这里为车辆配置 2 个超声波雷达和 4 个鱼眼摄像头。目标传感器配置界面如图 5-54 所示，摄像头配置界面如图 5-55 所示。

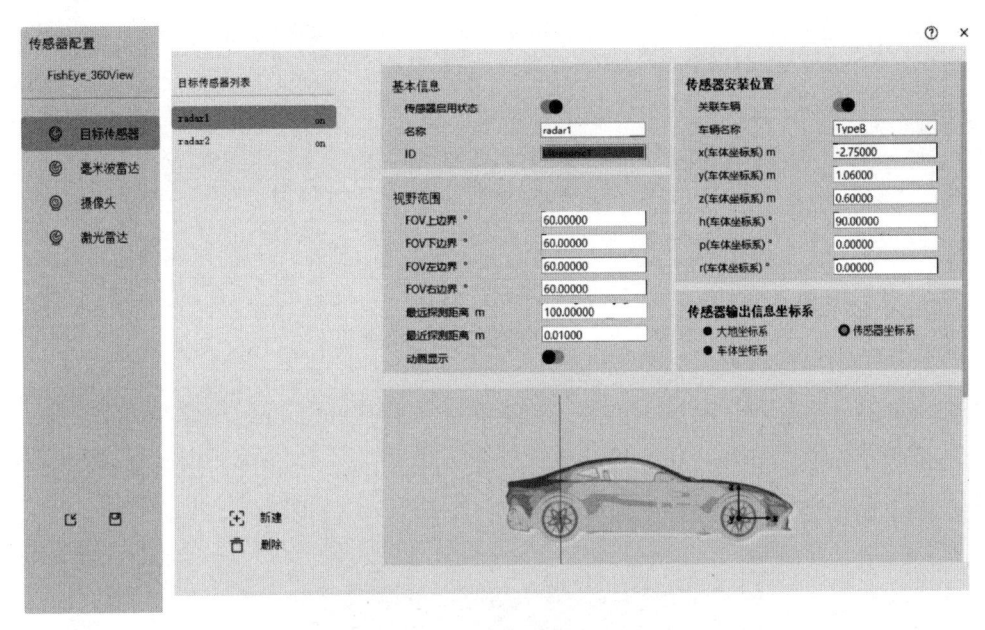

图 5-54 目标传感器配置界面

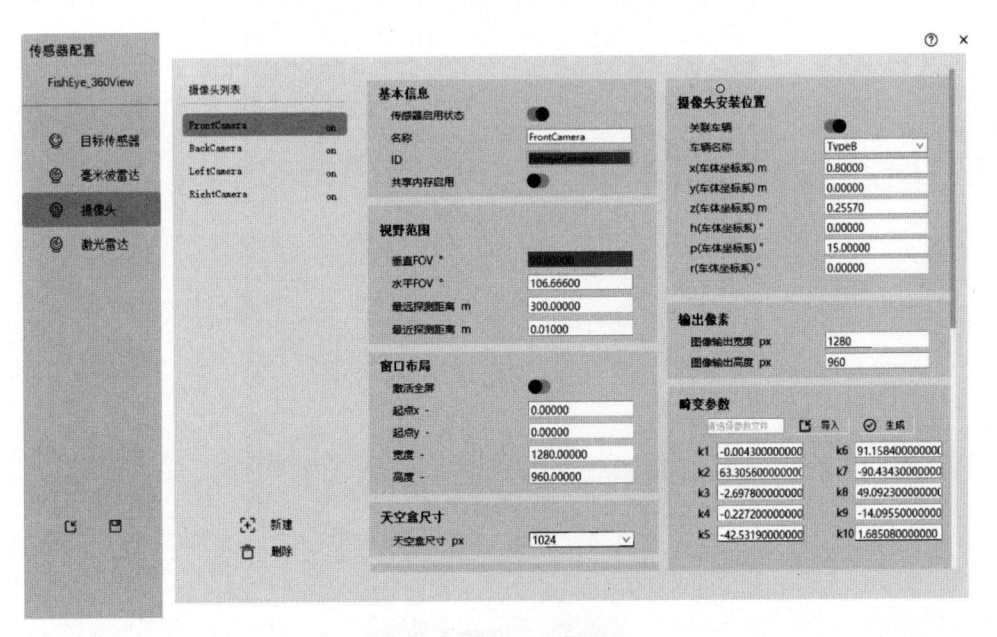

图 5-55 摄像头配置界面

设置算法和模型的输入输出接口，选择 ModelBase 的输入接口为方向盘转角、加速和制动踏板，输出接口为超声波雷达检测到的周围车位的位置信息（如车位的 4 个定点位置），以及车辆当前位置、行驶速度和方向盘转角等行驶参数信息（见图 5-56）。

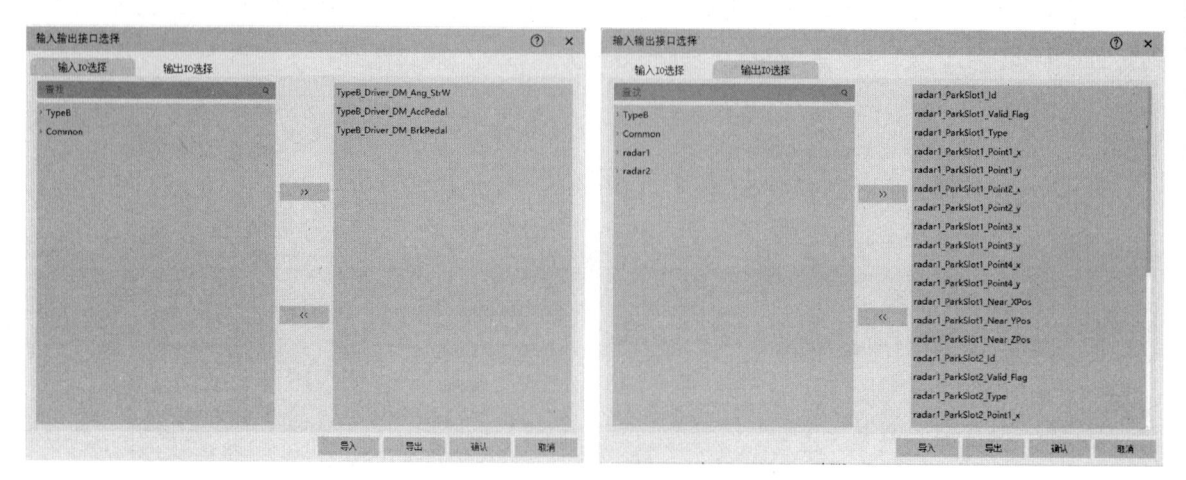

图 5-56　输入输出接口选择界面

单击 ModelBase 主窗口工具栏上的 Simulink 按钮，打开 Simulink 界面，即可看到一个带有输入输出接口的 s-function 模型。Simulink 界面如图 5-57 所示，可将提前搭建好的自动泊车算法复制到 Simulink 模型中，并实现算法和 s-function 模型的输入输出映射。

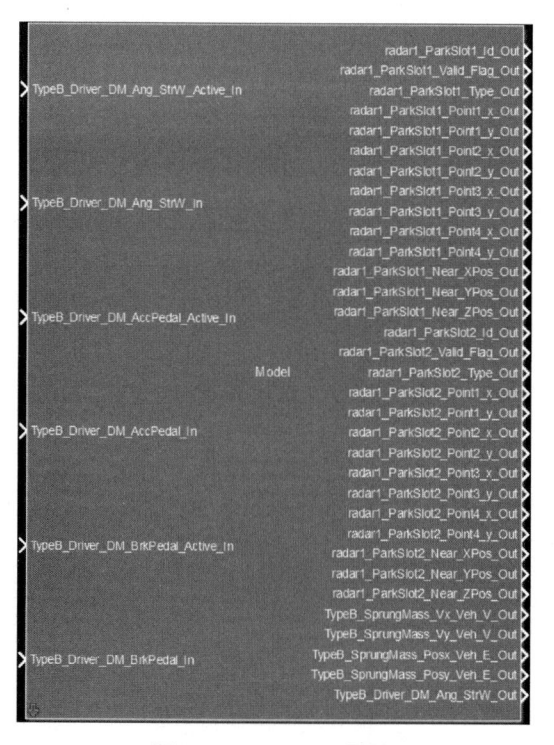

图 5-57　Simulink 界面

在完成自动泊车算法和接口映射后,可单击 ModelBase 主窗口或 Simulink 界面上的"运行""停止""暂停"按钮进行算法仿真。

车辆在停车场进行泊车测试如图 5-58 所示。自动泊车算法通过传感器检测到车位后,启动自动泊车功能,控制主车进行泊车。

图 5-58 车辆在停车场进行泊车测试

## 5.7 基于导航的自动驾驶辅助系统

基于导航的自动驾驶辅助系统也被称为导航辅助驾驶,其允许车辆在特定条件下按照高精地图导航规划的路径自动巡航行驶,并具备自动变道和自主超车等能力。该系统将导航系统、高精地图、自动驾驶辅助系统紧密结合在一起,在一定程度上实现了点到点的完全自动驾驶。

导航系统结合 GPS、北斗等全球定位系统及车身的惯导系统进行精确定位,配合电子地图进行实时路径规划,最终快速且准确地告诉驾驶员去往目的地的最佳路径。

高精地图包括车道、道路曲率、坡度、交通标志和道路设施等信息。高精地图和车载摄像头、毫米波雷达等传感器让车辆拥有更好的感知能力,帮助车辆执行机构更好地做出预判和动作执行。

目前,自动驾驶辅助系统一般指 L2 级智能驾驶辅助系统,SAE 对 L2 级智能驾驶的定义为:车辆对方向盘和加速中的多项操作提供驾驶,人类驾驶员负责其余的驾驶动作。即在行驶过程中车辆能自主控制方向（横向）并且自动加速或制动（纵向），但驾驶员必须专注并实时监控周围的环境情况，做好随时接管车辆的准备。目前流行的 L2 级智能驾驶辅助系统除包括本章已经介绍的前向碰撞预警系统、自适应巡航控制系统、车道偏离预警系统和车道保持系统外，还包括主动刹车系统、人脸识别系统和自动泊车系统等。

NOP（Navigate on Pilot）系统本质是将"导航"和"辅助驾驶"结合在一起，在 L2 级智能驾驶辅助系统的基础上增加高精地图的导航信息，自动变道行驶，从而实现从 $A$ 点到 $B$ 点的智能驾驶。这和人脑类似，人在开车时，通常一边看导航地图，一边看路上的车道线和车辆。二者相结合就能操纵方向盘以调整车姿、变道行驶及转向；控制油门和刹车加速、减速及匀速行驶，从而实现自动驾驶汽车。

NOP 系统最典型的应用情景是在高速或高架上。车辆开启 NOP 系统后，其在特定的路段内自主判断驶入、驶出高速或高架的时机，在行驶过程中自主调节车速，自主判断超车的时机，并实现自动变道超车而不需要人为干预，最终完成一系列智能驾驶。此类情况称为高速 NOP，也是如今导航辅助驾驶最常用的情景。

在高精地图覆盖的范围内，高速 NOP 具体可以实现如下功能。

### 1. 自动汇入主路

车辆根据导航指引进入匝道，根据不同的信息源获取当前行驶道路和前方道路的限速信息，自主选择变更车道；依据限速信息及周围的车辆情况调节车速，辅助车辆在变道后汇入主路，并按照导航指示路径行驶（见图 5-59）。

图 5-59　自动汇入主路

### 2. 智能选择最优车道

车辆根据对行驶路径上交通流的感知，智能选择最优车道（见图 5-60）。例如，在发现前车以低于巡航设定的车速行驶时，系统辅助车辆并至更快车道；在获取前方道路施工信息时，系统提前将车辆并至非施工车道。该功能保证车辆更加迅速、有效地通过导航指示路径。

图 5-60　智能选择最优车道

### 3. 根据导航规划自动切换至下一条高速或高架

车辆根据高精地图的交通信息、标志信息和视觉识别的路牌信息，结合导航规划，自主并至最右侧车道，在交叉路口进行变道或转向，继续行驶至下一条高速或高架，车辆自动切换路径如图 5-61 所示。

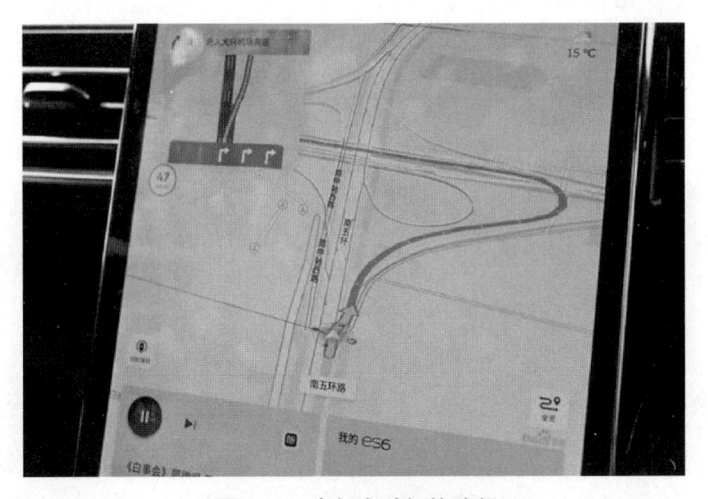

图 5-61　车辆自动切换路径

### 4. 自动驶离主路

车辆将提前自动择机向右并至最外侧车道，再根据导航指引驶入匝道。在并至最外侧车道到驶入匝道前，车辆不再尝试超越慢车。在驶入匝道时，车辆根据高精地图限速信息及周边驾驶环境信息自动调节车速，自动打灯变道，即从主路驶出并进入匝道；继续行驶并将提示导航辅助驾驶即将结束，提醒驾驶员接管车辆，待驾驶员接管后，导航辅助驾驶结束。自动驶离主路如图 5-62 所示。

图 5-62　自动驶离主路

　　NOP 系统适用于高速公路和城市道路，但城市道路的交通复杂度远高于高速公路。在城市道路上的导航辅助驾驶情形可以称为城市 NOP，由于城市出行覆盖了用户大部分的出行场景，因此城市 NOP 将会大大减轻驾驶员的驾驶负担。

　　在 NOP 系统发展的同时，导航辅助硬件的基本结构也随之变化。高速 NOP 简单使用 5 个毫米波雷达，其中，1 个长距雷达用于探测前方路况，实现纵向运动和加减速探测，4 个短距雷达用于横向运动和变道探测横行车辆障碍物等；至少有一个前视摄像头用来感知路径及识别道路上的物体等；一个高精地图模块；一套高精定位，包括 GNSS 及 IMU；还有必不可少的处理器用来处理图像 AI 及雷达感知。城市 NOP 主要增加了 360° 视觉感知，800 万像素摄像头，以及激光雷达和超过几百 TOPS 的处理单元。点到点的导航辅助驾驶是泊出车位、城市 NOP、高速 NOP 和泊入车位的功能集合。此阶段的硬件配置已经足够，只须软件迭代成熟即可。

　　总之，NOP 系统是导航系统、高精地图与自动驾驶辅助系统的深度融合，在自动驾驶辅助功能已实现的巡航车速控制、车距保持、转向辅助和转向灯控制变道等功能的基础上，使车辆在高精地图覆盖范围内的大部分高速公路及城市高架上，按照导航规划的路径实现自动汇入主路、在主路中巡航行驶并智能选择最优车道、根据导航规划自动切换到下一条高速或高架、自动驶离主路等操作。从技术科技感和用户体验感来看，导航辅助驾驶最能体现智能驾驶综合技术能力。基于导航的自动驾驶辅助系统已经成为通往高阶智能驾驶之路的重要起点。

## 5.7.1 系统建模

因为智能驾驶系统需要对车辆进行运动控制,所以需要建立一个准确的车辆运动学模型,模型的准确性将影响车辆的跟踪控制效果。我们采用 3 自由度车辆模型(见图 5-63)进行跟踪控制。3 自由度车辆模型的假设如下。

(1)不考虑车辆垂向的运动,假设车辆运动始终在一个二维平面内进行。

(2)假设左右两侧车轮任意时刻都拥有相同的转角和转速,则左右两侧车轮可以简化为一个车轮运动。

(3)假设行驶车速变化缓慢,忽略前后载荷转移的影响。

(4)假设车身和悬架都是刚性连接,不考虑车身与车轮之间的相对运动。

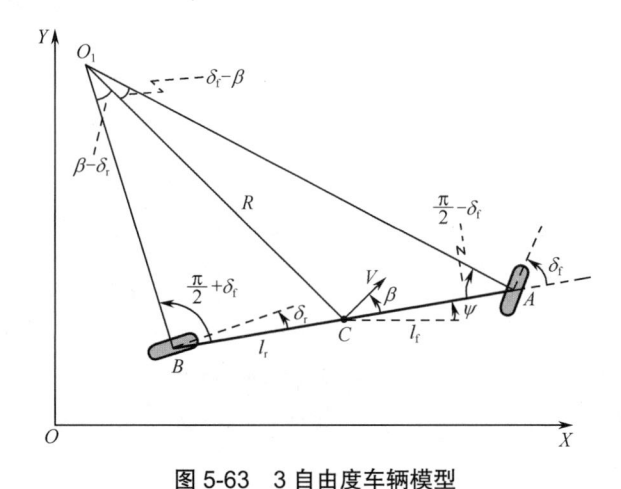

图 5-63  3 自由度车辆模型

简化后的车辆运动学模型为

$$\begin{bmatrix} \dot{x} \\ \dot{y} \\ \dot{\psi} \\ \dot{v} \end{bmatrix} = \begin{bmatrix} v\cos(\psi + \beta) \\ v\sin(\psi + \beta) \\ \dfrac{v\cos\beta}{L}\tan(\delta_f - \delta_r) \\ a \end{bmatrix} \tag{5-24}$$

式中,$\beta = \operatorname{atan}\left(\dfrac{l_f \tan\delta_f + l_r \tan\delta_r}{L}\right)$;$x$ 为车辆在 $x$ 轴方向上的位置;$y$ 为车辆在 $y$ 轴方向上的位置;$\psi$ 为车辆的航向角;$v$ 为车辆重心位置的车速;$a$ 为车辆重心位置的加速度;$\beta$ 为车辆的滑移角;$\delta_f$ 为车辆的前轮侧偏角;$\delta_r$ 为车辆的后轮侧偏角;$L$ 为车辆的轴距;$l_f$ 为前桥到车辆重心的纵向距离;$l_r$ 为后桥到车辆重心的纵向距离。

假如车辆的运动和转向都由前轮驱动,则模型可以进一步简化(见图 5-64),式(5-24)可以简化为

$$\begin{bmatrix} \dot{x} \\ \dot{y} \\ \dot{\psi} \\ \dot{v} \end{bmatrix} = \begin{bmatrix} v\cos\psi \\ v\sin\psi \\ \dfrac{v}{L}\tan\delta_f \\ a \end{bmatrix} \quad (5\text{-}25)$$

由式（5-24）和式（5-25）描述的车辆运动学方程只适用于车速变化较缓、车速较低的平面运动。在车速较高时，车轮的侧滑角不能忽略，此时车辆模型需要考虑车辆动力学模型（见图5-65），可以用式（5-26）表示。

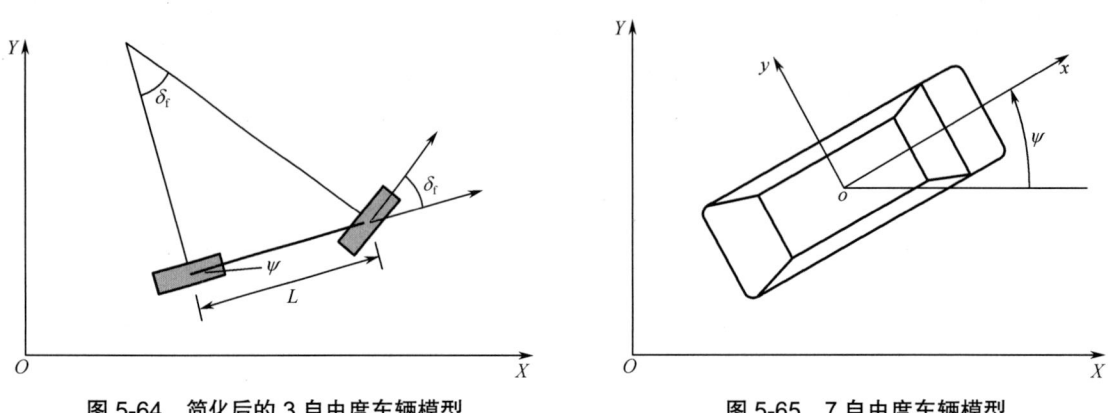

图 5-64　简化后的 3 自由度车辆模型　　　　图 5-65　7 自由度车辆模型

$$\begin{bmatrix} \dot{X} \\ \dot{Y} \\ \dot{x} \\ \dot{y} \\ \dot{v}_x \\ \dot{v}_y \\ \ddot{\psi} \end{bmatrix} = \begin{bmatrix} v_x\cos\psi - v_y\sin\psi \\ v_x\sin\psi + v_y\cos\psi \\ v_x \\ v_y \\ \dfrac{2C_{\alpha f}s_{xf} + 2C_{\alpha r}s_{xr} - 0.5\rho C_d A(v_x + v_{\text{wind}})^2}{m} + v_y\dot{\psi} \\ \dfrac{2C_{\alpha f}\left(\delta - a\tan\left(\dfrac{v_y + l_f\dot{\psi}}{v_x}\right)\right) - 2C_{\alpha r}a\tan\left(\dfrac{v_y - l_r\dot{\psi}}{v_x}\right)}{m} - v_x\dot{\psi} \\ \dfrac{2l_f C_{\alpha f}\left(\delta - a\tan\left(\dfrac{v_y + l_f\dot{\psi}}{v_x}\right)\right) + 2l_r C_{\alpha r}a\tan\left(\dfrac{v_y - l_r\dot{\psi}}{v_x}\right)}{I_z} \end{bmatrix} \quad (5\text{-}26)$$

式中，$X$ 和 $Y$ 为大地坐标系；$x$ 和 $y$ 为车身坐标系；$v_x$ 和 $v_y$ 分别为车辆重心位置在车身坐标系下的纵向速度和横向速度；$\psi$ 为车辆的航向角；$C_{\alpha f}$ 和 $C_{\alpha r}$ 分别为前轮和后轮的侧偏刚度；$l_f$ 和 $l_r$ 分别为车辆重心到前轴和后轴的距离；$a$ 为车辆的纵向加速度；$\delta$ 为前轮侧偏角；$s_{xf}$ 和 $s_{xr}$ 分别为前轮和后轮的滑移率；$\rho$ 为空气密度；$C_d$ 为风阻系数；$A$ 为汽车迎风面积；$v_{\text{wind}}$ 为汽车迎风面的风速。

建立车辆动力学模型之后，可以按自动驾驶仿真流程进行自动驾驶仿真（见图 5-66）。自动驾驶辅助系统分为感知系统、规划系统和控制系统。感知系统通过车载传感器、车联网信息、车载高精地图等实现环境感知和车辆定位，为车辆规划提供必要的感知信息；规划系统通过感知信息和车联网信息对车辆的任务、行为和运动进行规划，为车辆的控制提供决策信息；控制系统通过路径跟踪和轨迹跟踪控制，以及下层控制器的执行器的跟踪控制，最终实现车辆的智能驾驶。

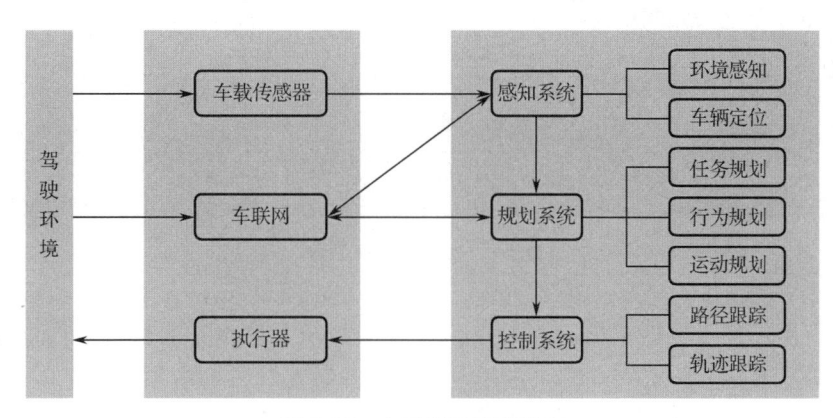

图 5-66 自动驾驶仿真流程

## 5.7.2 仿真应用

下面在 ModelBase 软件中搭建对应的工况进行仿真测试。如果没有完善的基于导航的智能驾驶算法，则可直接使用 ModelBase 软件自带的城市地图和高速地图进行仿真，在场景编辑器中添加主车后，为主车设定起点和终点，主车会根据起点和终点规划一条最短的行驶路径（见图 5-67）。

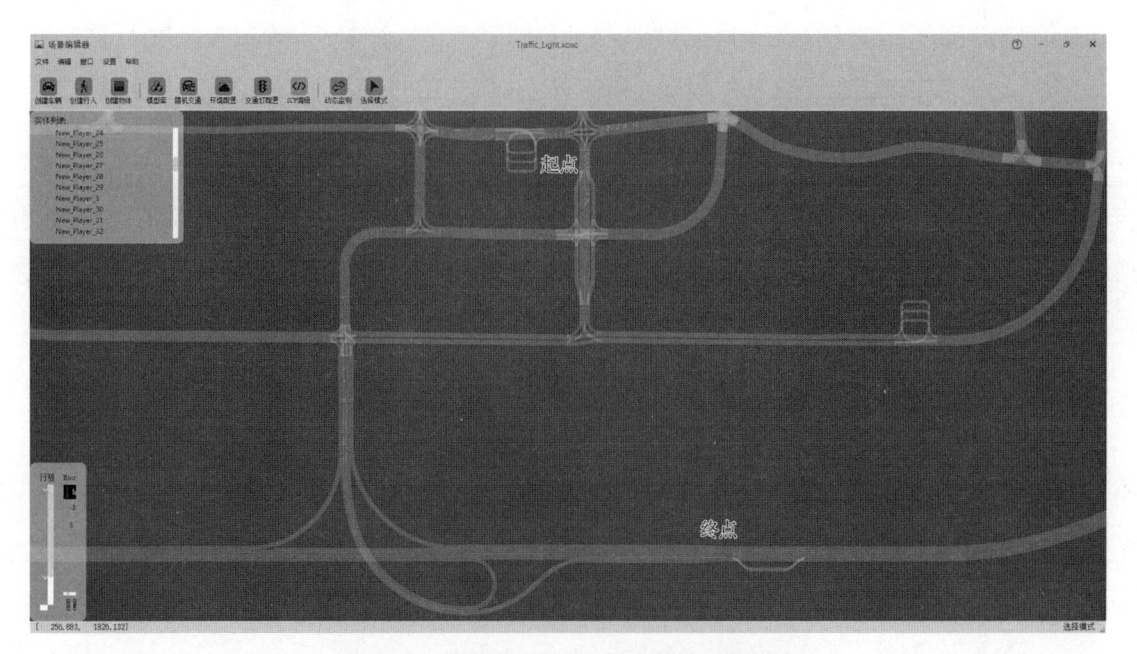

图 5-67 车辆基于起点和终点搜索运行轨迹

在运行仿真过程中，主车会沿着规划的轨迹行驶（见图 5-68）。

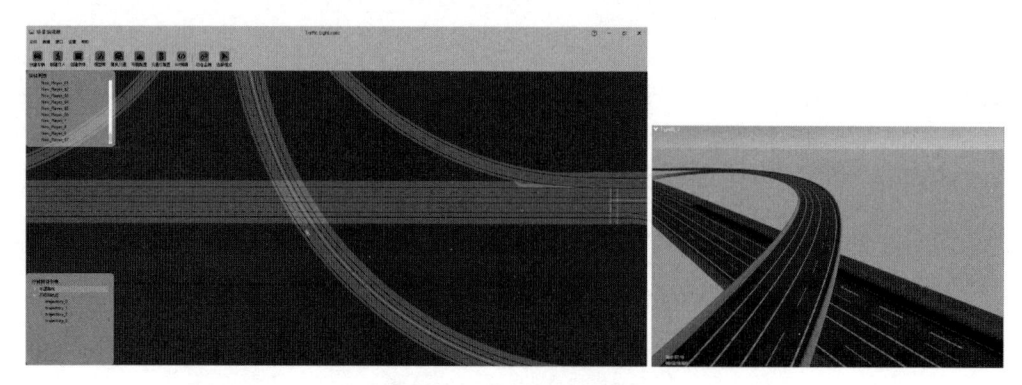

图 5-68  仿真测试界面

如果有完善的基于导航的智能驾驶算法，可以使用 MIL 的方式对算法进行仿真验证。首先在车上安装 GNSS 惯导以获取主车的位置和速度等行驶参数信息，并安装摄像头、毫米波雷达、超声波雷达等传感器获取车辆行驶过程中周围行驶环境。传感器配置界面如图 5-69 所示。

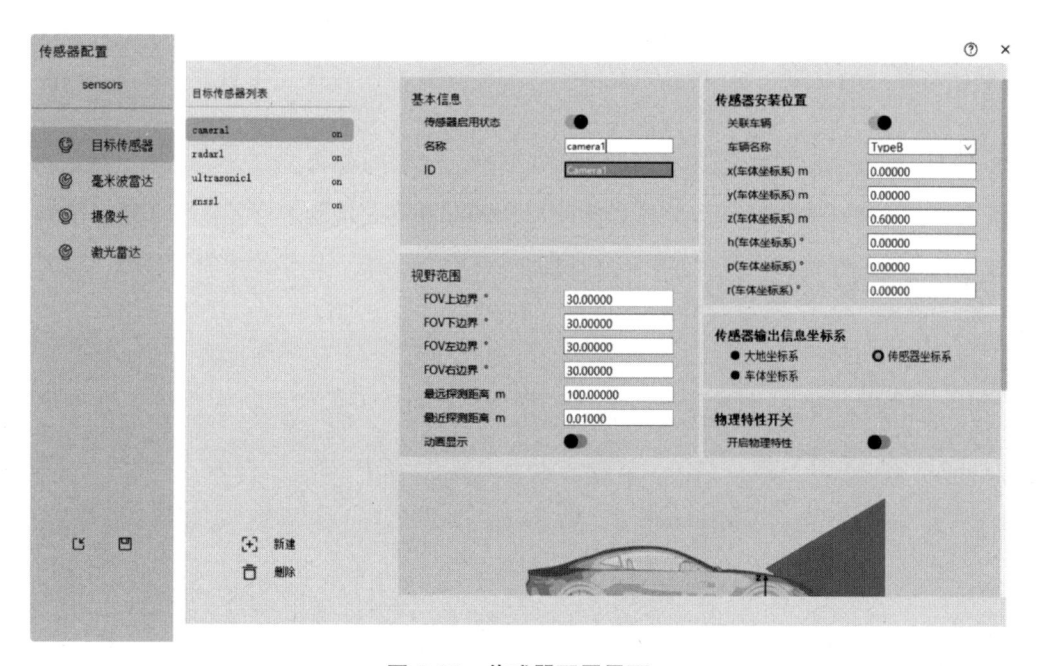

图 5-69  传感器配置界面

设置算法和模型的输入输出接口，在"输入 IO 选择"节点选择 ModelBase 软件的输入接口为方向盘转角、加速踏板和制动踏板，选择 ModelBase 软件的输出接口为惯导 GNSS 输出的主车行驶参数信息（位置、速度、方向盘转角和车身姿态等），以及其他目标传感器输出的周围行驶环境信息等。输入输出接口选择界面如图 5-70 所示。

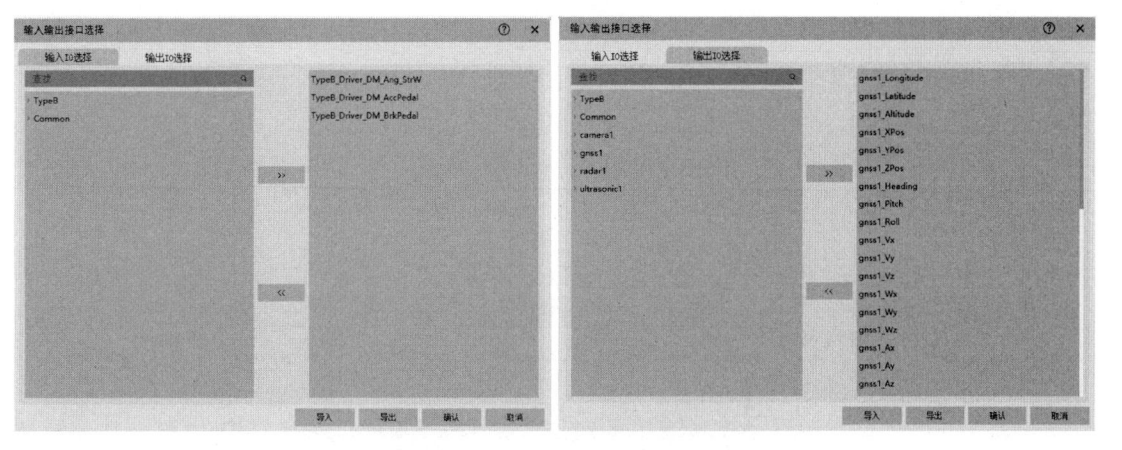

图 5-70 输入输出接口选择界面

单击 ModelBase 主窗口工具栏上的 Simulink 按钮，打开 Simulink，可以看到一个带着输入输出接口的 s-function 模型，可以把提前搭建好的前向碰撞算法复制到该 Simulink 模型中，并实现算法和 s-function 模型的输入输出映射（见图 5-71）。

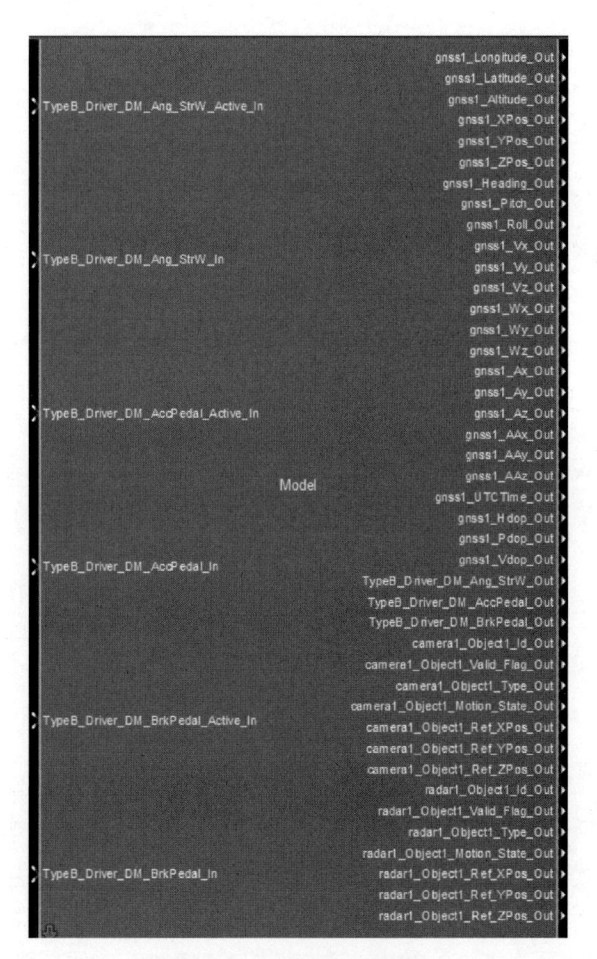

图 5-71 Simulink 界面

完成基于导航的智能驾驶算法和 ModelBase 的接口映射，就可以单击 ModelBase 主窗口或者 Simulink 界面上的"运行""停止""暂停"按钮进行算法仿真。

## 5.8 自主代客泊车系统

自主代客泊车（Autonomous Valet Parking，AVP）系统是目前最高级别的自动泊车技术，Valet 即酒店侍从，意为代客泊车，实现从停车场入口、出口与车位之间的特定区域内完全自主的智能驾驶。作为智能驾驶在泊车场景下的应用，自主代客泊车系统可帮助用户节省大量寻找车位、停车及找车的时间，解决高峰期排队停车的痛点。自主代客泊车系统场景概览如图 5-72 所示。

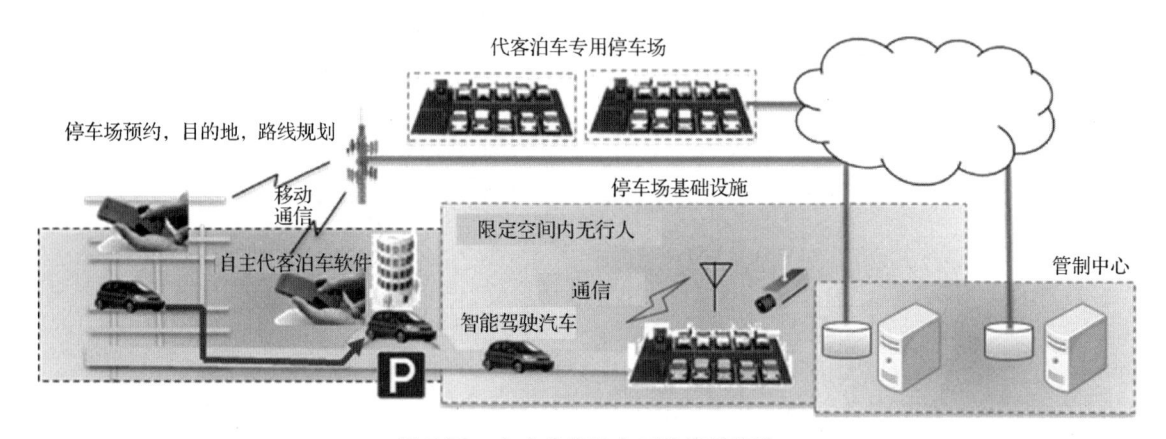

图 5-72 自主代客泊车系统场景概览

典型的自主代客泊车系统功能的实现包含以下 4 个部分。
（1）用户到达停车场入口或附近后，通过手机端开启自主代客泊车系统功能。
（2）车辆接收自主代客泊车系统功能启用指令后，自行进入停车场，在停车场中找到可用的车位，并停在车位上。
（3）当用户需要用车的时候，再次通过手机端远程召唤，指定自己需要上车的位置。
（4）车辆接收召唤指令后，自行离开车位，到达指定位置，用户上车。

自主代客泊车系统功能可拆解为 4 项关键子功能：一是手机与车辆互联，二是车辆在停车场内寻找车位，三是车辆自动泊入车位，四是用户远程召唤车辆。

从用户角度看，其核心功能为通过 App 实现一键泊车与一键召唤。当启动一键泊车功能后，无人驾驶车辆全程自主寻径，自动寻找车位和泊车入库；当启动一键召唤功能后，用户可提前召唤车辆自动驶出，前往指定位置等待。

目前，自主代客泊车系统有车端和场端两种智能技术路线。车端智能技术路线的优势在于对停车场的依赖小，不改造或简单改造停车场的标志、标线、光线和网络环境，适用场景广泛，更容易推广应用；但其劣势在于对感知、计算平台的要求高，要求汽车自身具有高度智能化，成本高。场端智能技术路线的优势在于车辆只需具备线控能力，对车辆要求较低；但其劣势在于仅在改造过的停车场可用，范围受限，对停车场投资较大，投资回报周期长。

车场融合的智能技术路线可以降低场端投资，使车端和场端都具备一定的感知、定位和规划能力，提高系统安全性。

车端智能化主要依赖融合式全自动泊车的传感器配置，外加前视摄像头、V2X等设备实现特定区域内点到点的智能驾驶、自动车位扫描、自动泊入和自动泊出等功能。车辆自身具备车辆、行人等动态障碍物检测和识别功能，可实现自动紧急制动、避障等决策规划。场端智能化主要依托摄像头检测技术，实现对停车场车位占用情况的检测，并上传至停车场服务器，实现为自主泊车车辆提前分配车位信息的功能。

车端、场端、云端及手机端联合构成了完整的基于车场融合的自主代客泊车系统。该系统融合了车端和场端的优势，结合自动地锁、自动充电、无线充电和自动洗车等基础服务，构建更加智能、安全、丰富的闭环生态场景，因此车场融合是未来自主代客泊车技术的发展方向。基于车场融合的自主代客泊车系统如图 5-73 所示。

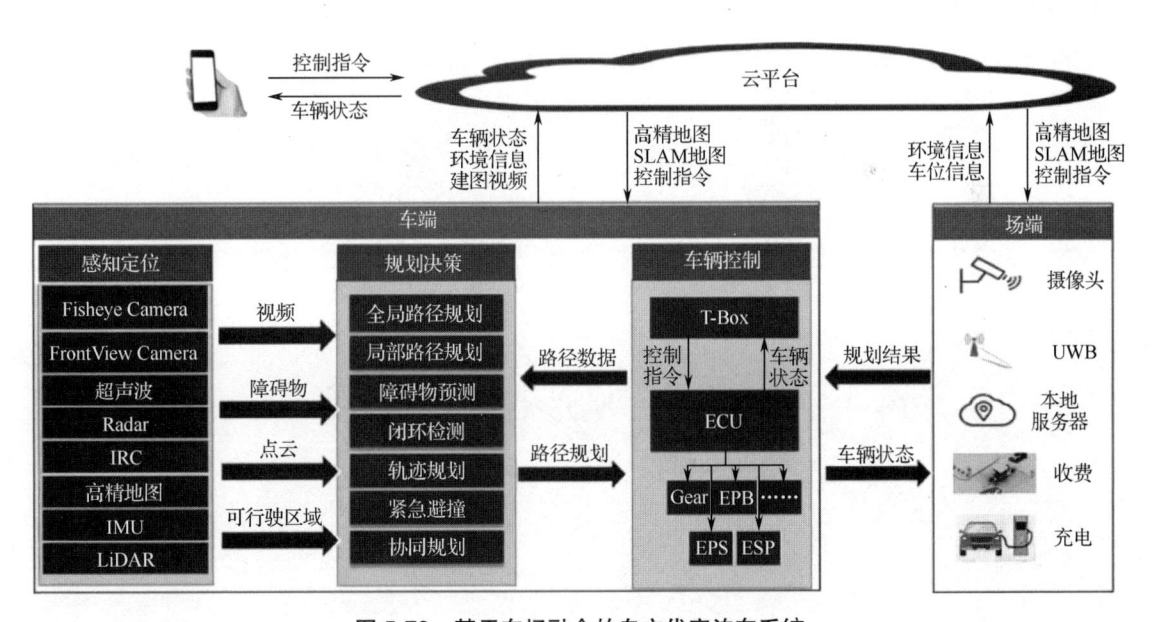

图 5-73 基于车场融合的自主代客泊车系统

## 5.8.1 系统建模

自主泊车控制需要建立 7 自由度车辆模型，分别考虑车身的纵向、侧向、横向运动，以及 4 个车轮转动的动力学模型（见图 5-74），车身的纵向、侧向和横向 3 个方向的动力学方程分别为

$$m(\dot{v}_x - \omega v_y) = (F_{x11} + F_{x12})\cos\delta_f - (F_{y11} + F_{y12})\sin\delta_f + (F_{x21} + F_{x22}) \quad (5\text{-}27)$$

$$m(\dot{v}_y + \omega v_x) = (F_{x11} + F_{x12})\sin\delta_f + (F_{y11} + F_{y12})\cos\delta_f + (F_{y21} + F_{y22}) \quad (5\text{-}28)$$

$$I_z\dot{\omega} = \frac{W_b}{2}((F_{x12} - F_{x11})\cos\delta_f + (F_{y11} - F_{y12})\sin\delta_f) + \frac{W_b}{2}(F_{x22} - F_{x21}) - l_r(F_{y21} + F_{y22}) +$$

$$l_f((F_{x11} + F_{x12})\sin\delta_f + (F_{y11} + F_{y12})\cos\delta_f) \quad (5\text{-}29)$$

4 个车轮转动的动力学模型分别为

$$I_w\dot{\omega}_{11} = T_{m11} - T_{b11} - r_e F_{x11} \quad (5\text{-}30)$$

$$I_w\dot{\omega}_{12} = T_{m12} - T_{b12} - r_e F_{x12} \quad (5\text{-}31)$$

$$I_w\dot{\omega}_{21} = -T_{b21} - r_e F_{x21} \quad (5\text{-}32)$$

$$I_w\dot{\omega}_{22} = -T_{b22} - r_e F_{x22} \quad (5\text{-}33)$$

在上述表达式中，$m$、$I_z$ 和 $I_w$ 分别为汽车总质量、汽车横摆转动惯量、单个车辆转动惯量；$v_x$ 和 $v_y$ 分别为重心位置的纵向速度和横向速度；$l_f$ 和 $l_r$ 分别为前轴和后轴到重心的距离；$W_b$ 为左右轮距；$\delta_f$ 为前轮侧偏角；$\omega$ 为汽车横摆角速度；$F_{x11}$、$F_{x12}$、$F_{x21}$ 和 $F_{x22}$ 分别为前后左右 4 个车轮的纵向分力；$F_{y11}$、$F_{y12}$、$F_{y21}$ 和 $F_{y22}$ 分别为前后左右 4 个车轮的横向分力；$T_{m11}$ 和 $T_{m12}$ 分别为左右前轮的驱动力矩；$T_{b11}$、$T_{b12}$、$T_{b21}$ 和 $T_{b22}$ 分别为前后左右 4 个车轮的制动力矩；$\omega_{11}$、$\omega_{12}$、$\omega_{21}$ 和 $\omega_{22}$ 分别为前后左右 4 个车轮的角速度；$r_e$ 为轮胎的半径。

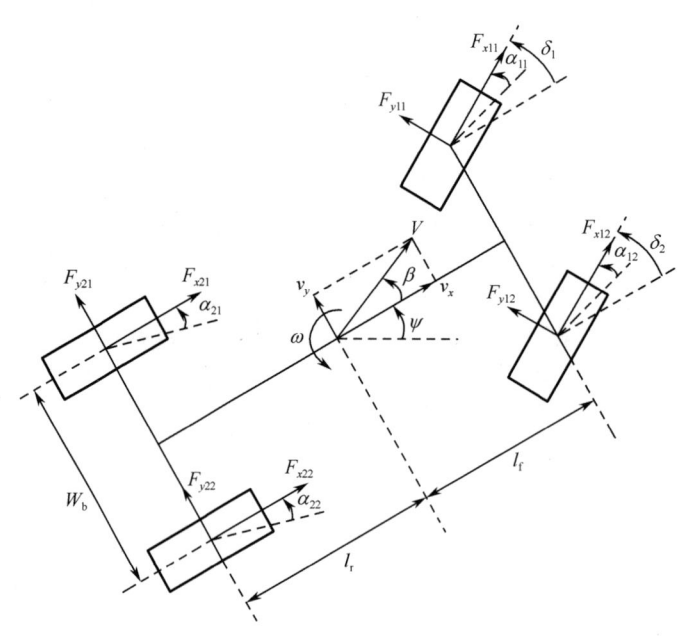

图 5-74　7 自由度车辆模型

建立了车辆模型之后，可以按如图 5-75 所示的自主代客泊车流程完成代客泊车操作。

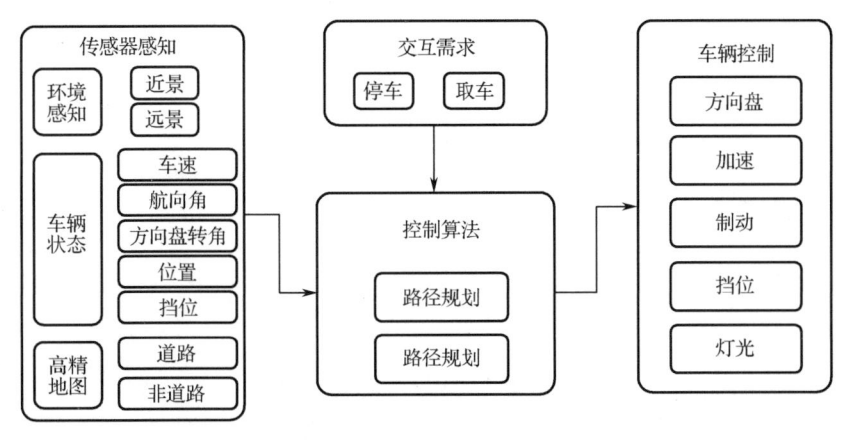

图 5-75 自主代客泊车的流程

## 5.8.2 仿真实例

下面在 ModelBase 软件中搭建对应的工况进行仿真测试。在 ModelBase 主窗口的工程配置窗口中新建停车场地图，也可以直接使用 ModelBase 软件自带的 Nanjing 地图中的停车场部分，这里使用软件自带的 Nanjing 地图，并在该地图下创建相应场景，即在场景编辑器窗口中将车辆放置在停车场地图外部。车辆进行自主代客泊车算法测试界面如图 5-76 所示。

图 5-76 车辆进行自主代客泊车算法测试界面

搭建相应的自主代客泊车算法，并可使用 MIL 的方式对算法进行仿真验证，首先在车上安装传感器，这里为车辆配置前置摄像头、毫米波雷达、车身周围的 4 个超声波雷达和 GNSS 等传感器，目标传感器配置界面如图 5-77 所示。

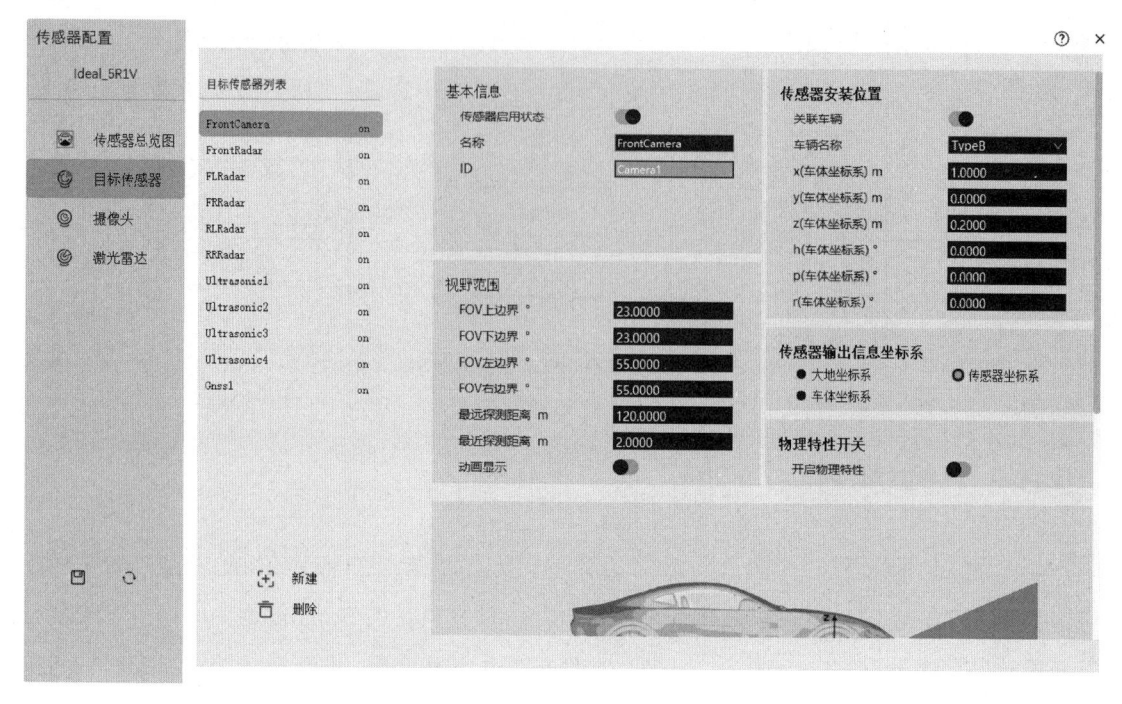

图 5-77　目标传感器配置界面

设置算法和模型的输入输出接口，选择 ModelBase 软件的输入接口为方向盘转角、加速和制动踏板，选择 ModelBase 软件的输出接口为摄像头和毫米波雷达检测到的行驶过程中遇到的障碍物目标的相关信息（障碍物相对本车的位置、距离和速度等信息）、超声波雷达检测到的周围停车位的位置信息（如停车位的 4 个定点位置信息），以及惯导 GNSS 输出的主车当前位置、姿态、行驶速度和方向盘转角等行驶参数信息；算法还需要输入周围停车场的高精地图信息等（见图 5-78）。

图 5-78　输入输出接口选择界面

单击 ModelBase 主窗口工具栏上的 Simulink 按钮，打开 Simulink 界面，即可看到一个带有输入输出接口的 s-function 模型。Simulink 界面如图 5-79 所示，可将提前搭建好的自主代客泊车算法复制到 Simulink 模型中，并实现算法和 s-function 模型的输入输出映射。

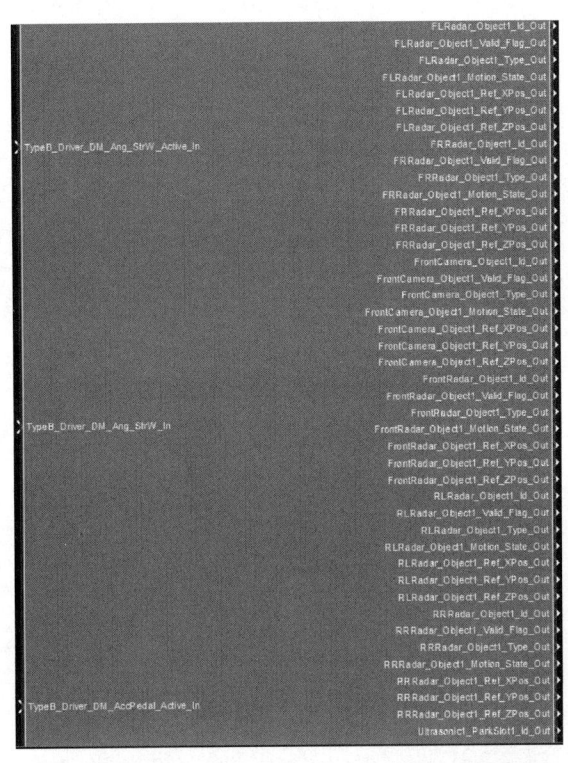

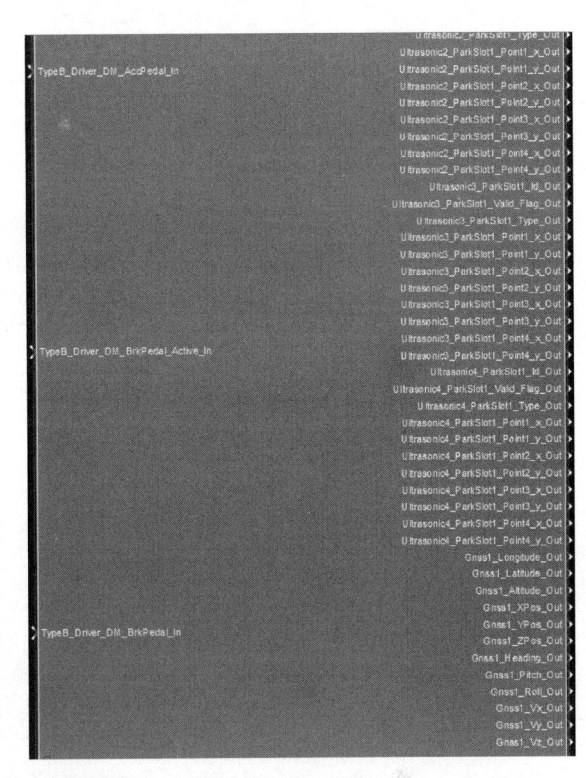

图 5-79　Simulink 界面

完成自主代客泊车系统算法和 ModelBase 软件的接口映射后，就可以单击 ModelBase 主窗口或者 Simulink 界面上的"运行""停止""暂停"按钮进行算法仿真。

车辆首先规划出一条由当前初始位置至停车场中空闲停车位位置处的可行驶路径（见图 5-80），代客泊车算法控制车辆运行至停车场中空闲的停车位位置处，然后通过传感器检测到附近空闲车位的相关信息，如停车位 4 个定点的位置信息等，最后通过自主泊车算法，控制车辆进行自动泊车。自主代客泊车算法仿真界面如图 5-81 所示。

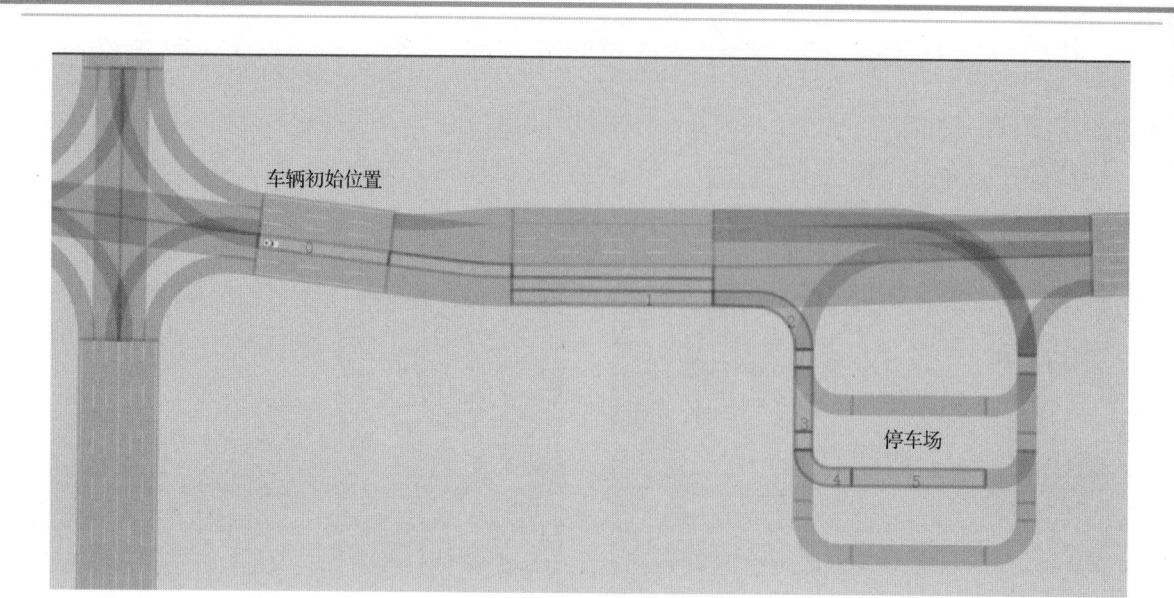

图 5-80　路径规划结果示意图

图 5-81　自主代客泊车算法仿真界面

# 思考题

1. 自适应巡航控制系统的功能是什么？它与前向碰撞预警系统、车道偏离预警系统和车道保持系统有什么关系？

2. 请说明自动泊车系统与自主代客泊车系统之间的区别。

# 第6章 联合仿真测试综合实例

**导读**：本章主要介绍 ModelBase 在 MIL、SIL 和 HIL 仿真中的应用实例。MIL 仿真采用 Simulink，实现 ACC+LKA 算法的模拟。SIL 仿真展示了 FMU 和 API 两种方式，通过 Simulink 导入 FMU 文件或 C++ API，与 ModelBase 联合进行仿真。HIL 仿真应用于 NI 和 Concurrent 实时系统，通过 Veristand 或 TCS 软件配置参数、生成 FMU 文件，实现联合仿真。通过本章的学习，读者将掌握 ModelBase 联合仿真测试方法，为智能驾驶功能开发奠定基础。

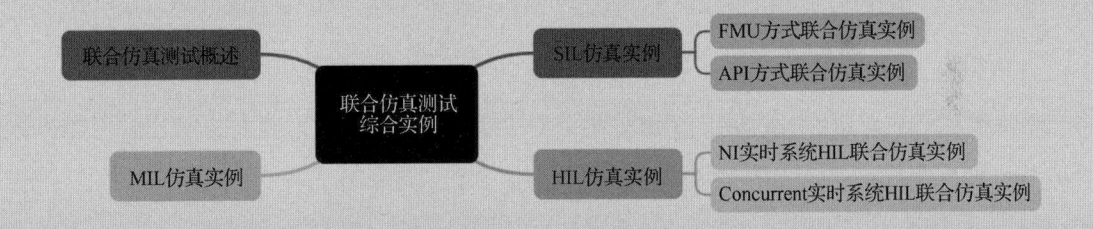

```
                                    ┌─ FMU方式联合仿真实例
                       SIL仿真实例 ──┤
                                    └─ API方式联合仿真实例
联合仿真测试概述 ──┐
                   ├── 联合仿真测试综合实例
MIL仿真实例 ───────┘                 ┌─ NI实时系统HIL联合仿真实例
                       HIL仿真实例 ──┤
                                    └─ Concurrent实时系统HIL联合仿真实例
```

## 6.1 联合仿真测试概述

目前，市场上主流的汽车联合仿真测试方法包括 MIL、SIL、HIL、DIL、PIL、VIL 等。不同测试方法的测试对象不同，测试功能也不同，不同测试系统的价格更是千差万别。不同主机厂或供应商通常根据自身的测试需求和能力，选择最合适的测试方法。目前，针对智能驾驶算法，国内应用最多的联合仿真测试方法是 MIL、SIL 和 HIL。

## 6.2 MIL 仿真实例

MIL 仿真测试指被测 Simulink 算法模型不经过编译，直接和被控模型进行联合仿真，主要用于被测算法前期的功能验证。本节以 ACC+LKA 算法为例，介绍 ModelBase 软件在 MIL 仿真中的应用。

（1）首先打开 ModelBase 软件，在安装包 bin 目录下找到"ModelBase_AD.exe"程序，双击启动软件。ModelBase 主窗口如图 6-1 所示。

图 6-1  ModelBase 主窗口

（2）新建工程。单击 ModelBase 主窗口菜单栏中的"新建"按钮，输入工程名称"Simulink_External_ACC_LKA"，单击"确定"按钮，工程创建成功（见图 6-2）。

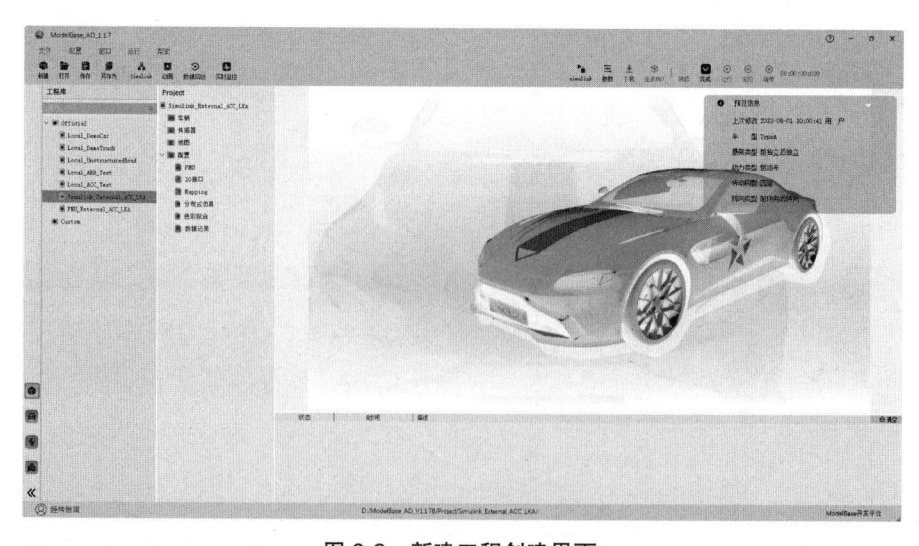

图 6-2  新建工程创建界面

(3)添加车辆。在"车辆"节点上右击,在弹出的快捷菜单中选择"新建车辆"选项,给车辆命名 TypeA,车辆模板可以任意选择,单击"确认"按钮,车辆添加成功(见图6-3)。

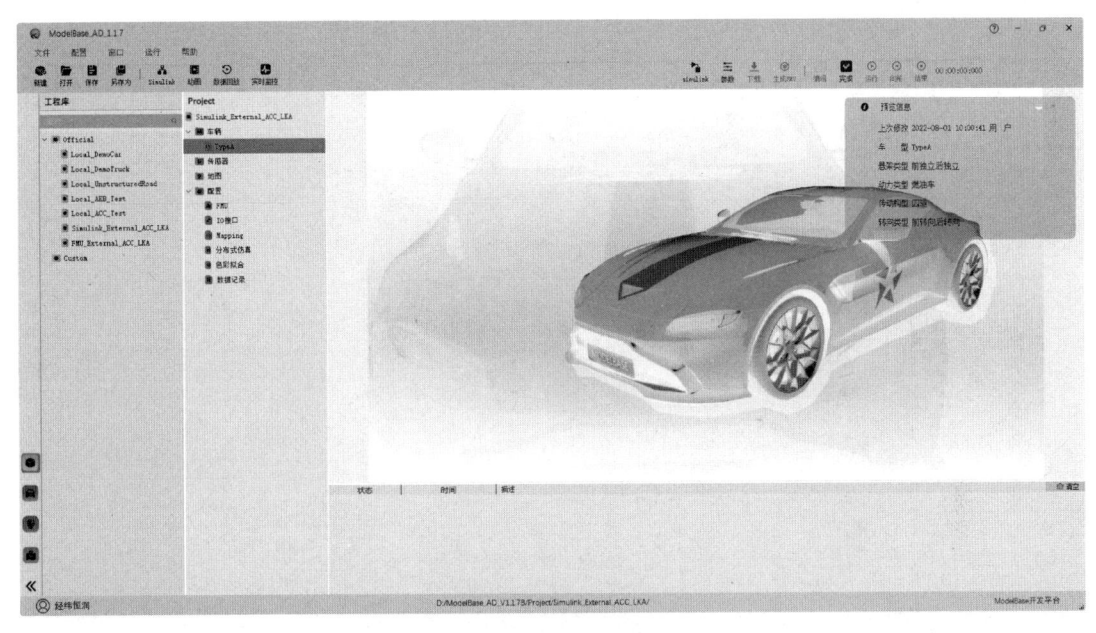

图 6-3  添加车辆界面

(4)双击"TypeA"节点(或右击"TypeA"节点,在弹出的快捷菜单中选择"编辑车辆"选项),打开车辆参数配置界面(见图6-4),对车辆参数进行配置,也可以采用默认参数。

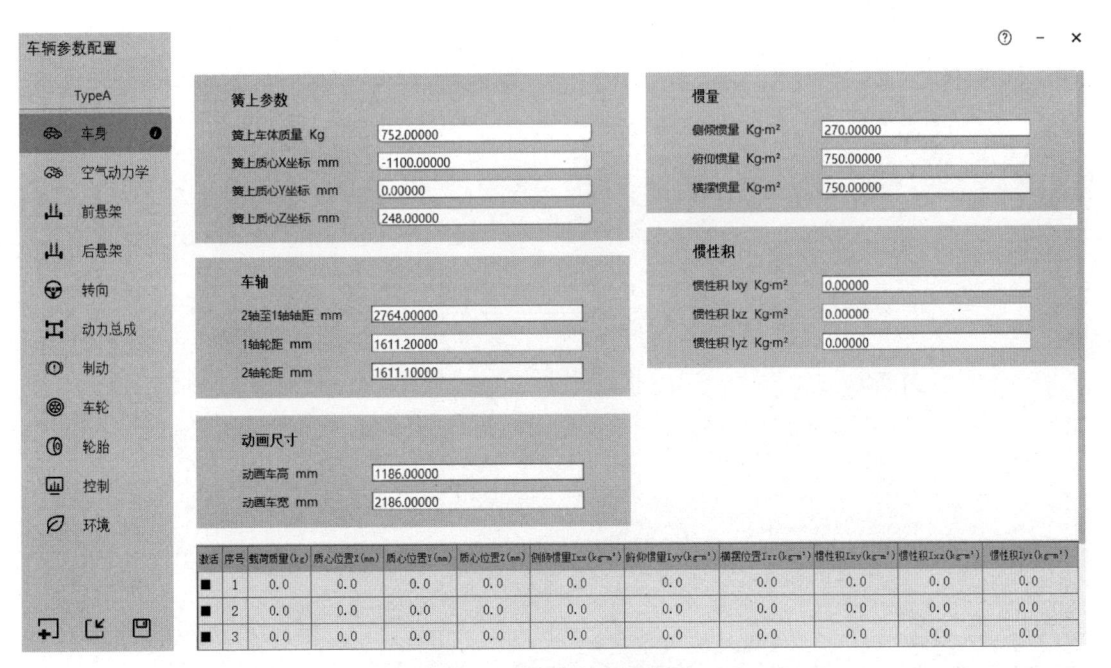

图 6-4  车辆参数配置界面

（5）添加道路。在"地图"节点上右击，在弹出的快捷菜单中选择"新建道路"选项（也可导入现有道路文件，文件格式需要符合 OpenDRIVE1.5 标准，文件扩展名为 xodr），在"道路名称"文本框内输入道路名称 Road1，单击"确认"按钮，创建道路成功（见图 6-5）。

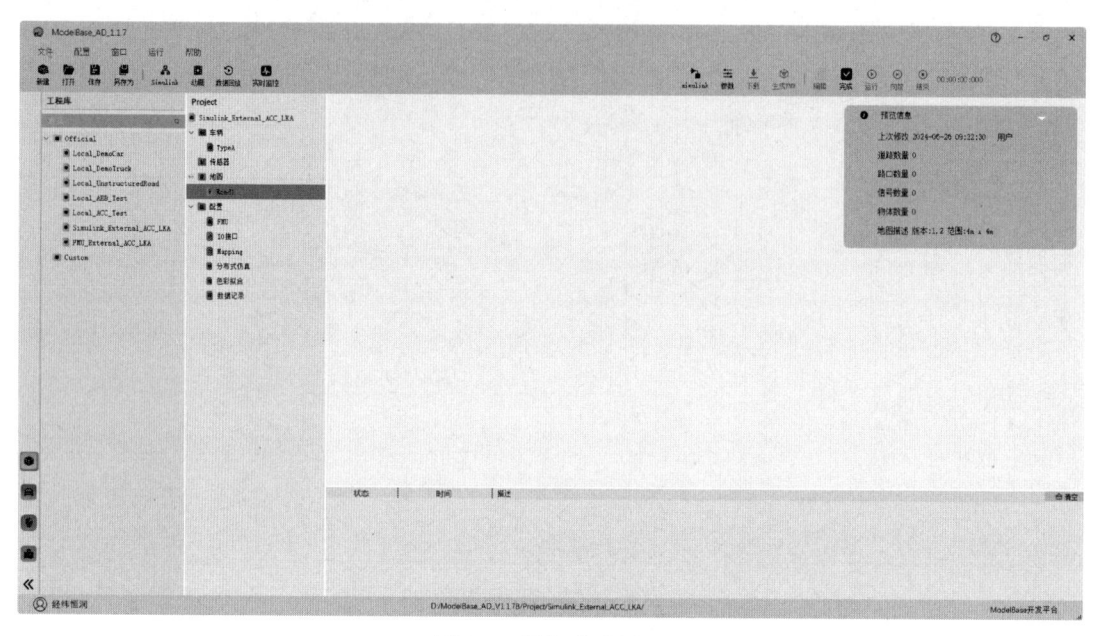

图 6-5　添加道路界面

（6）双击"Road1"节点，打开道路编辑器，由于 Road1 是空白的道路，所以道路编辑器的画布是空白的（见图 6-6）。

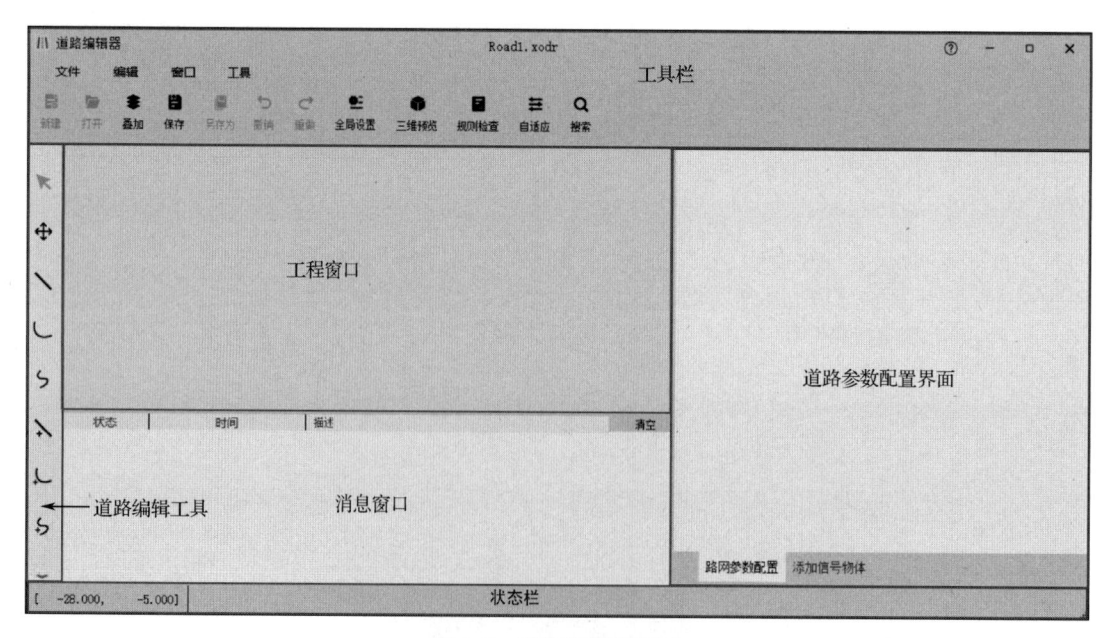

图 6-6　道路编辑器界面

（7）使用直路工具绘制两条平行直路（见图6-7），设置第一条直路的起点为（0,0），航向角为0°，长度为500m；设置第二条直路的起点为（500,-200），航向角为180°，长度为500m。

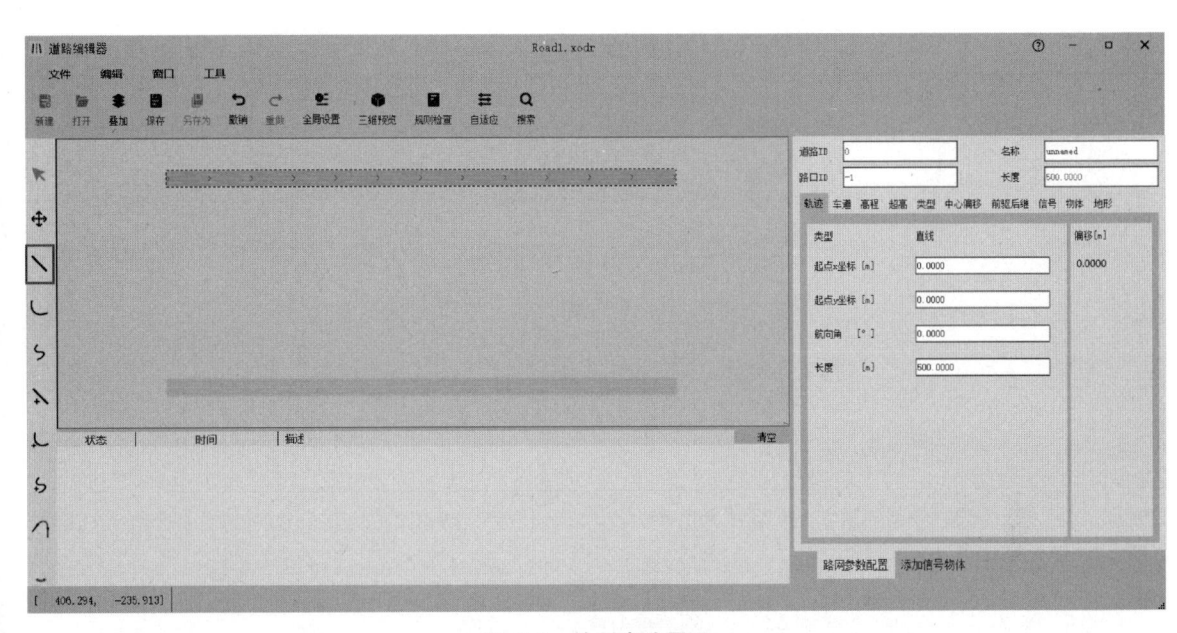

图6-7　绘制直路界面

（8）使用连接道路工具将两条直路用两段圆弧道路连接起来，形成一个闭合环路（见图6-8）。

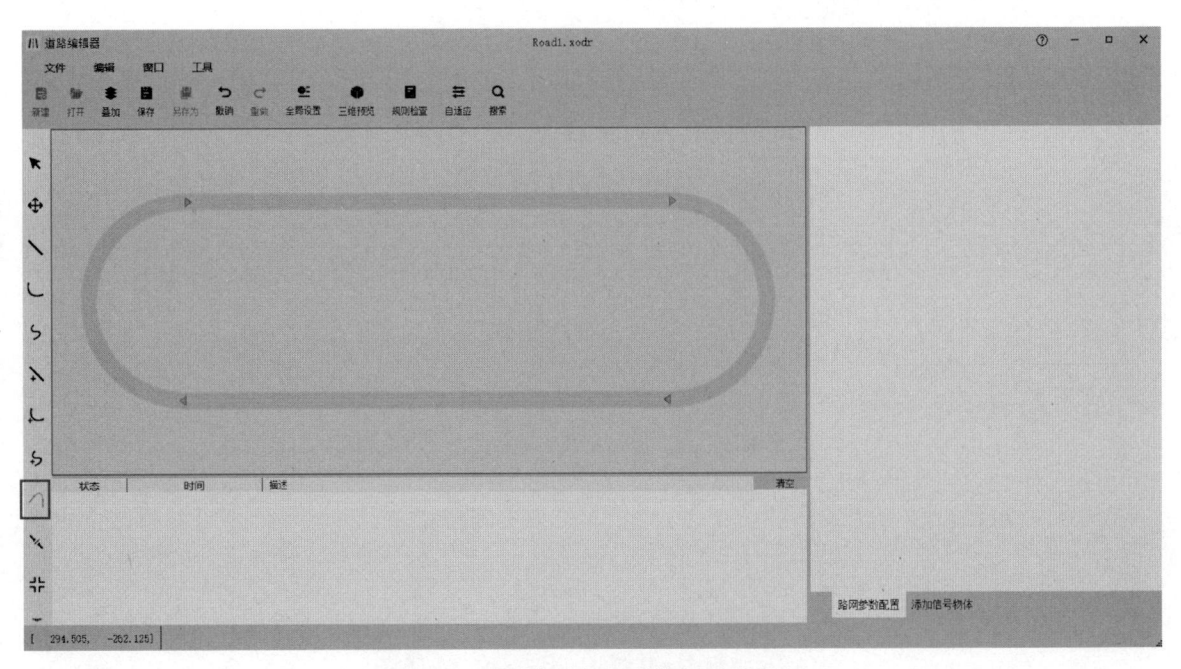

图6-8　连接直路与圆弧道路设置界面

（9）保存道路。单击右上角的"关闭"按钮，关闭道路编辑器，可在 ModelBase 主窗口预览绘制的道路。道路绘制完成后主界面道路预览界面如图 6-9 所示。

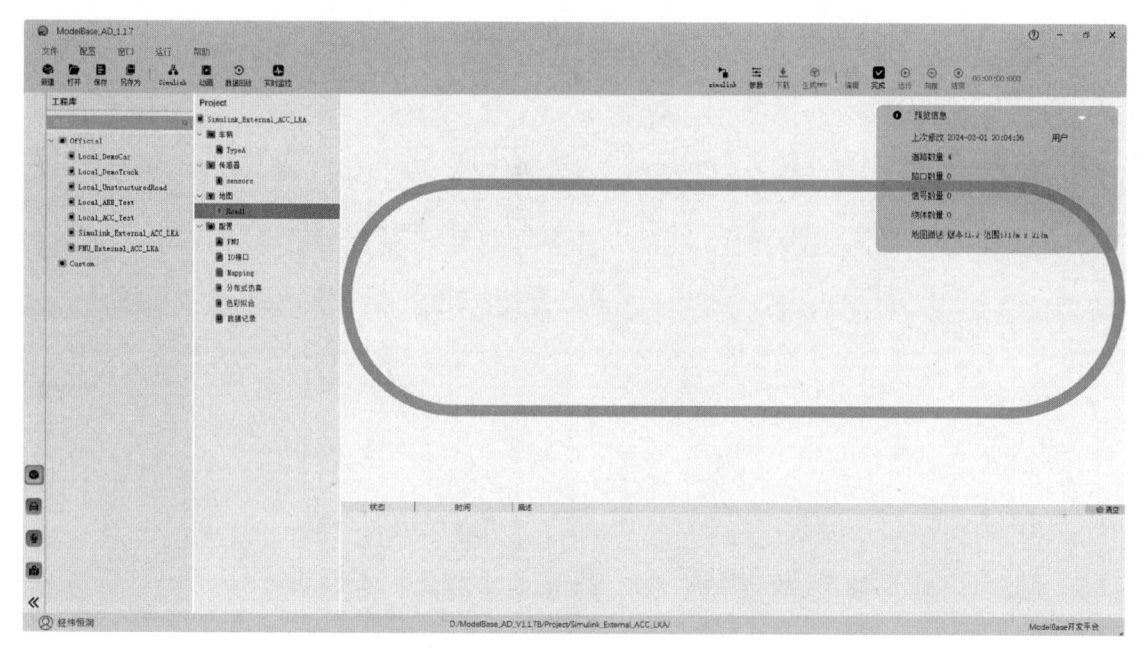

图 6-9　道路绘制完成后主界面道路预览界面

（10）右击"Road1"节点，在弹出的快捷菜单中选择"新建场景"选项，场景命名为 sce1，单击"确认"按钮。场景创建界面如图 6-10 所示。

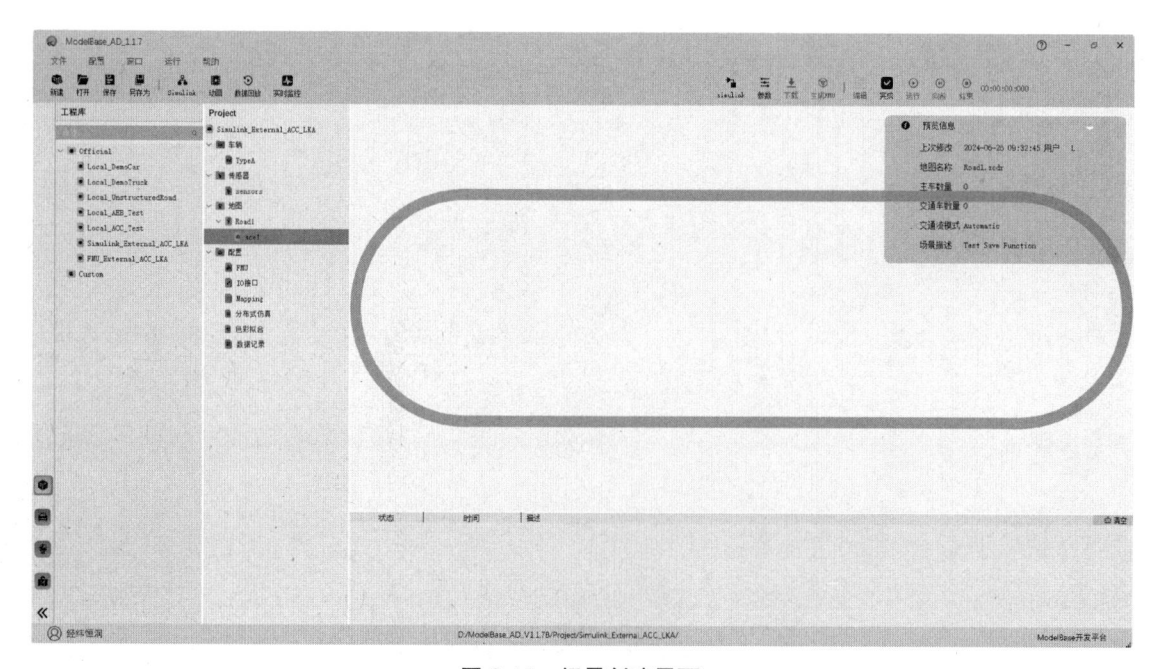

图 6-10　场景创建界面

（11）双击"sce1"节点或右击"sce1"节点，在弹出的快捷菜单中选择"编辑场景"选项，打开场景编辑器，使用创建车辆工具在地图上添加一辆主车和一辆环境车（见图6-11）。

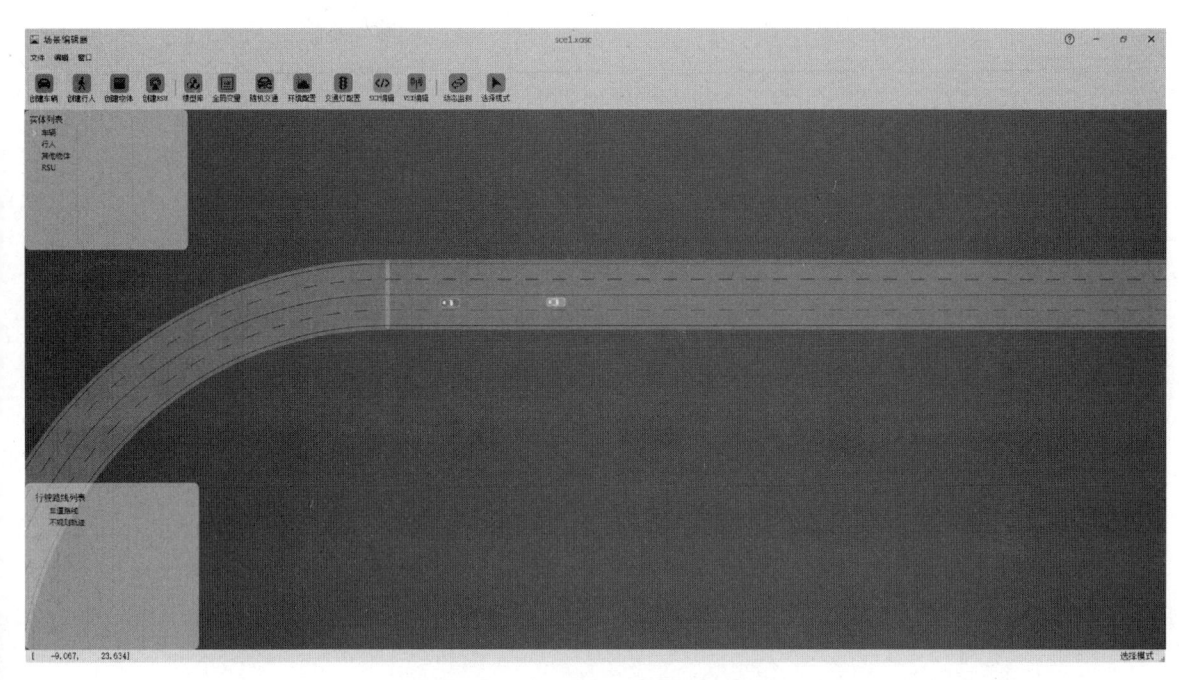

图6-11　在场景中创建车辆界面

（12）前车设置为环境车，双击前车，设置参数如下：前车初始车速设置为36km/h，并设置车辆行为，"触发条件"选择"仿真时间触发"，"时间"文本框设置为"5s"，"车辆行驶"选择"变更车速"，"变更方式"选择"直接变速"，目标车速设置为10km/h。车辆行为设置界面如图6-12所示。

图6-12　车辆行为设置界面

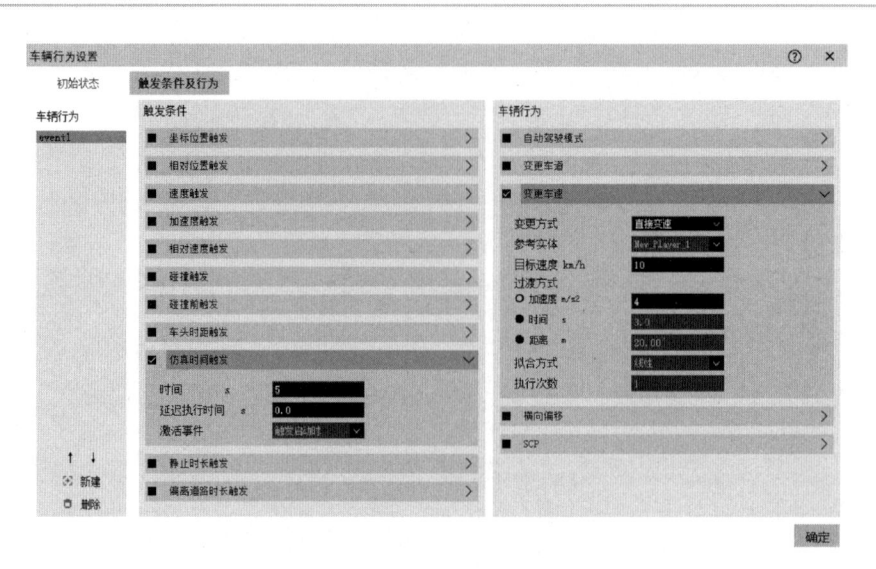

图 6-12　车辆行为设置界面（续）

（13）将运行模式从本地切换为 Simulink 模式，单击"参数"按钮，"步长"和"结束时间"文本框使用默认设置即可，在"模型名称"文本框中输入"ACC_LKA"，单击"确定"按钮（见图 6-13）。生成的 Simulink 模型路径为"ACC_LKA（工程名）/Simulink/ACC_LKA.slx"。

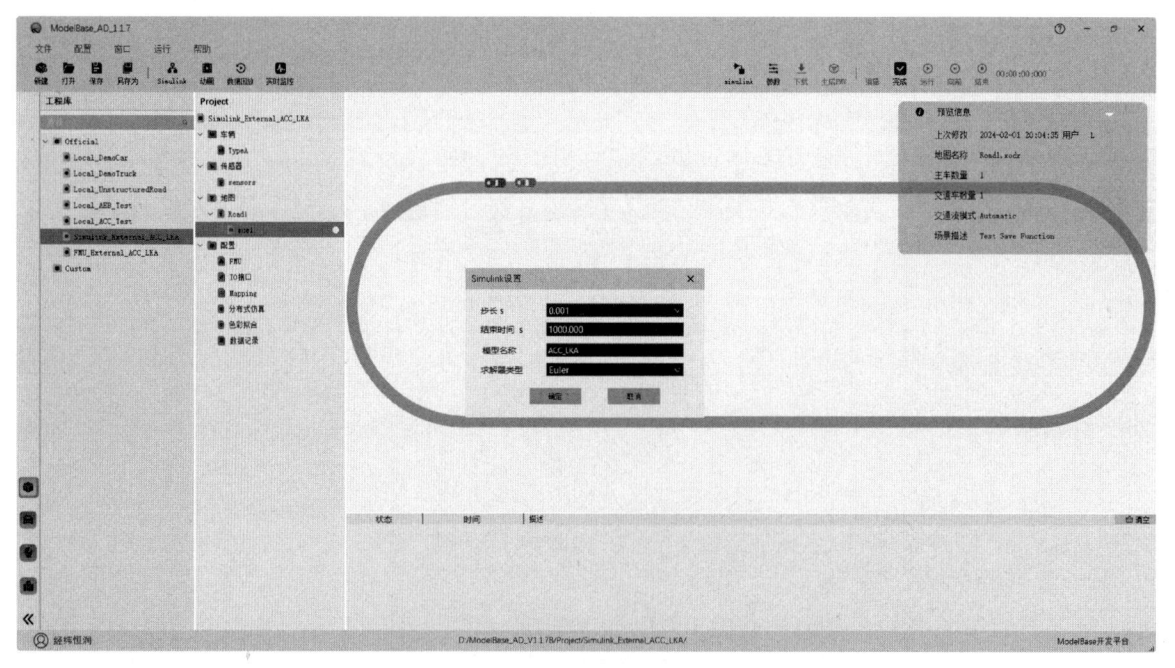

图 6-13　Simulink 联合仿真参数配置界面

（14）输入输出接口选择界面如图 6-14 所示。在弹出的"输入 IO 选择"选项中选择方向盘转角、加速和制动踏板作为输入接口；在"输出 IO 选择"选项中筛选主车一些状态信息、摄像头输出信息、毫米波雷达信息作为输出接口。

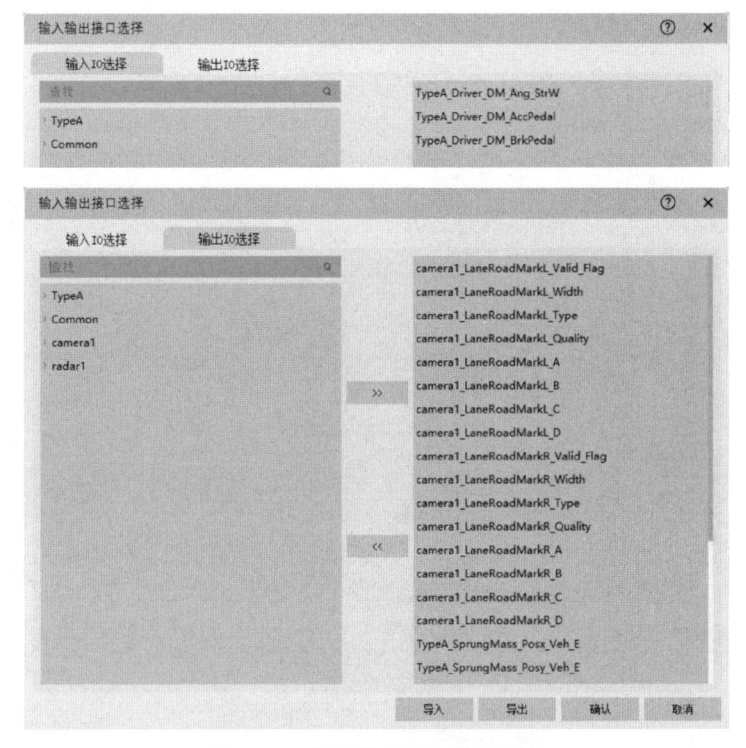

图 6-14 输入输出接口选择界面

（15）单击 Simulink 按钮，等待 MATLAB 和 Simulink 程序相继打开，若修改了输入输出接口，则需要重新单击 ModelBase 主窗口的 Simulink 按钮，Simulink 模型会重新更新。联合仿真 Simulink 界面如图 6-15 所示。

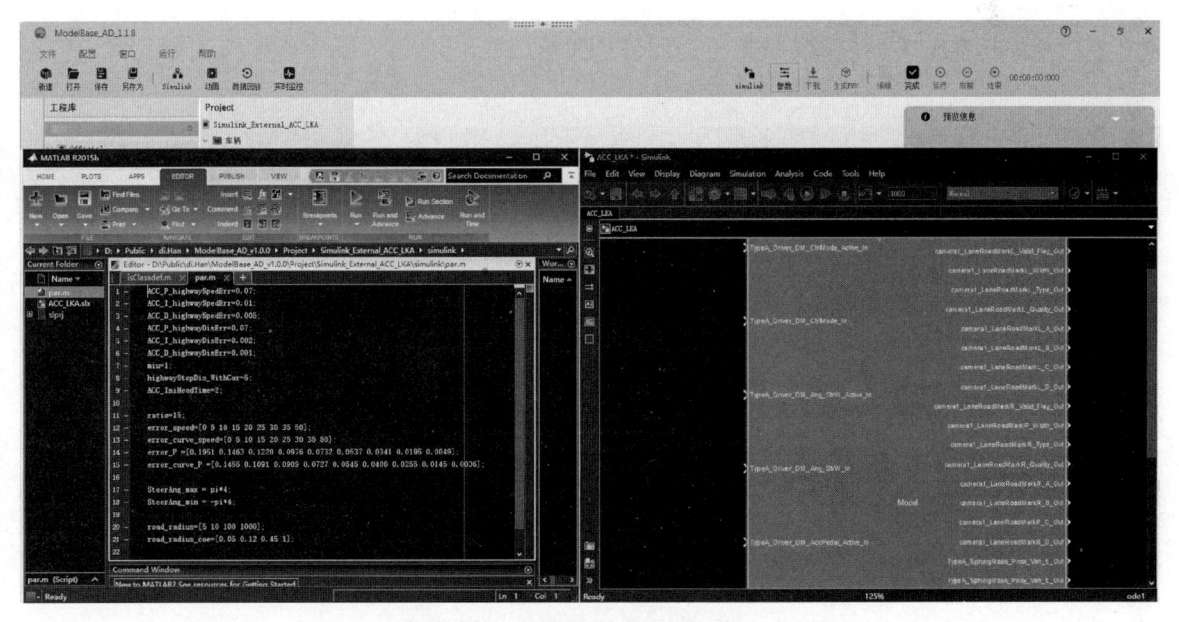

图 6-15 联合仿真 Simulink 界面

（16）搭建 ACC+LKA 算法，连接控制算法与 ModelBase 的输入输出信号，ModelBase 软件的每个输入信号都有一个 Active 信号，只有当 Actice 信号为 1 时，输入信号才有效（见图 6-16）。

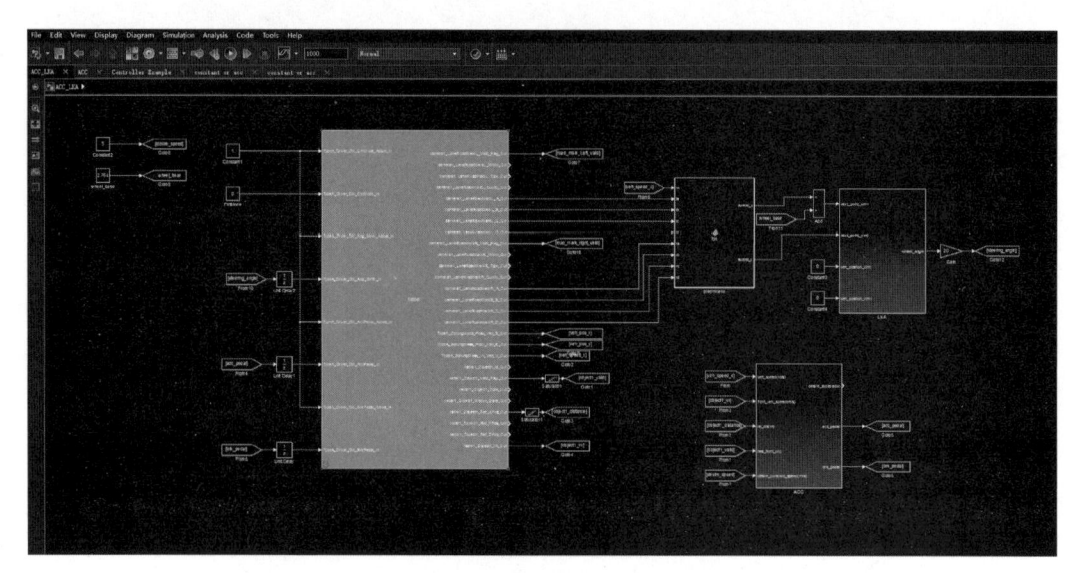

图 6-16　ACC+LKA 算法

（17）单击 ModelBase 主窗口的"完成"按钮，通过 Simulink 界面上的"运行""暂停""单步""停止"按钮（或 ModelBase 主窗口的"运行""暂停""单步""停止"按钮）即可控制仿真运行。在联合仿真过程中，Simulink 模型和 ModelBase 内部模型是同步运行的，Simulink 模型为触发源（见图 6-17）。

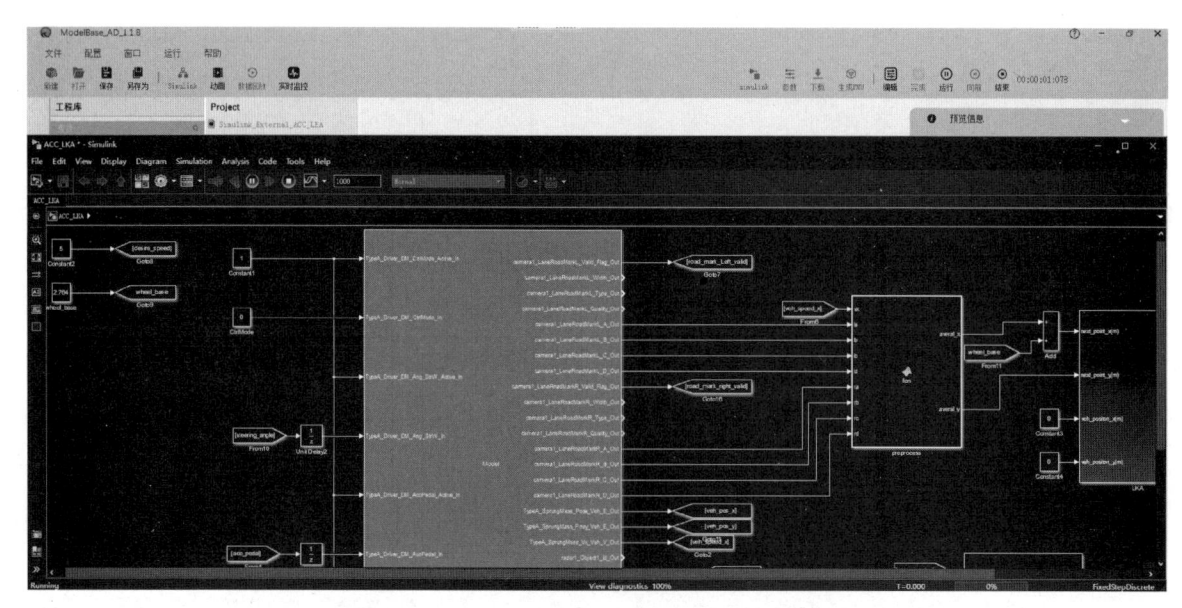

图 6-17　ModelBase 与 Simulink 联合仿真界面

（18）仿真结果如图 6-18 所示。图 1 是 ModelBase 动画；图 2 是 ModelBase 场景浏览器；图 3 中的 3 条曲线分别表示前车车速、主车车速、前车和主车之间的距离，从这 3 条曲线可以看出，前车速度为 3m/s，主车起步后开始加速到目标巡航车速为 20m/s，检测到前车后速度后调整到 3m/s，主车和前车距离最终稳定在 30m，这和 ACC 算法的逻辑一致；图 4 中的两条曲线分别表示主车离左车道线的距离、主车离右车道的距离，主车起步时初始位置不在车道中间，但是经过 LKA 算法的调整，主车离左车道线的距离、主车离右车道的距离最终都稳定在 1.875m，车道宽度为 3.75m，车辆稳定在车道中心行驶，这和 LKA 算法的逻辑一致。

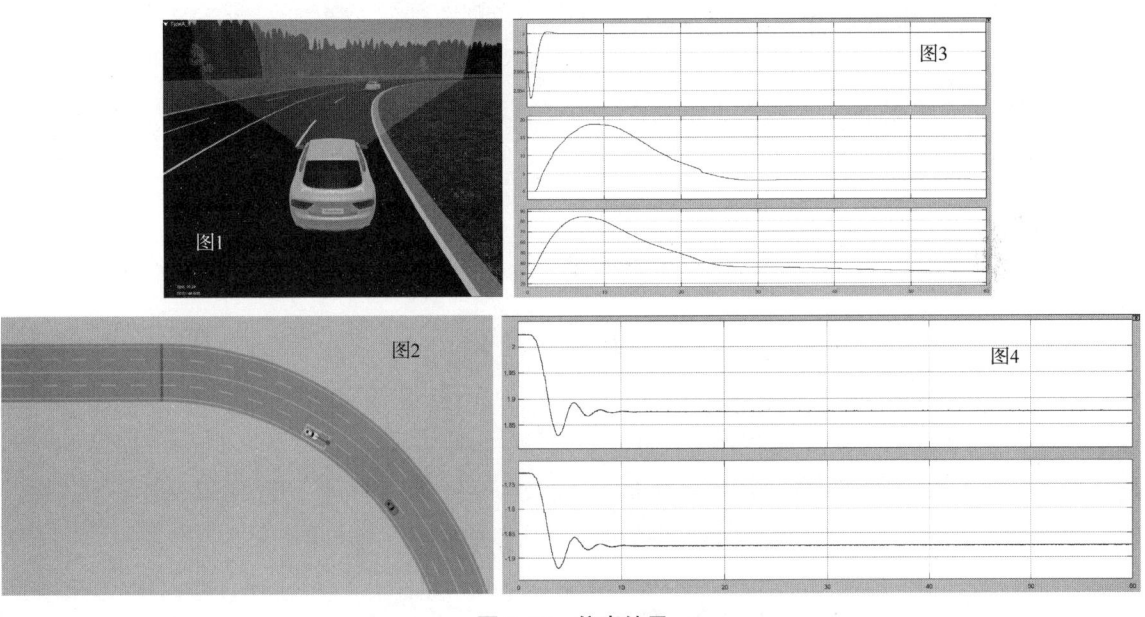

图 6-18　仿真结果

## 6.3　SIL 仿真实例

SIL 仿真测试指被测算法经过编译后和被控模型进行联合仿真，目的是测试被测算法的功能和部分性能，被测算法和仿真平台可以运行在不同的硬件平台上，也可以运行在相同的硬件平台上，二者通过通信进行信息交互。相比于 MIL 仿真测试，SIL 仿真测试可以同时对应用层算法和底层软件进行测试，也可以验证被测算法在编译成二进制文件后的逻辑是否正确。

下面以 ModelBase 为例介绍 SIL 仿真的具体实现方式。ModelBase 能够提供智能驾驶仿真的全部工具，可用于感知、决策、控制算法的仿真测试。在 SIL 仿真时，ModelBase 运行在 Windows 平台上，包含车辆动力学模型、驾驶员模型、道路模型、交通环境及各类传感器模型，被测算法运行在各自的软件平台上。通过 ModelBase 对外开放的 API 获取传感器数据及主车的运行状态；通过计算得到主车的控制指令如方向盘转角、加速踏板、制动踏板和挡位等信息；通过 API 将这些信息发送给车辆模型，形成闭环。SIL 仿真平台如图 6-19 所示。

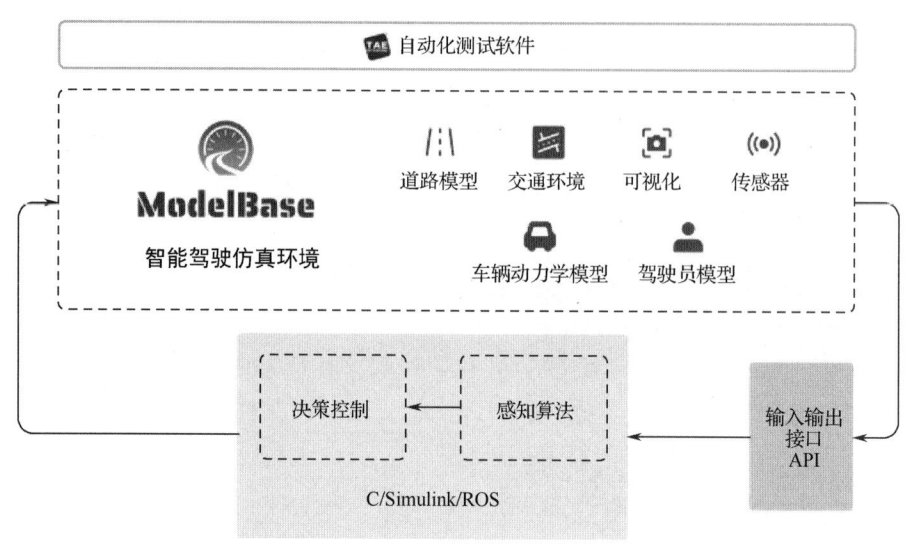

图 6-19　SIL 仿真平台

ModelBase 软件也提供另一种 SIL 仿真方式，如果被测算法不是代码（如 C/C++/Python 等），而是其他开发工具生成的模型（如 Simulink、Labview 等），推荐将第三方模型编译成 FMU 导入 ModelBase 进行联合仿真，下面针对这两种方式分别展开举例。

## 6.3.1　FMU 方式联合仿真实例

FMU 是一种通用的仿真模型文件格式，很多仿真软件都支持 FMU 模型的导出和导入。本节主要介绍将 Simulink 模型导出成 FMU 格式，再导入 ModelBase 软件进行联合仿真（MATLAB 仅在高版本中支持 FMU 模型的导入和导出，本书使用 MATLABR2020b 进行操作）。如果用户已有 FMU 文件，则可直接导入 ModelBase 进行联合仿真。

（1）新建 Simulink 文件，命名为 ACCLKA，在 Simulink 中搭建 ACC 和 LKA 算法，在 Configuration 中设置求解器（ode1）和仿真步长（默认 0.001），通过离线仿真确保算法可以正常运行。Simulink 中的 Configuration 参数设置界面如图 6-20 所示。

（2）执行"保存"→"Standalone FMU"命令，在弹出的对话框内选择生成的 FMU 文件路径，单击 Create 按钮，等待消息窗口中提示模型生成成功后，即可在目标路径下找到"ACCLKA.fmu"文件（见图 6-21～图 6-23）。

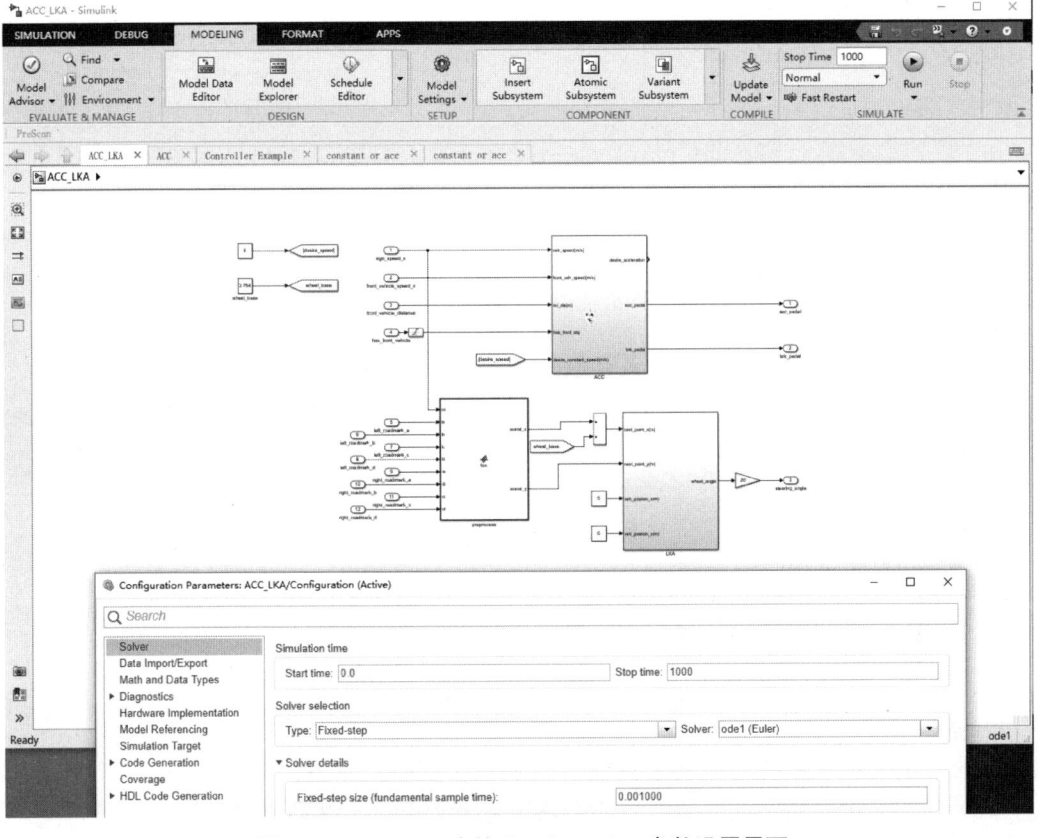

图 6-20　Simulink 中的 Configuration 参数设置界面

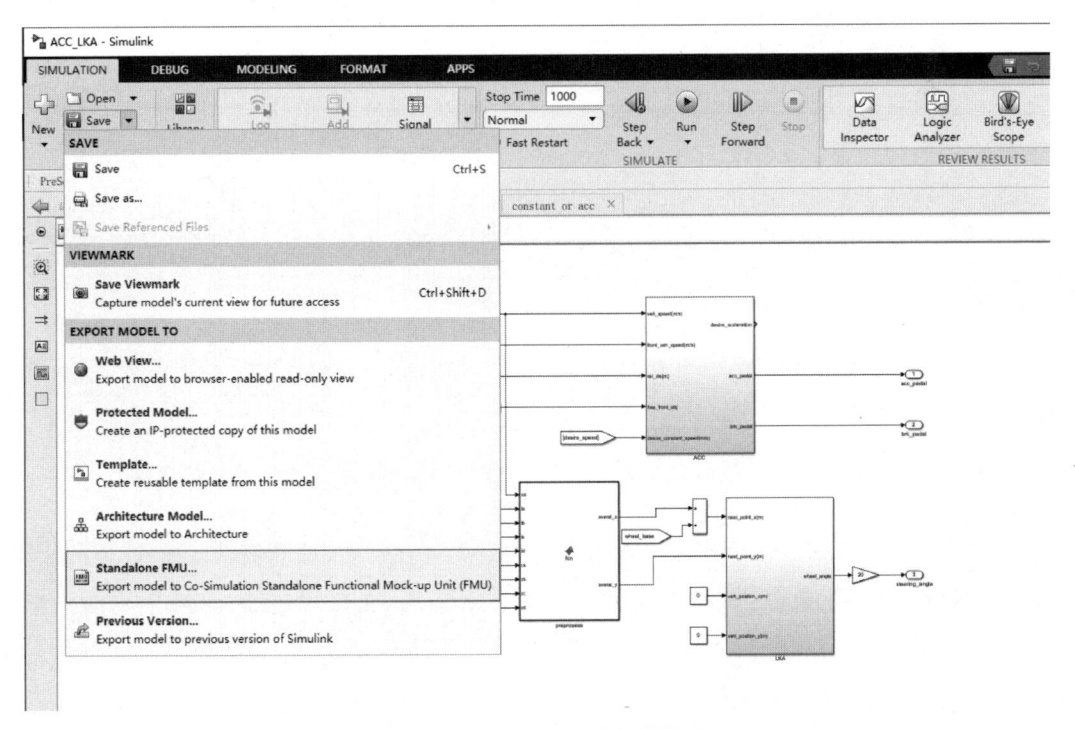

图 6-21　Simulink 保存设置界面

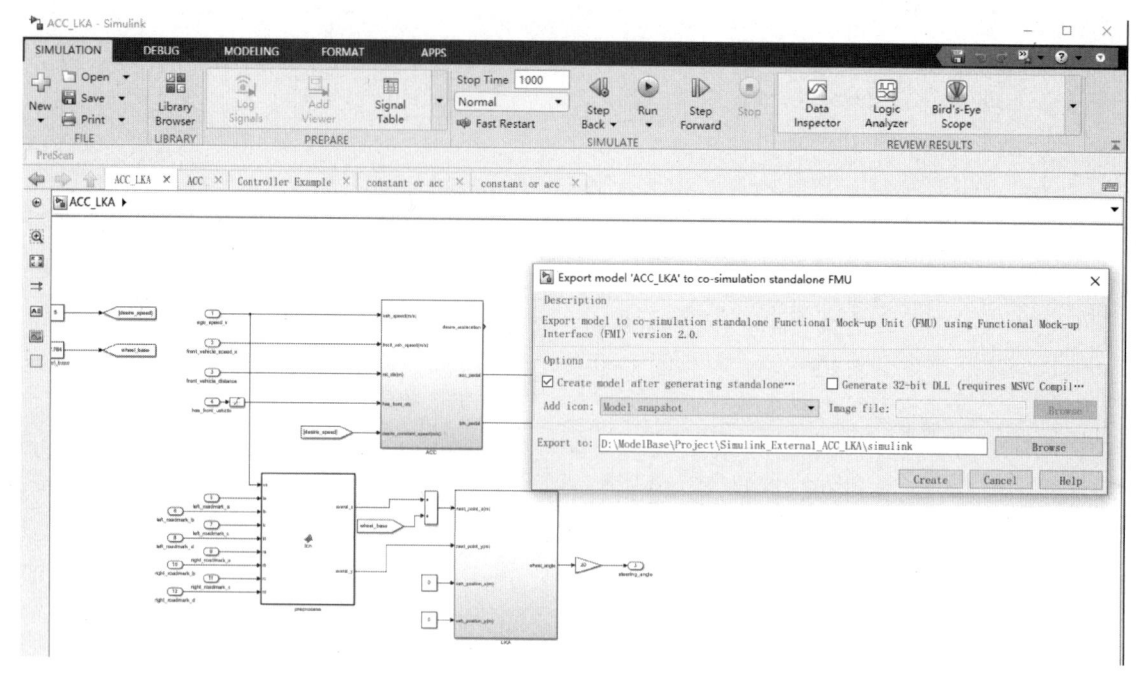

图 6-22 Simulink 导出 FMU 参数设置界面

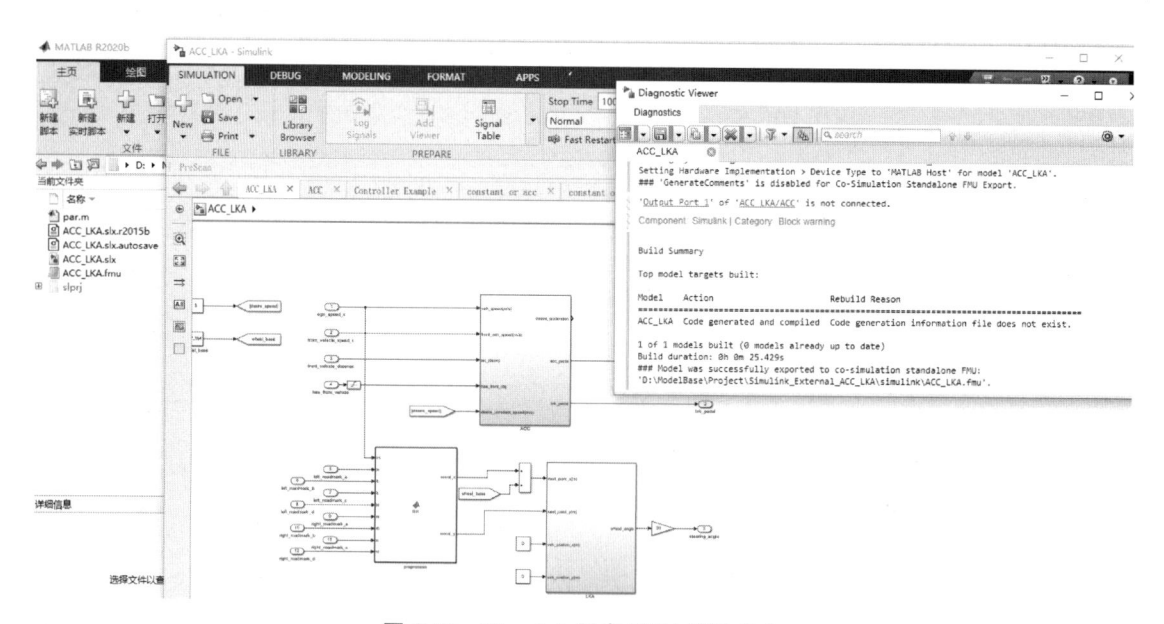

图 6-23 Simulink 导出 FMU 模型成功

(3)在 ModelBase 软件中新建工程,命名为"FMU_External_ACC_LKA",绘制封闭圆环道路,放置一辆主车和一辆交通车,前车设置为交通车,后车为 ACC 和 LKA 算法控制的主车(见图 6-24)。

(4)右击 ModelBase 软件"配置"节点下的 FMU,导入生成的"ACCLKA.fmu"模型(见图 6-25)。

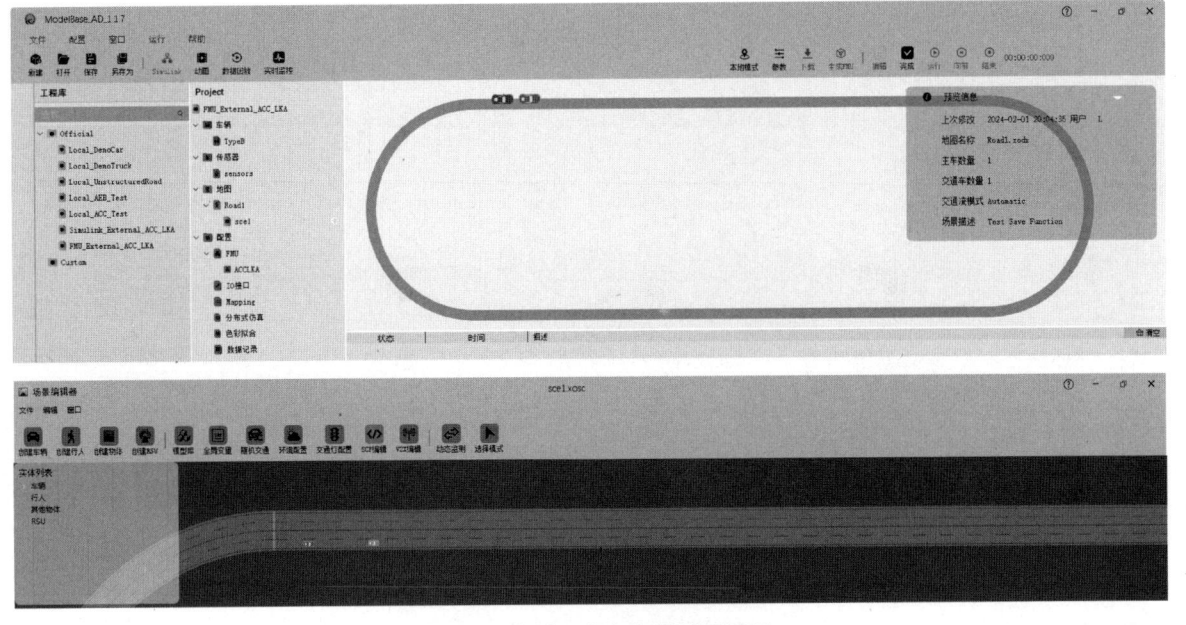

图 6-24 新建工程与场景配置界面

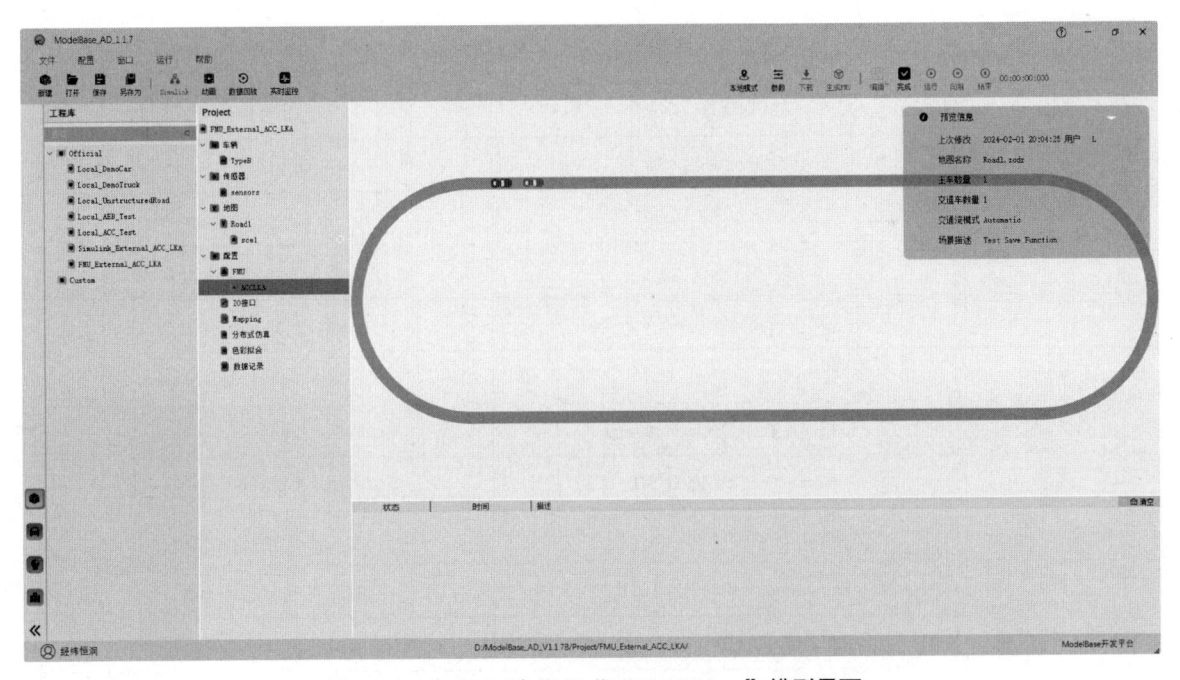

图 6-25 在 FMU 中导入"ACCLKA.fmu"模型界面

（5）双击 ModelBase 软件"配置"节点下的 Mapping（见图 6-26），将主车模型、传感器模型、ACCLKA 算法模型的输入和输出进行连接。算法输入输出信号的连接关系如表 6-1 所示。

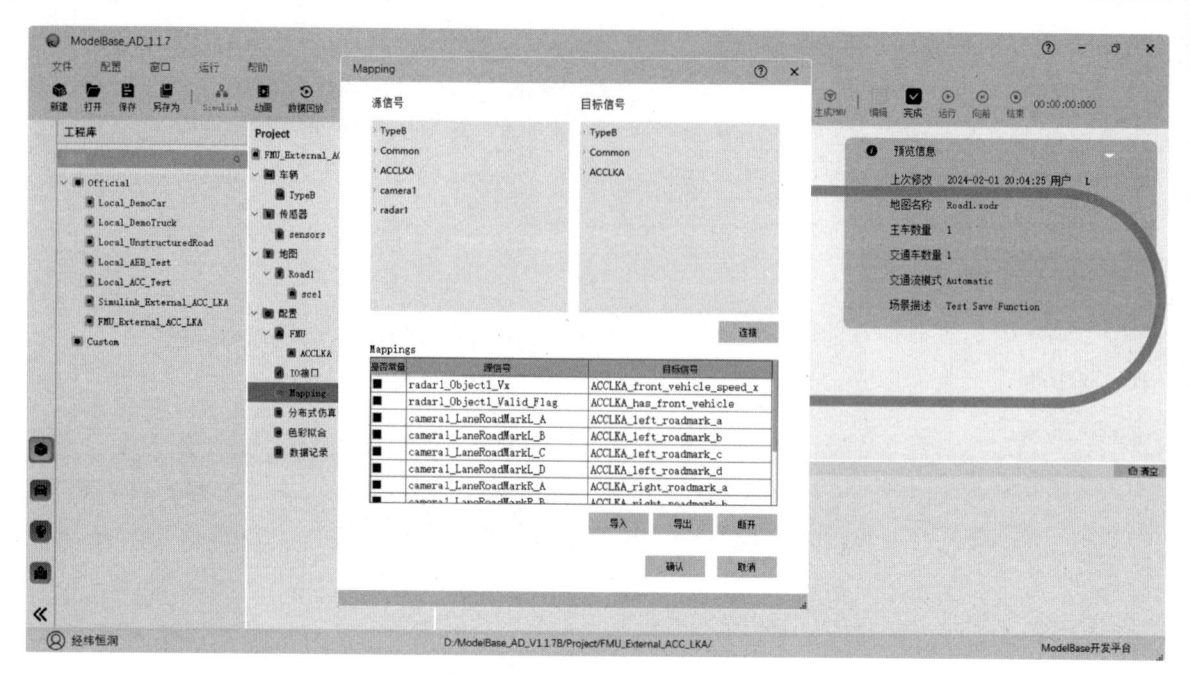

图 6-26  Mapping 配置界面

表 6-1  算法输入输出信号的连接关系

| 序号 | 源信号 | 目标信号 |
| --- | --- | --- |
| 1 | ACCLKA_acc_pedal | TypeA_Driver_DM_AccPedal |
| 2 | ACCLKA_brk_pedal | TypeA_Driver_DM_BrkPedal |
| 3 | ACCLKA_steering_angle | TypeA_Driver_DM_Ang_StrW |
| 4 | TypeA_SprungMass_Vx_Veh_V | ACCLKA_ego_speed_x |
| 5 | radar1_Object1_Vx | ACCLKA_front_vehicle_speed_x |
| 6 | radar1_Object1_Distance_Straight | ACCLKA_front_vehicle_distance |
| 7 | radar1_Object1_Valid_Flag | ACCLKA_has_front_vehicle |
| 8 | camera1_LaneRoadMarkL_A | ACCLKA_left_roadmark_a |
| 9 | camera1_LaneRoadMarkL_B | ACCLKA_left_roadmark_b |
| 10 | camera1_LaneRoadMarkL_C | ACCLKA_left_roadmark_c |
| 11 | camera1_LaneRoadMarkL_D | ACCLKA_left_roadmark_d |
| 12 | camera1_LaneRoadMarkR_A | ACCLKA_right_roadmark_a |
| 13 | camera1_LaneRoadMarkR_B | ACCLKA_right_roadmark_b |
| 14 | camera1_LaneRoadMarkR_C | ACCLKA_right_roadmark_c |
| 15 | camera1_LaneRoadMarkR_D | ACCLKA_right_roadmark_d |

（6）运行 ModelBase 软件，从仿真动画运行界面（见图 6-27）可以看出，ACC 算法控制主车（后车）以稳定的车速和距离跟随交通车（前车）行驶，LKA 算法控制主车保持在车道行驶。仿真结果和被测算法的逻辑一致。

图 6-27 仿真动画运行界面

## 6.3.2 API 方式联合仿真实例

ModelBase 软件的 API 有多种，本节以 C++API 程序进行举例说明。C++ API 程序位于"ModelBase\UI_Test.socket"路径，对应的头文件为"ModelBaseCPPAPI.h"，对应的静态链接库为"ModelBaseCPPAPI.lib"，动态链接库为"ModelBaseCPPAPI.dll"。C++ API 程序介绍如下。

（1）int Init(string hostname)：初始化函数，参数 hostname 输入 ModelBase 运行机器的 IP，如果 ModelBase 和自动化测试软件在同一机器中，则可以使用"127.0.0.1"；返回 0 表示初始化成功。

（2）int Close()：调用完成后，关闭调用的资源。

（3）int Connected()：校验与 ModelBase 的连接状态；若成功，则返回 0。

（4）int Start(const std::string & project)：通过工程文件路径运行 ModelBase，参数 project 为工程配置文件的绝对路径，仿真调用的场景为 project 文件中记录的激活场景；若调用成功，则返回 0。

（5）int Pause()：仿真测试暂停，在本地和 Simulink 模式下有效，在 HIL 仿真测试时不执行任何操作；若调用成功，则返回 0。

（6）int Continue()：仿真测试继续运行，在本地和 Simulink 模式暂停状态下有效，其他情况不执行任何操作；若调用成功，则返回 0。

（7）int Step(const int step_num)：仿真单次运行 num 步，在本地和 Simulink 模式暂停状态下有效，其他情况不执行任何操作；num 为执行一次，仿真运行执行的步数；若调用成功，则返回 0。

（8）int Stop()：仿真测试停止，在本地和 Simulink 模式下运行或暂停状态下有效，其他情况不执行任何操作；若调用成功，则返回 0。

（9）int GetValues(const std::vector<std::string> & keys, std::vector<double> & values)：获取可输出接口变量值；keys 为变量名数组，values 为获取的变量值数组，顺序和变量名相对应；若调用成功，则返回 0。keys 中的变量名和输入 IO 接口选择中的名称相对应，层级间用下画线连接，以 Ego 的 AccPedal 变量为例，对应的 key 为 "Ego_Driver_DM_AccPedal"，如果模型未处于运行模式，则输出的 values 的长度为 0。

（10）int SetValues(const std::vector<std::string>& keys, const std::vector<double> & values)：设置可写接口变量值；keys 为变量名数组，values 是要设置的变量值，其和 keys 的顺序对应，若调用成功，则返回 0。可以设置接口变量，也可以设置参数变量。

（11）int ClearValues(const std::vector<std::string>& keys)：清除通过 SetValues 设置的 Values 值，切换回内部计算变量值生效；keys 为要清除的变量名；若调用成功，则返回 0。

下面详细介绍 C++ 算法如何与 ModelBase 联合仿真，这里 C++ 的开发工具使用的是 VisualStudio2019。

1. ModelBase 创建本地模式下可运行的工程

新建工程 "Project_Test"，运行模式设置为 "本地模式"，工程中添加 TypeB 类型的主车，车辆名称设置为 TypeB；新建地图 road 并绘制一条直行道路；新建场景 sce，将 TypeB 放置在道路上，设置初始速度为 50km/h，并激活场景。

工程配置完成后，单击 "运行" 按钮，保证工程在本地模式下可正常运行（见图 6-28）。

2. API 代码调用

调用 API 的代码压缩包位于 ModelBase 软件包的安装位置 "/Modelbase_AD/UI_Test.socket/" 目录下，解压缩 "ModelBaseCPPAPI.zip" 文件，文件中包含名为 "ModelBaseCPPAPI" 的 demo 工程源码，其中 "main.cpp" 为调用 API 的示例程序，该程序使用 VisualStudio 在 Windows 环境中编写，因为该程序在其他环境中可能不适用，需要略作调整。C++ 调用 API 程序界面如图 6-29 所示。

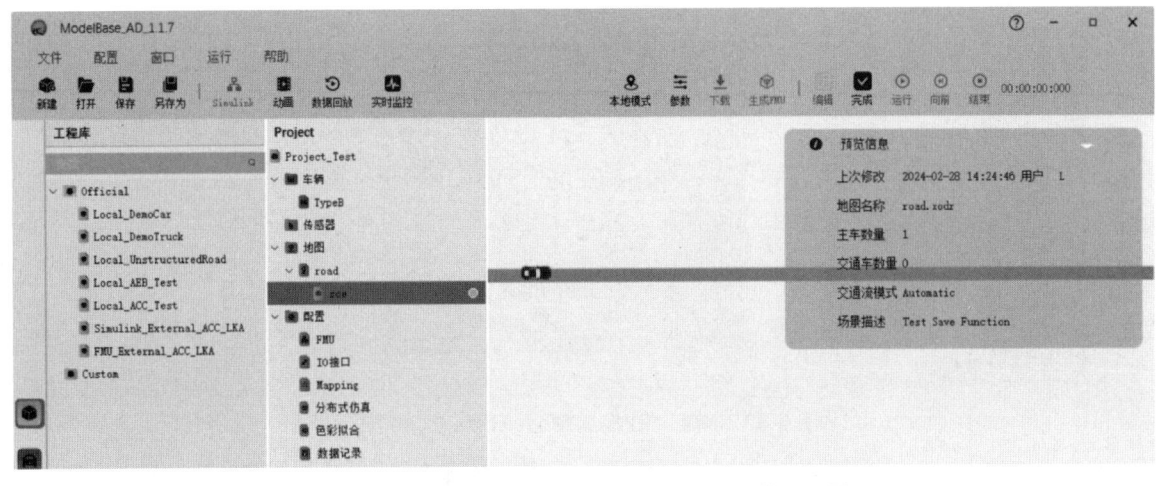

图 6-28　ModelBase 创建本地模式下可运行的工程界面

图 6-29　C++ 调用 API 程序界面

运行 VisualStudio 工程，ModelBase 软件开始运行，车辆以 10m/s 的目标速度减速行驶。调用 API 控制 ModelBase 仿真界面如图 6-30 所示。

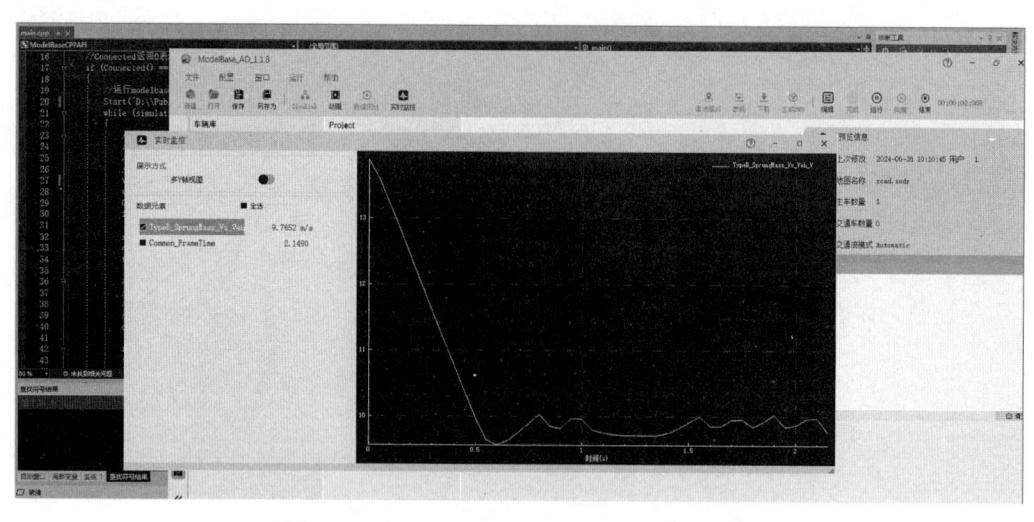

图 6-30 调用 API 控制 ModelBase 仿真界面

## 6.4 HIL 仿真实例

HIL 仿真主要用于测试待测控制器的功能和部分性能，与 SIL 仿真相比，HIL 仿真控制器是真实的，包含完整的应用层算法、底层算法和控制器硬件，可以额外测试应用层。

智能驾驶 HIL 仿真平台如图 6-31 所示。在 HIL 仿真系统中，智能驾驶仿真软件运行计算得到的传感器数据需要通过传感器仿真器转换成控制器能识别的信息，通过各类总线发送给待测控制器。待测控制器通过计算得到车辆控制指令，如方向盘转角、加速踏板、制动踏板和挡位等信息，通过总线发送实时机中运行的车辆模型，控制车辆运行，实现仿真的闭环。

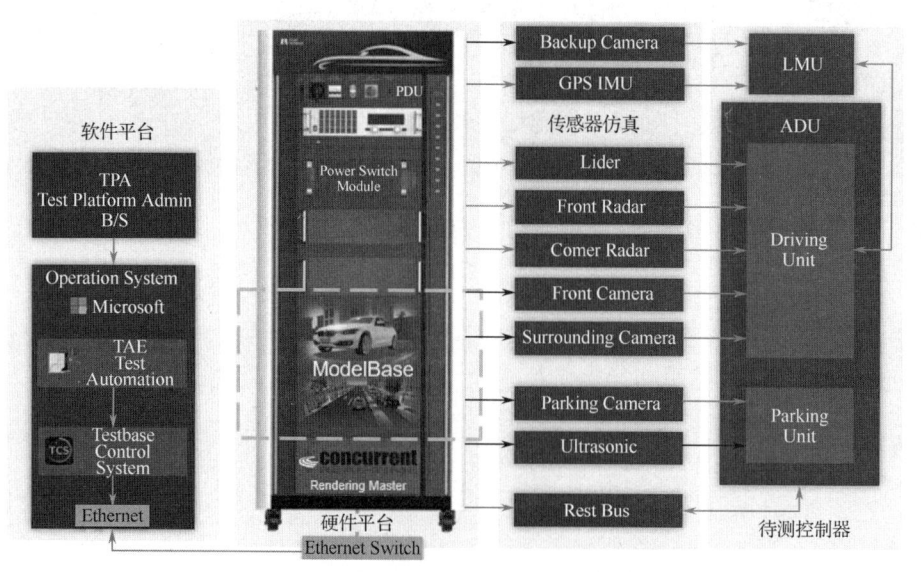

图 6-31 智能驾驶 HIL 仿真平台

本节主要介绍 ModelBase 与 NI 实时系统及 Concurrent 实时系统的联合仿真实例。

## 6.4.1 NI 实时系统 HIL 联合仿真实例

（1）打开 ModelBase 软件，新建工程 Test1，并添加主车 TypeB，可选择任意车型，使用道路编辑器和场景编辑器绘制工程道路并编辑场景，本节使用地图库中的 Nanjing 地图及对应的 Nanjing 场景（需要右击"场景名称"，在弹出的快捷菜单中选择"激活场景"选项）。工程配置完成后，单击"运行"按钮，保证工程在本地模式下可正常运行（见图 6-32）。

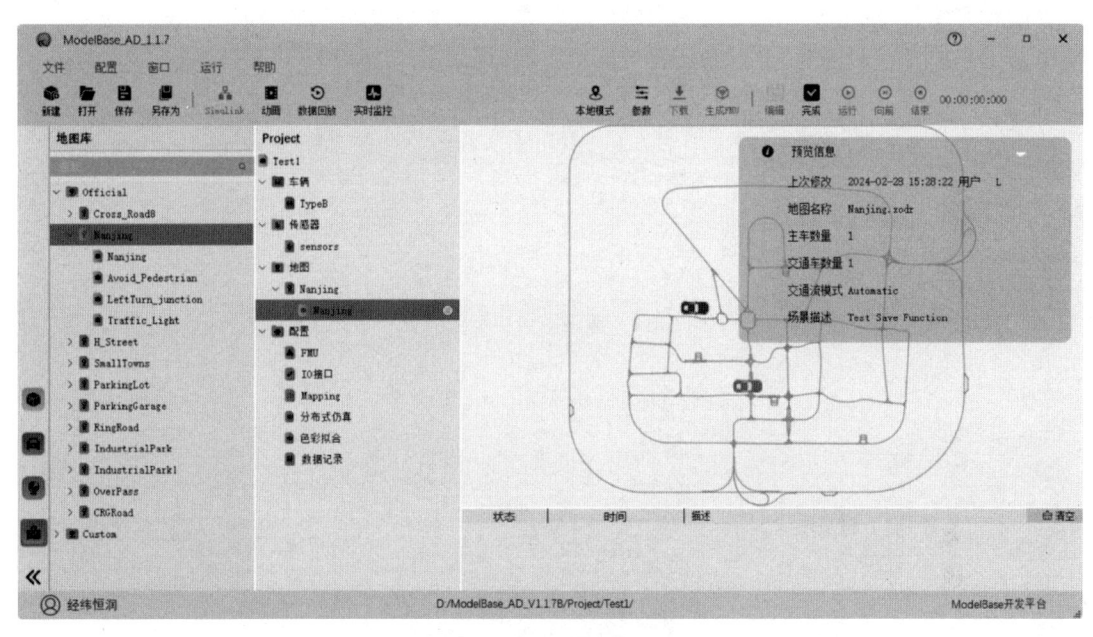

图 6-32 新建本地工程界面

（2）右击传感器，在弹出的快捷菜单中选择"新建传感器配置"选项，设置传感器配置文件名称，单击"确定"按钮；双击新建的传感器配置文件（或右击，在弹出的快捷菜单中选择"编辑传感器配置"选项），在传感器配置界面上配置一个鱼眼摄像头和一个机械式激光雷达（见图 6-33 和图 6-34）。

（3）在本地模式下运行仿真。单击"完成"按钮，待鱼眼摄像头和机械式激光雷达图像打开后，单击"运行"按钮。ModelBase 运行状态界面如图 6-35 所示。在本地模式下仿真运行成功后停止仿真，单击"编辑"按钮切换至可编辑状态。

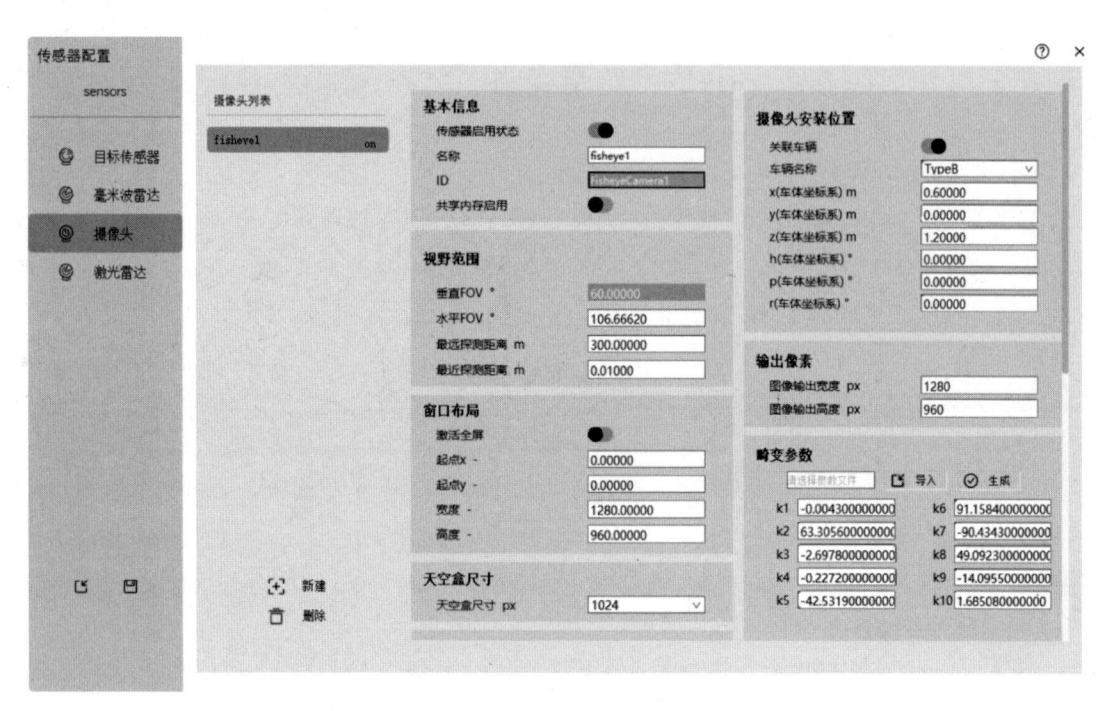

图6-33 鱼眼摄像头配置界面

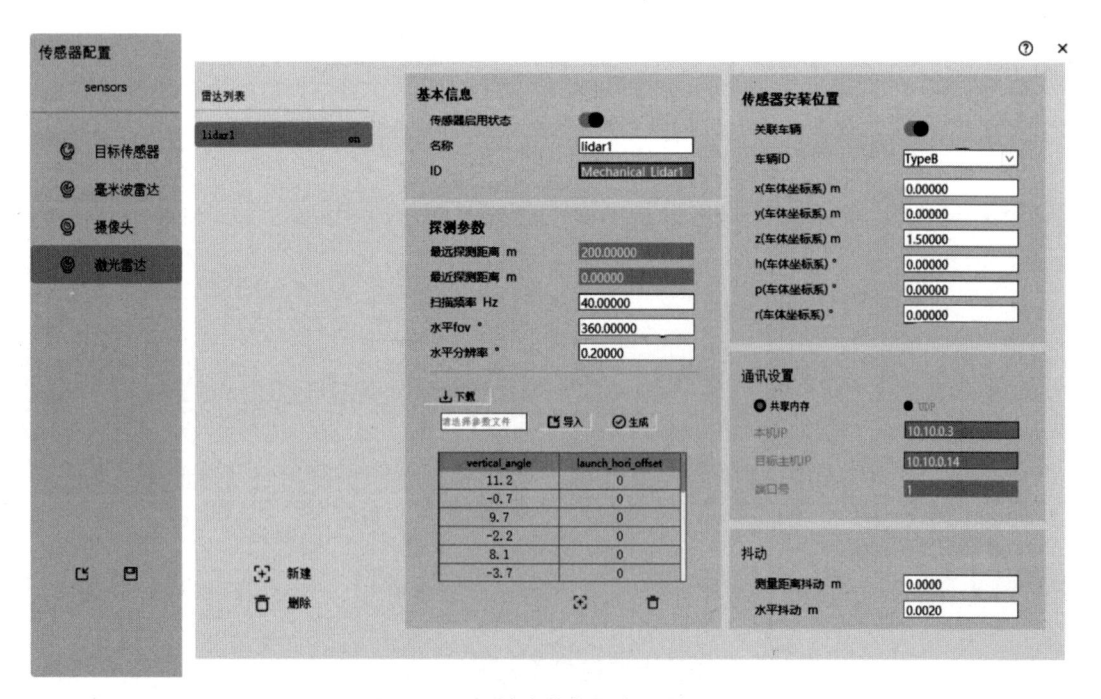

图6-34 机械式激光雷达配置界面

图 6-35　ModelBase 运行状态界面

（4）切换 ModelBase 运行模式并设置相关参数。运行模式切换为"NI_HIL"，单击"参数"按钮，在"本地 IP""实时机 IP""登录用户名""密码"文本框输入相应参数，单击"确定"按钮（见图 6-36）。

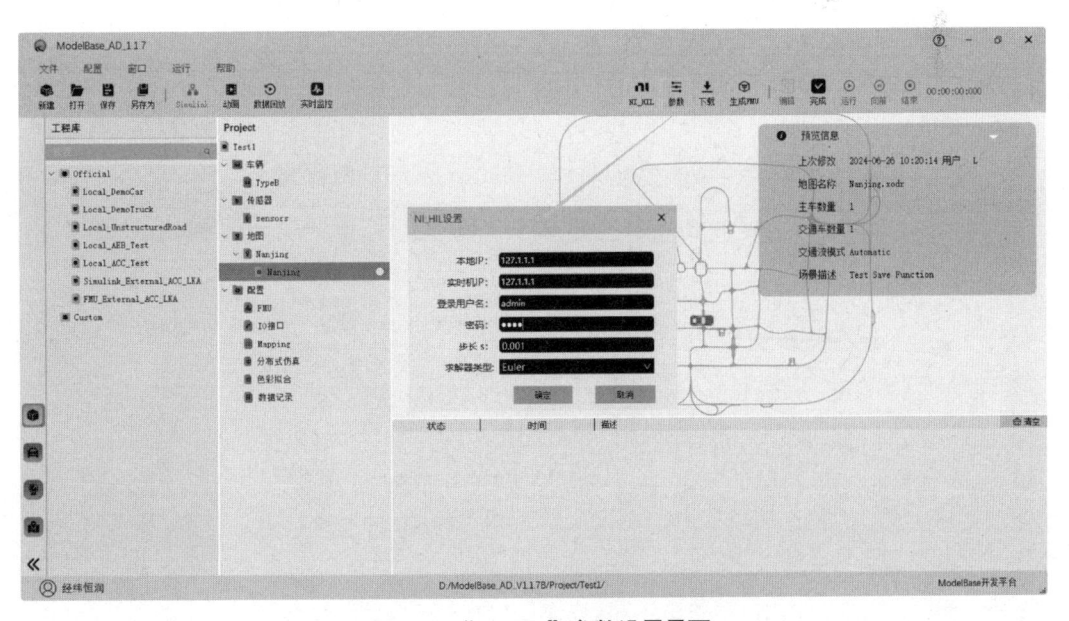

图 6-36　"NI_HIL"参数设置界面

（5）配置输入输出接口。双击"配置"节点下"输入输出接口选择"（或右击，在弹出的快捷菜单中选择"编辑 IO 接口"选项），在"输入 IO 选择"和"输出 IO 选择"选项中分别选择所需的输入输出信号，单击"确认"按钮。本节选择方向盘转角、加速踏板和制动踏板作为输入接口，没有选择输出接口。输入输出接口选择界面如图 6-37 所示。

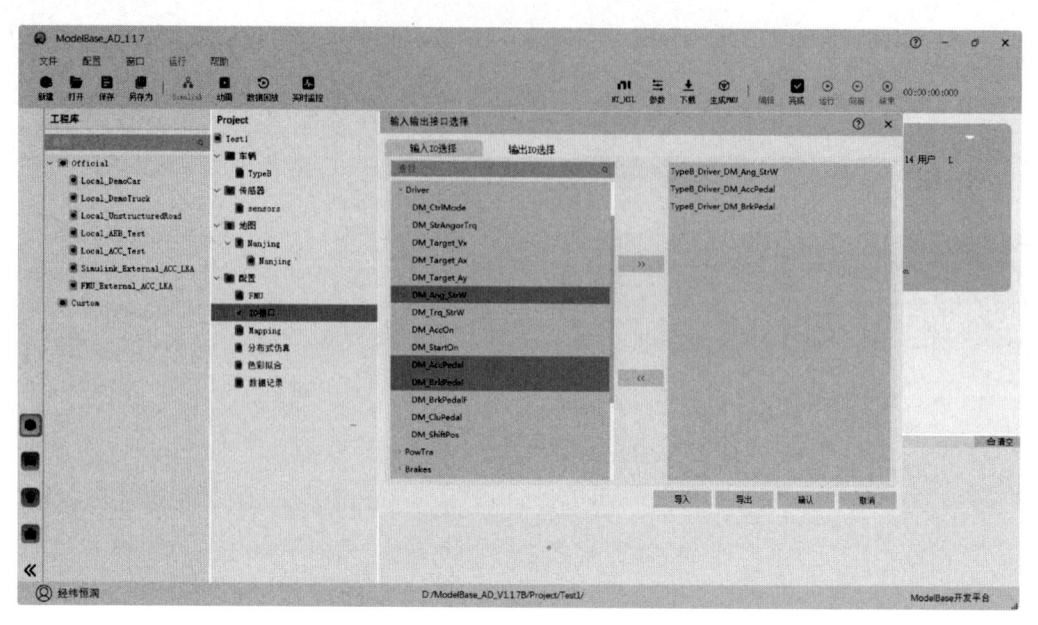

图 6-37　输入输出接口选择界面

（6）生成 FMU 文件。单击"生成 FMU"按钮，FMU 文件生成后，底部消息提示窗口会提示"后台程序：创建 fmu 配置文件成功"，生成的 FMU 文件的路径为软件包路径"/Test1（工程名）/data/NI/Modelbase.fmu"（见图 6-38）。

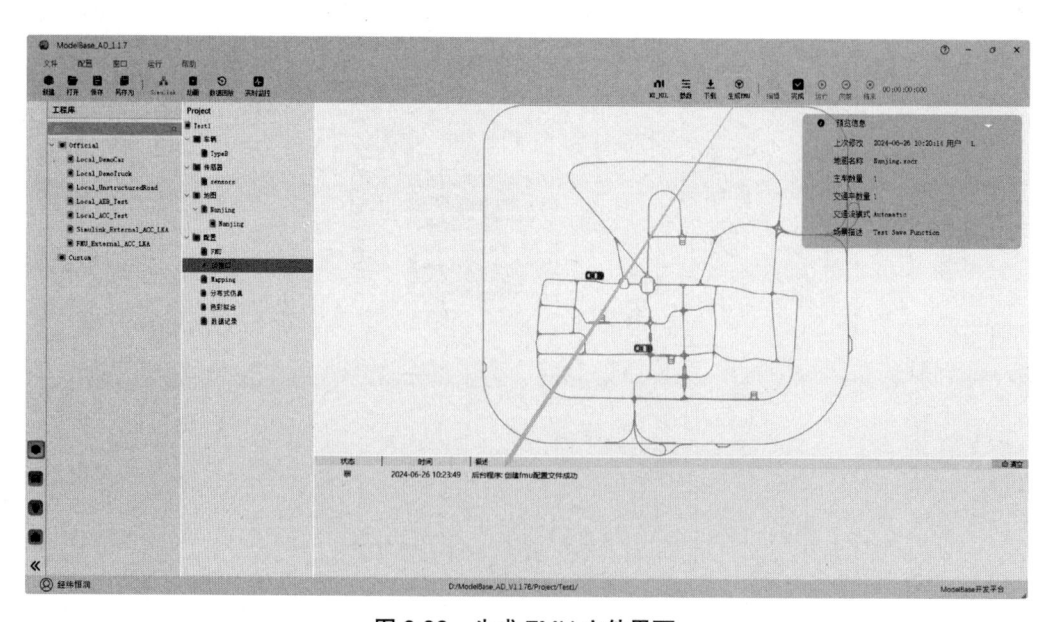

图 6-38　生成 FMU 文件界面

（7）创建 Veristand 工程。创建 Veristand 工程"test002"，打开 System Explorer 工具进行简单参数设置。Veristand 参数设置界面如图 6-39 所示。

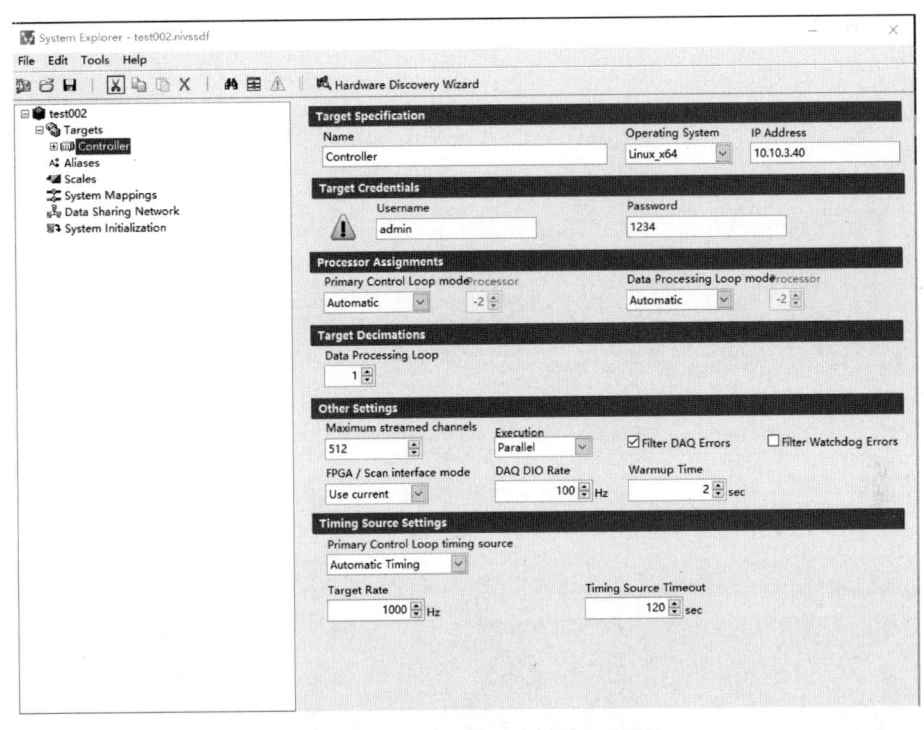

图 6-39  Veristand 参数设置界面

（8）在 Veristand 工程中添加 FMU 文件。在 System Explorer 工具中，展开 Controller，右击 Models，添加模型，导入步骤（6）生成的 FMU 文件，文件导入成功后，展开 ModelBase 模型，可以看到输入输出接口和步骤（5）添加的输入输出接口一致，且每个输入 IO 接口都增加了一个 Active 接口。如果想修改输入输出接口，需要重复进行步骤（5）、（6）和（8）。单击 System Explorer 工具左上角的"保存"按钮，退出 System Explorer。

（9）下载场景文件。在 ModelBase 主窗口单击"下载"按钮，将上位机的工程文件和当前被激活的场景文件下载到 NI 实时机中，文件在实时机中的存储路径为"home/lvuser/ModelBase/config"。文件下载成功后，底部的消息窗口将提示"后台程序：发送配置文件到实时机成功"（见图 6-40）。

（10）单击"完成"按钮（如果配置了机械式激光雷达和摄像头，一定要进行该步骤，否则机械式激光雷达和摄像头的图像界面不会自动打开），配置好的摄像头和机械式激光雷达窗口会自动打开，可根据需要调整各个窗口的大小和位置。仿真界面如图 6-41 所示。

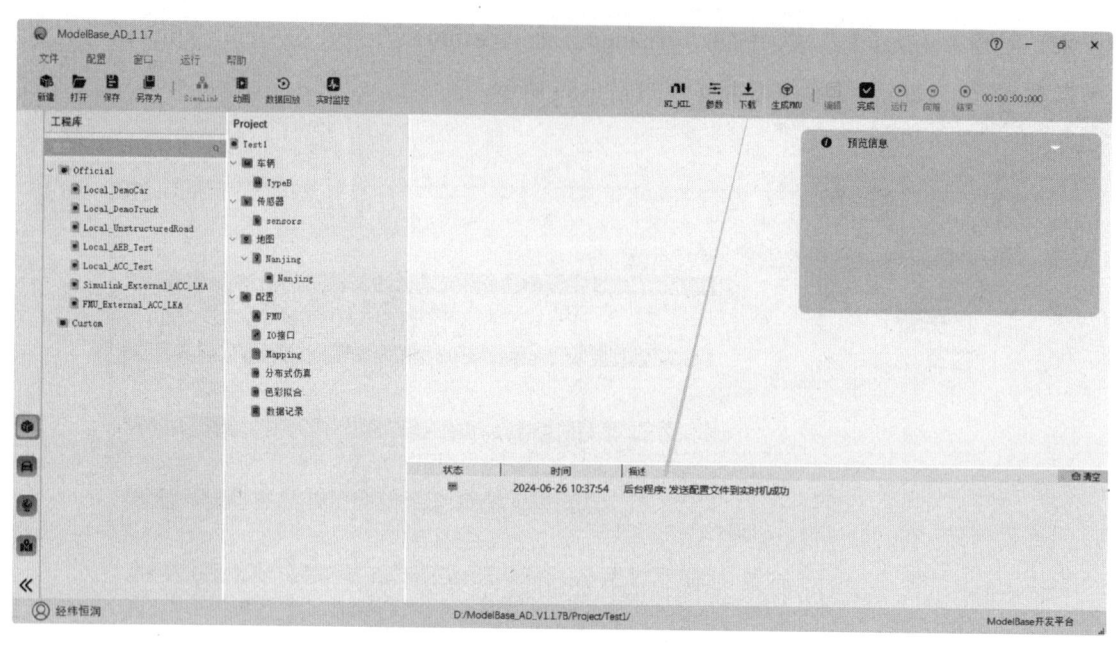

图 6-40　配置文件成功发送到实时机界面

图 6-41　仿真界面

（11）运行联合仿真。在 Veristand 界面上单击"deploy"按钮，等待一段时间，联合仿真开始运行。可通过 FMU 对应的 Model Command 控制仿真的运行、暂停、复位。仿真运行时的 log 文件存放路径为"home/lvuser/tmp/ModelBase.log"。若仿真运行时发生异常，则可打开该 log 文件查看原因。联合仿真界面如图 6-42 所示。

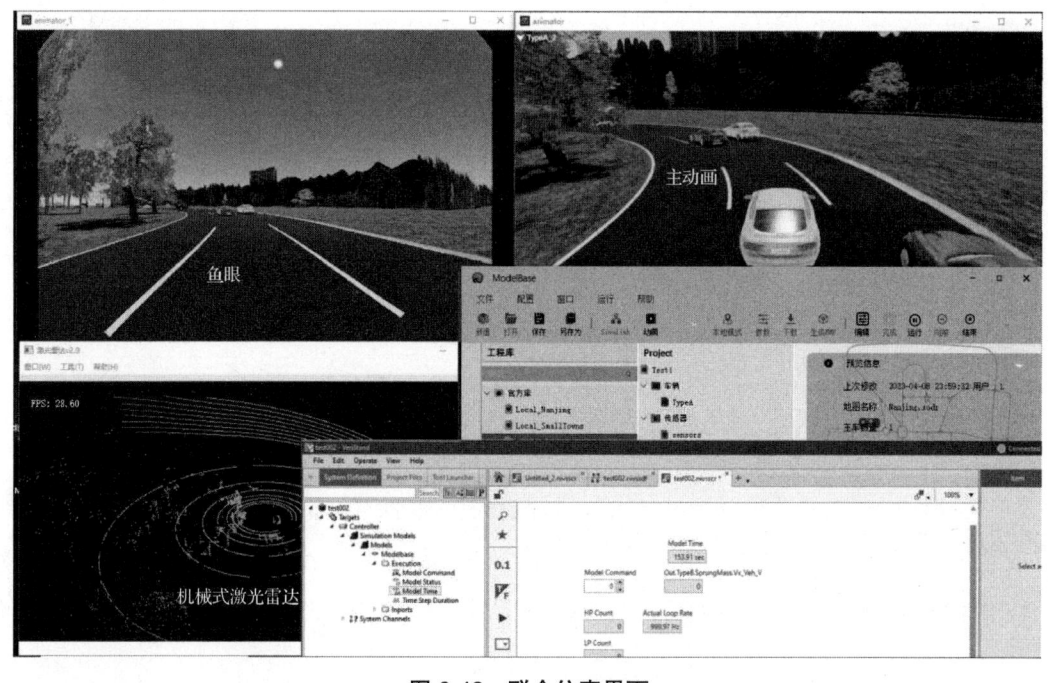

图 6-42　联合仿真界面

（12）在线切换运行场景。在 ModelBase 主窗口激活目标场景，单击"下载"按钮，将当前激活的场景下载到 NI 实时机中。在 Veristand 界面上，将 Model Command 参数先设置成 2，然后设置为 0，则开始运行新场景。

## 6.4.2　Concurrent 实时系统 HIL 联合仿真实例

本节对 Concurrent 实时系统的调用均通过 TCS 软件进行，ModelBase 与 Concurrent 实时系统的联合仿真流程如下。

（1）创建本地运行工程。打开 ModelBase 软件，新建工程 Test1，并添加主车 TypeB，使用道路编辑器和场景编辑器绘制工程道路并编辑相应场景，本节直接使用地图库中的 SmallTowns 地图及 SmallTowns 场景（需要右击"场景名称"，在弹出的快捷菜单中选择"激活场景"选项）。新建本地工程界面如图 6-43 所示。工程配置完成后，单击"运行"按钮，保证工程在本地模式下可正常运行。

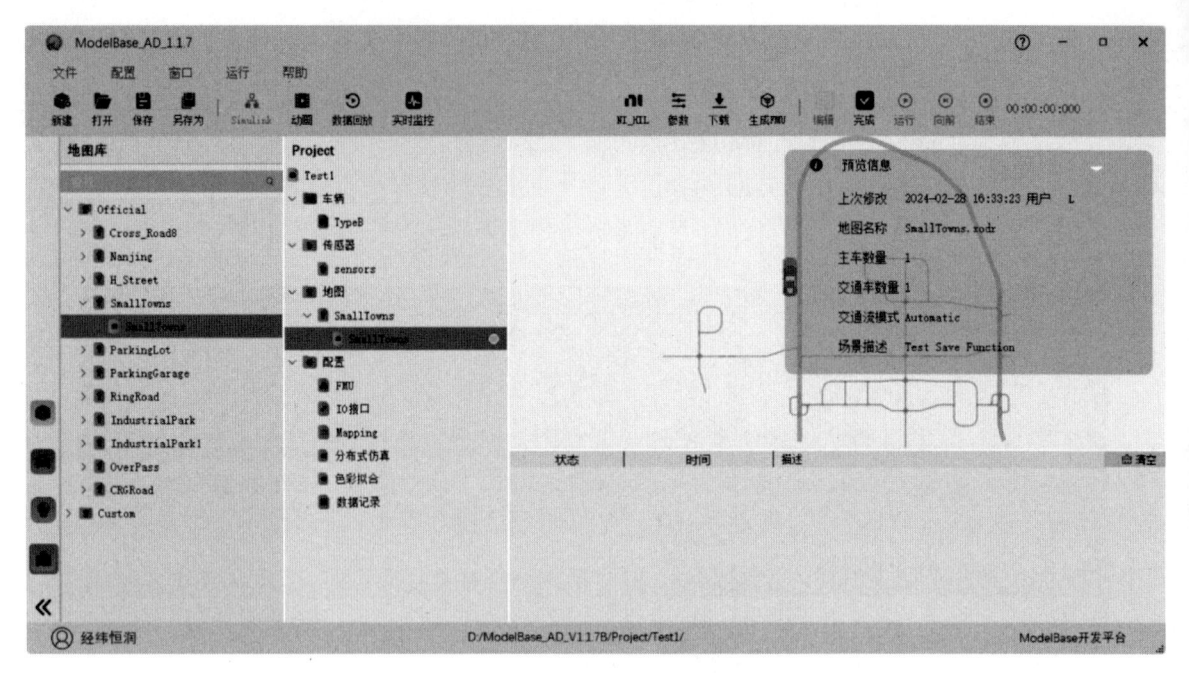

图 6-43　新建本地工程界面

（2）切换运行模式并设配置相关参数。运行模式切换为"CCUR_HIL"，单击"参数"按钮，在"本地 IP""实时机 IP""登录用户名""密码"文本框中输入相应参数，单击"确定"按钮。CCUR_HIL 参数设置界面如图 6-44 所示。

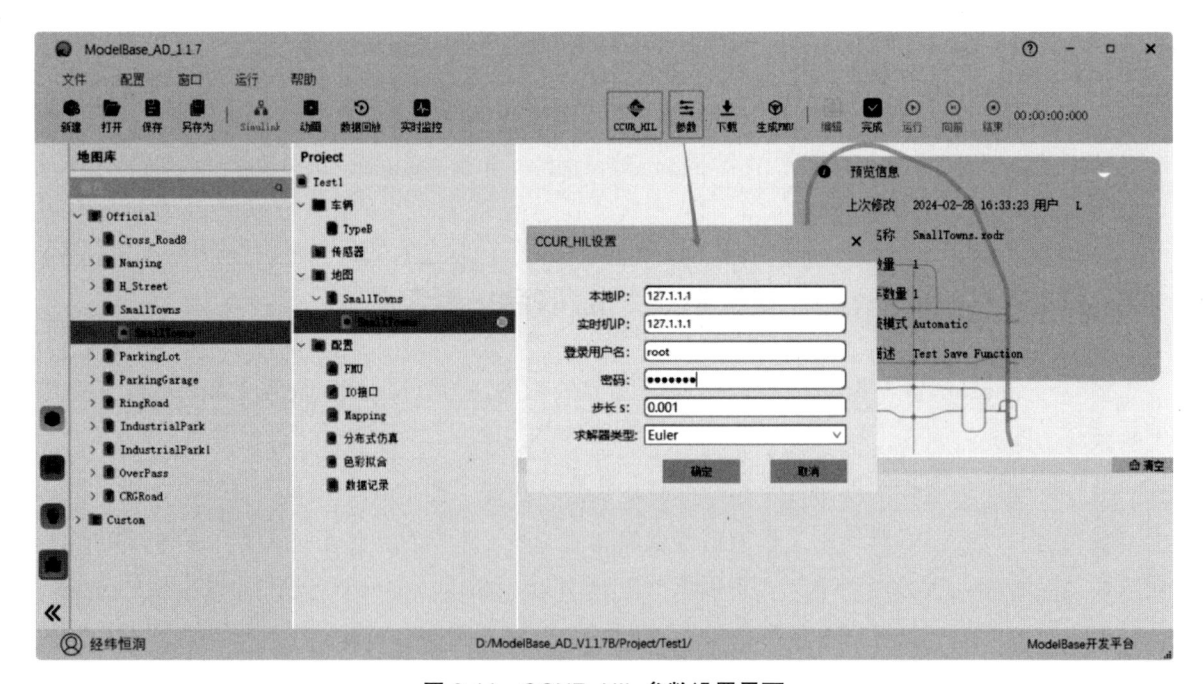

图 6-44　CCUR_HIL 参数设置界面

（3）生成 FMU 文件。单击"生成 FMU"按钮，FMU 文件生成后，底部消息提示窗口会提示"后台程序：创建 fmu 配置文件成功"，生成的 FMU 文件路径为软件包路径"/Test1（工程名）/data/CCUR/Modelbase.fmu"（见图 6-45）。

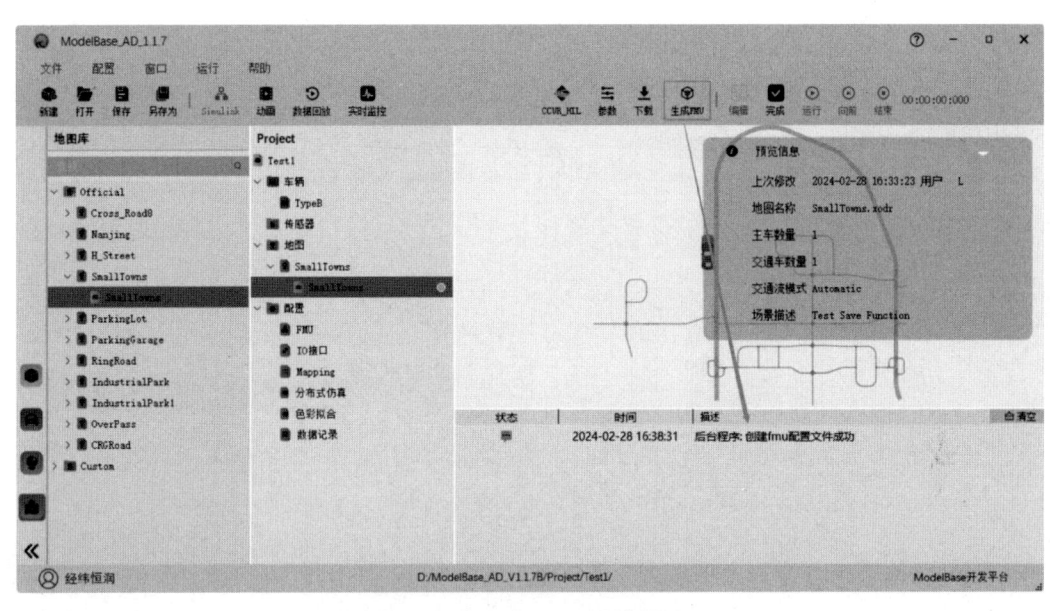

图 6-45　生成 FMU 文件界面

（4）创建 TCS 工程。新建 TCS 工程 Test1。右击"工程"节点下的"系统"节点，新建仿真系统，设置仿真系统的参数，单击"确定"按钮。在"实验"节点上右击新建一个布局 1（见图 6-46）。

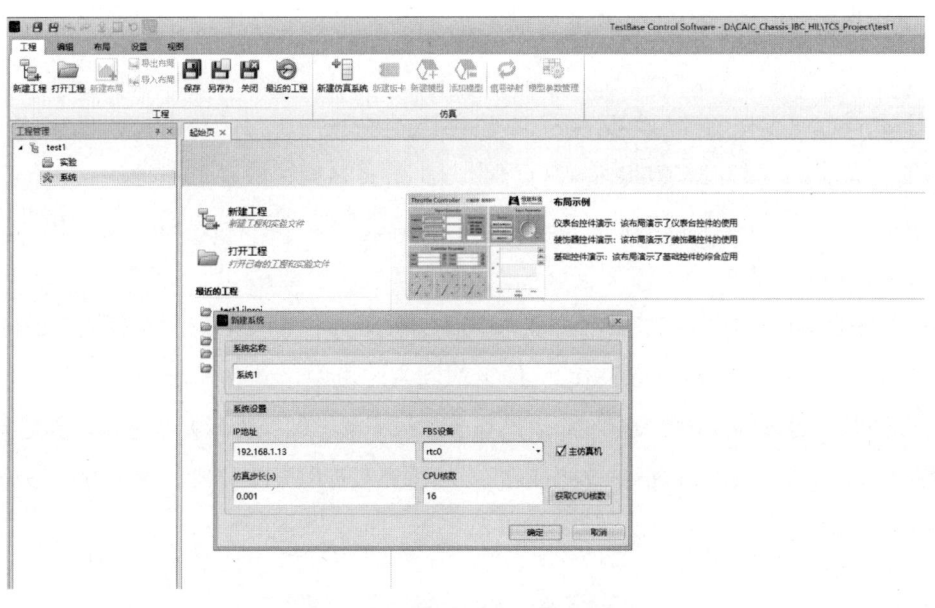

图 6-46　创建 TCS 工程界面

（5）在 TCS 工程中添加 FMU 文件。右击"工程"节点下的"模型"节点，在弹出的快捷菜单中选择"新建模型"选项，导入 6.4.1 节生成的 FMU 文件，并设置一个变量文件存储路径。在"参数"节点下，可看到 Model Command 参数默认是 1，ModelBase 模型默认处于暂停状态（见图 6-47）。

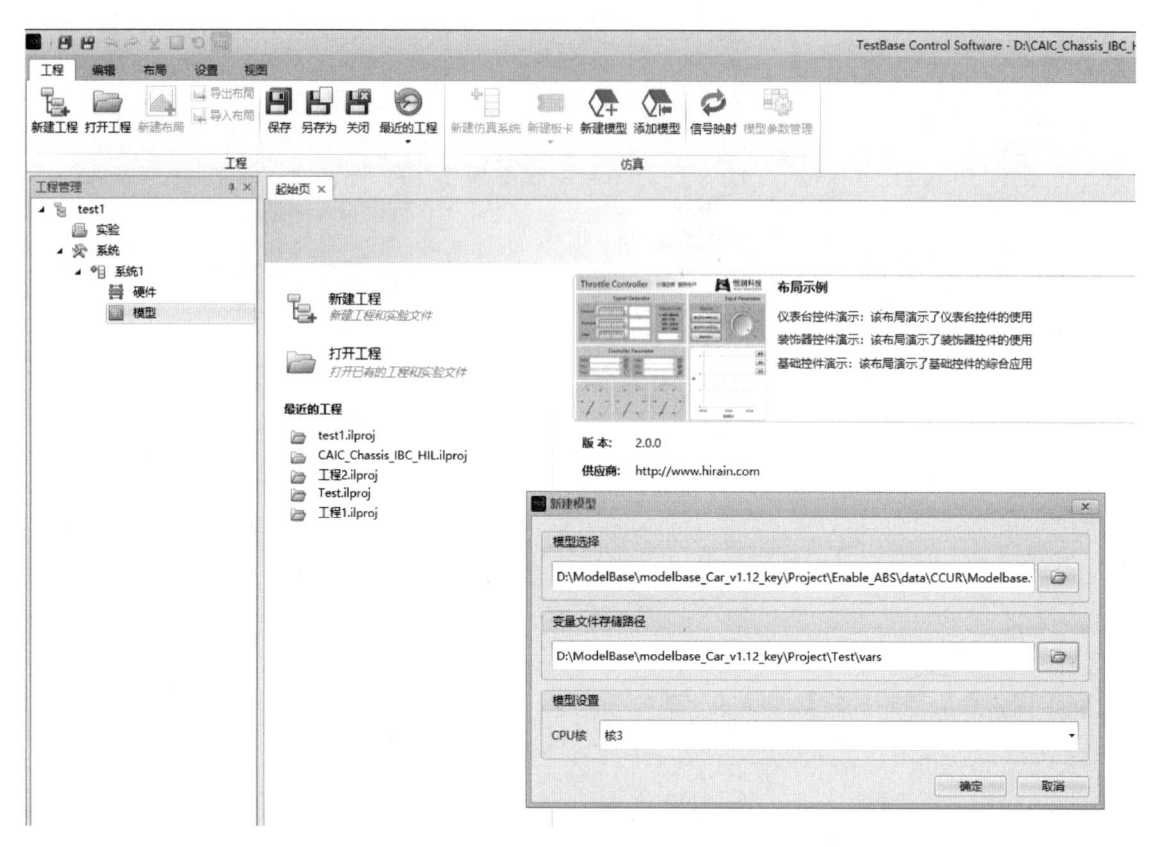

图 6-47  在 TCS 工程中添加 FMU 文件界面

（6）下载场景文件。在 ModelBase 主窗口单击"下载"按钮，将上位机的工程文件和当前被激活的场景文件下载到 CCUR 实时机中，文件在实时机中的存储路径为"computer/home/modelbase/config"。文件下载成功后，底部的消息窗口会提示"后台程序：发送配置文件到实时机成功"（见图 6-48）。

（7）运行联合仿真。把"参数"节点下的 Model Command 和输入 IO 接口选择拖曳到布局 1 中。单击"TCS 运行"按钮，TCS 会将 FMU 文件下载到实时机中，并且开始运行仿真。若将 Model Command 参数从 1 设置为 0，则 ModelBase 模型会从暂停状态切换为运行状态。仿真运行时的 log 文件存储路径为"computer /tmp/modelbase.log"。若仿真运行时发生异常，则可打开该 log 文件查看原因（见图 6-49）。

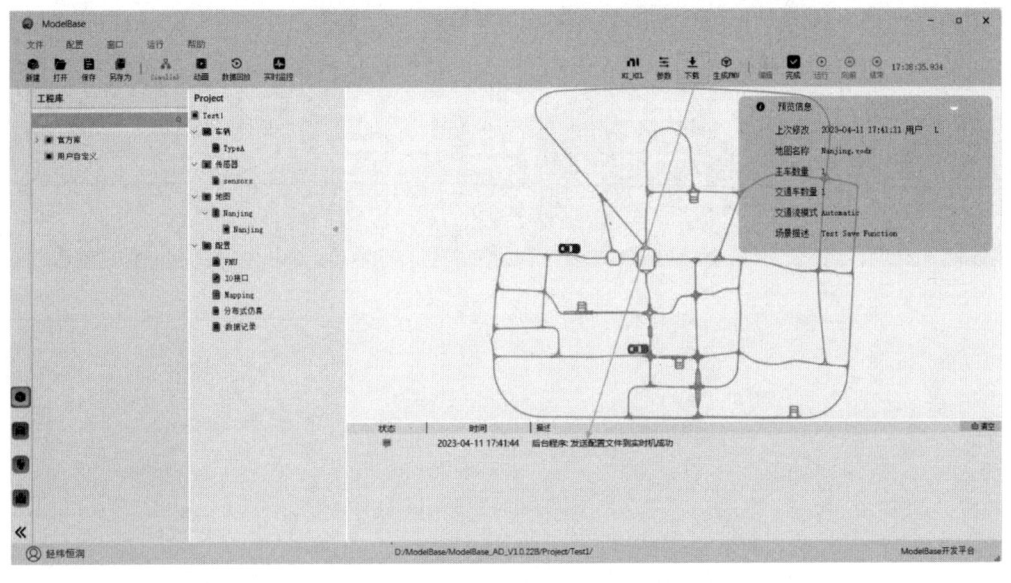

图 6-48 配置文件成功发送到实时机界面

图 6-49 联合仿真界面

（8）在线切换运行场景。在 ModelBase 主窗口激活目标场景（右击"场景名称"，在弹出的快捷菜单中选择"激活场景"选项）。单击"下载"按钮，将当前激活的场景下载到 CCUR 实时机中。在 TCS 界面上，将 Model Command 参数先设置成 2，然后设置为 0，则开始运行新场景。

# 思考题

1. 请问 MIL 仿真与 SIL 仿真有什么区别？
2. 如何实现 HIL 仿真？

# 第 7 章 趋势与展望

**导读**：本章主要介绍智能驾驶仿真的发展趋势与展望，包括智能驾驶仿真软件技术展望、工业软件辅助技术展望和国创数字化仿真云平台。通过本章的学习，读者可以深入了解智能驾驶仿真软件技术的发展趋势及国产智能驾驶软件平台的详细情况，为后续的汽车研发工作需求提供便利。

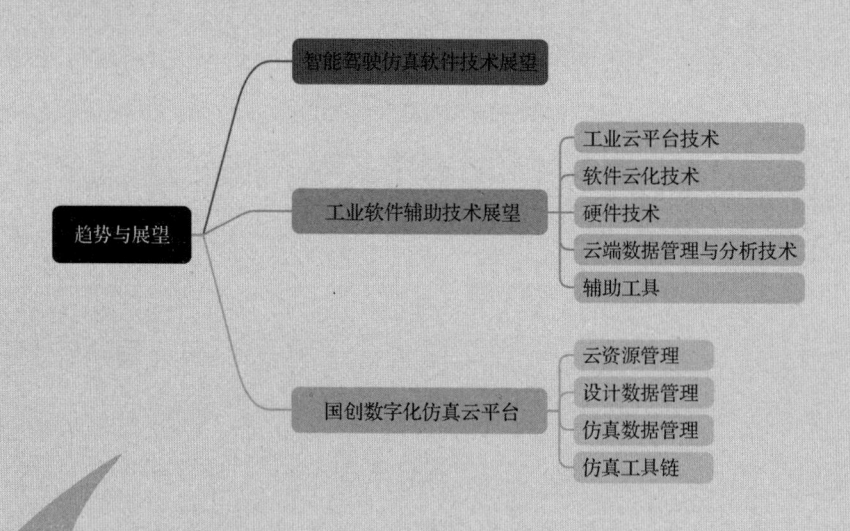

```
                    ┌── 智能驾驶仿真软件技术展望
                    │
                    │                         ┌── 工业云平台技术
                    │                         ├── 软件云化技术
       趋势与展望 ──┼── 工业软件辅助技术展望 ──┼── 硬件技术
                    │                         ├── 云端数据管理与分析技术
                    │                         └── 辅助工具
                    │
                    │                         ┌── 云资源管理
                    │                         ├── 设计数据管理
                    └── 国创数字化仿真云平台 ──┼── 仿真数据管理
                                              └── 仿真工具链
```

## 7.1 智能驾驶仿真软件技术展望

目前，市场上的智能驾驶仿真软件都存在不同问题，如车辆动力学模型精度不够、动画场景不够逼真、传感器数据不够真实等。针对这些问题，不少高校和企业都在不断探索，寻求结合其他领域的技术推动智能驾驶仿真软件朝着更加精细化的方向发展。

深度学习和车辆动力学模型的结合是近年来行业研究热点之一，针对车辆动力学模型过于复杂且精度不够的问题，行业专家提出用深度学习的方法训练车辆动力学模型。由于需要的数据过于庞大且缺乏硬件计算资源，目前国内没有推出较为出色的产品，随着市场的发展和相关配套技术的进步，用深度学习训练车辆动力学模型将会变成现实。

随着大模型的蓬勃发展，动画场景不够逼真的问题可能会得到彻底解决，利用大模型直接将真实世界映射到虚拟动画场景中，或者根据真实世界场景直接泛化出各种典型的动画场景，这会彻底解决智能驾驶仿真测试中场景不够真实、手动搭建场景效率低等问题，将极大促进智能驾驶行业的发展。

## 7.2 工业软件辅助技术展望

### 7.2.1 工业云平台技术

工业云平台技术具有强大的数据处理能力和灵活的集成性，能为企业建立一个统一产品开发业务流程、研发数据及研发工具的管理平台，包括软件上云、线上协同及数据上云。该技术支持汽车研发设计全生命周期流程的云端管理，贯通从汽车设计、仿真到测试验证的所有环节，实现汽车研发仿真的全流程化集成和管理、数据共享和协同设计；不仅促进跨部门、跨领域的数据流动和信息交流，提升整体研发效率，而且保证了研发质量，赋能整车企业和零部件厂商的数字化转型（见图 7-1）。

图 7-1 工业云平台蓝图

### 1. 软件上云

从单机软件到云端软件的转变，成功解决了长期困扰企业的软件孤岛问题。将许可统一部署在云端，不仅可以实现软件许可的统一监控和管理，更使软件许可的自动调配成为可能，极大地增强了灵活性，有效避免了资源闲置。

### 2. 线上协同

从传统的线下任务分配模式转型为线上协同任务分配，是解决软件人员孤岛问题、提升团队协作效率的关键步骤。通过智能化的任务分配系统，团队可以快速、准确地根据成员的能力、工作量和项目需求，对任务进行自动或手动分配。系统能够实时更新任务的状态和进度，每个团队成员都可以随时查看任务列表，了解当前的工作进度。

### 3. 数据上云

数据管理从本地离线到线上统筹的转变，已经成为解决软件数据孤岛问题的关键。数据统一线上管理，极大地丰富了企业的数据资产。过去，数据散落在各个部门、各个团队的本地存储中，难以形成统一的数据视图。而现在，所有数据都集中存储在线上平台，形成宝贵的数据财富。

## 7.2.2 软件云化技术

软件云化一般可采用云原生技术、虚拟可视化技术等云计算技术，与 AI 大模型相结合，建设超大规模的云计算数据中心。软件云化技术为操作简单、远程可视化、轻量化、无感知的云端工业软件的软件服务提供了技术支撑，实现了资源的高效调度和灵活分配，使企业可以按需获取计算资源、存储资源和网络资源，从而降低运营成本，提高运营效率。

云原生技术的兴起为应用开发和管理带来了革命性的变化。容器化、微服务、自动化部署等云原生技术，在提高应用的可靠性和可伸缩性的同时，使应用程序能够更快速地完成部署和更新。这不仅加快了企业的创新速度，还提升了用户体验。

虚拟可视化技术充分利用 GPU（图形处理器）的图形处理能力，采用集群化部署，支持多机冗余和负载均衡；通过远程可视化协议，支持二维/三维软件可视化，为工业软件提供基于 B/S 架构的、兼容不同操作系统的、跨平台的远程虚拟应用。

云计算与 AI、大数据、物联网等技术的融合，催生出一系列新的应用场景。例如，通过云计算平台，企业可以轻松地处理和分析海量数据，从中挖掘出有价值的信息，并将其作为决策依据。

### 7.2.3 硬件技术

GPU 和 CPU 作为计算机硬件技术的两大核心，近年来取得了显著的技术进步。

多核心、高性能的 CPU 被广泛应用于云计算服务器中。例如，现代处理器的 Intel Xeon 或 AMD EPYC 系列，它们的多核设计和高级功能使云计算系统能够处理更大量的数据，以及完成更复杂的计算任务。

同时，GPU 也为云计算提供了强大的计算能力，尤其在图形渲染、深度学习及 GPU 加速计算等方面，不断刷新了工业软件的计算速度。未来，CPU 可在物理模拟、数据分析等方面发挥更大优势。

### 7.2.4 云端数据管理与分析

云端数据管理是利用计算机硬件和软件技术对数据进行有效的收集、存储、处理和应用的过程，将数据转化为有用的信息以支持业务决策和运营，包括数据规划、数据建模、数据架构设计、数据存储和备份、数据安全和隐私、数据质量管理、数据集成和共享、数据分析和挖掘等。

随着计算机技术的发展，数据管理经历了从人工管理、文件系统到数据库系统等多个阶段，数据管理的技术和方法在不断更新和完善。现代数据管理技术包括关系型数据库管理系统、非关系型数据库、数据仓库、数据湖、大数据分析与处理、数据挖掘技术，以及实时数据处理等，这些技术都在不同的场景中发挥重要的作用。

实时数据流处理系统能够实时接收、处理和分析数据流，实时捕捉和响应数据的变化，进而进行实时决策和预警，适用于需要实时响应场景，如汽车智能物联网。

### 7.2.5 辅助工具

面向汽车设计及仿真业务流程，通过调度器建立仿真工具链，可以实现复杂工具流程（如整车被动安全、Trimmed Body）和多学科耦合（如结构疲劳、流固耦合）流程的标准化及自动化；封装现有程序和脚本（前后处理、求解器等），发布为功能块（Functional Block），对复杂的工具子流程（Sub-Procedure）也可封装为功能块，便于工程师管理和调试。功能块之间通过文件或进程接口相互实现数据传输。系统预先封装一批常用的前后处理和求解器等工具软件，以及逻辑控制等内置功能块，便于工程师将仿真规范搭建为流程并通过 AI 智能算法持续优化应用。

## 7.3 国创数字化仿真云平台

国创数字化仿真云平台是一个面向整车设计研发的、汇聚多款国产自研汽车设计仿真商业软件产品的、能提供汽车设计研发全生命周期管理的云服务平台。该云平台汇集支持汽车仿真分析中的热管理仿真分析、碰撞安全性分析、汽车电控算法科学计算、多物理场仿真验证等多个商业化国产自研软件工具，通过统一平台为用户提供服务，降低许可费用，减轻汽车厂对于未来商业软件使用权限的焦虑，同时为大学培养新型仿真工程师提供一体化教育平台，促进汽车研发产业健康发展。

该云平台由4大模块组成，云设计平台、仿真工具链、仿真数据管理、设计数据管理。云设计平台作为整个云平台的基础底座，承载其余3个模块，对整车研发流程完成从0到1的支持。

### 7.3.1 云资源管理

云平台支持 Windows 和 Linux 操作系统上常见的三维设计仿真应用及办公教学应用，可跨操作系统、跨地理位置对所需资源进行访问。云平台采用高安全级别的可视化协议，该可视化协议支持图形传输、操作传递、共享、加密/解密、数据压缩等。其技术要点参考当前主要可视化协议的功能要求、技术特性，同时又独立于当前主要可视化协议，形成自主可控的、新的协议栈与协议层。

云平台的资源管理与调度功能支持多种类型应用软件的通用中间件集成应用，包括机械行业设计软件、仿真软件、芯片设计软件、科学计算软件、大数据分析软件等。这些不同类型的应用软件可以被同时集成到资源管理与调度软件管理的计算集群中，从而实现多领域、多学科、多种类型应用资源的充分共享。云平台采用混合云方式实现资源的弹性伸缩配置。云架构如图7-2所示。

### 7.3.2 设计数据管理

设计数据管理系统依托于云设计平台，可提供企业级项目管理服务，主要包括项目库管理服务、模板管理服务、计划管理服务、经费管理服务等。引擎也可提供产品设计数据管理服务，对产品设计过程和设计数据管理场景进行支撑，在统一建模基础上，实现产品设计数据管理服务，主要包括产品结构（E-BOM）管理服务、零部件管理服务、图文档管理服务、审批管理服务、变更管理服务、基线管理服务、工作流管理服务，以及编码权限服务等基础功能服务。设计数据管理如图7-3所示。

图 7-2 云架构

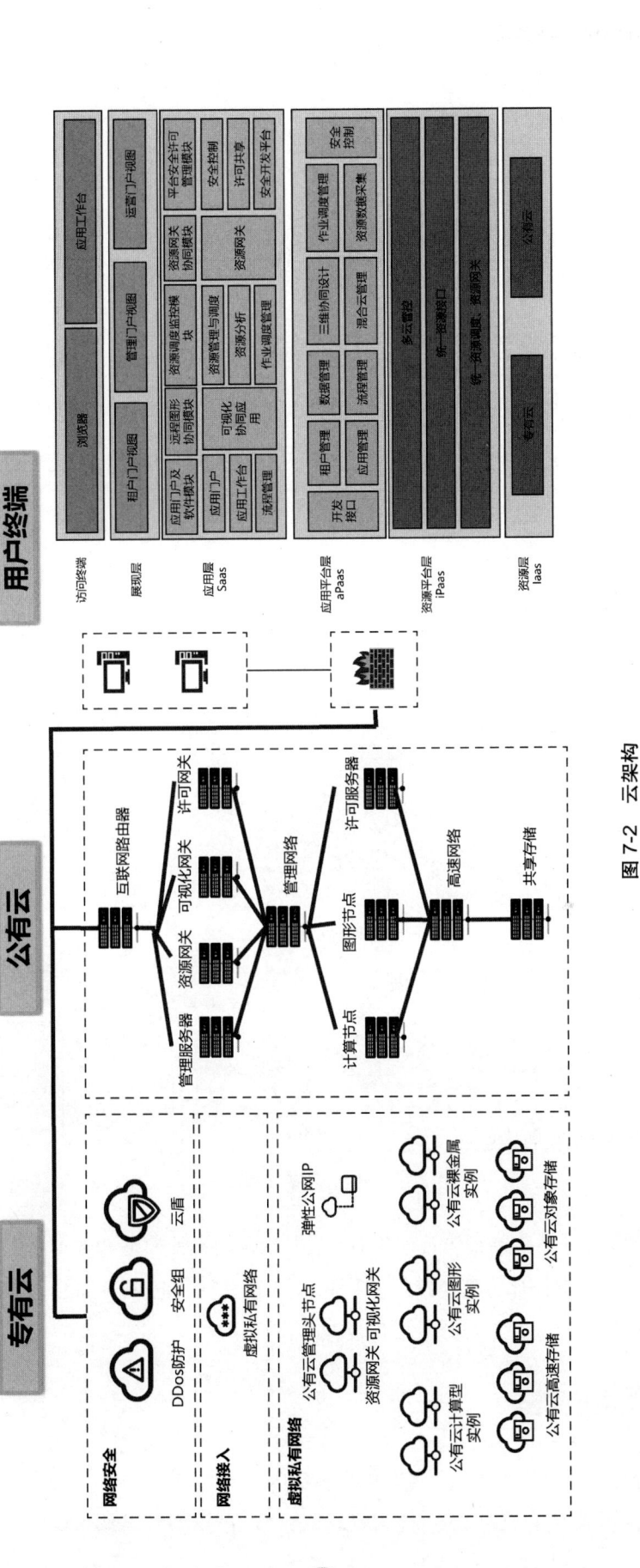

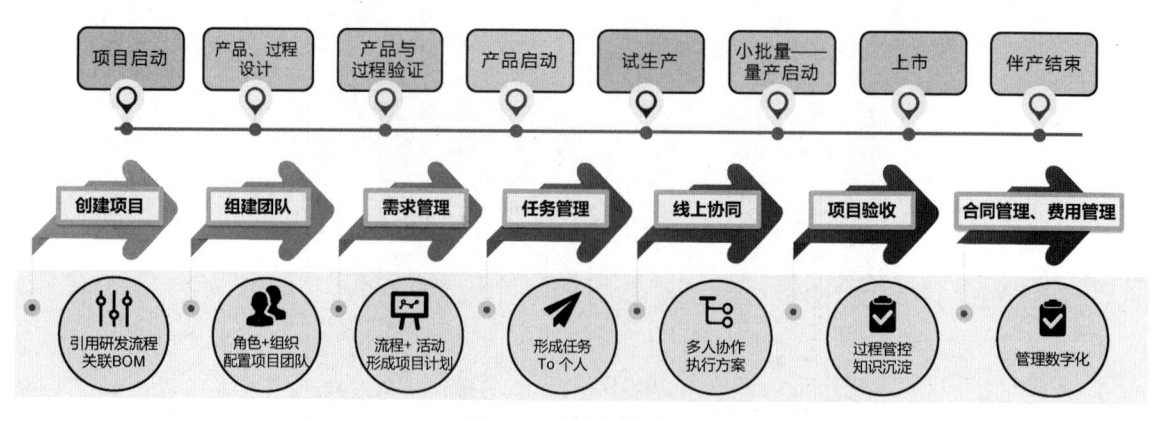

图 7-3 设计数据管理

### 7.3.3 仿真数据管理

仿真数据管理依托云设计平台，可建立整车研发平台管理汽车仿真流程，分解整车性能目标，并根据开发目标分配仿真任务，实现业务流程的标准化及自动化。仿真数据管理如图 7-4 所示。

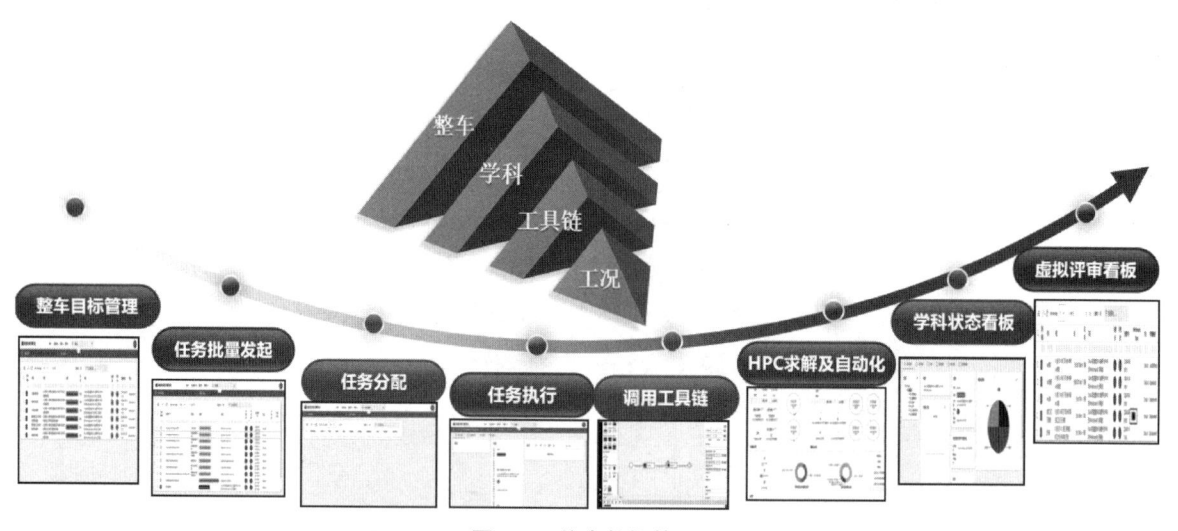

图 7-4 仿真数据管理

在引擎中，仿真工程师在接到仿真任务后，根据接收的设计模型和数据，开展仿真验证工作，并按照相应分析工况要求执行仿真任务，包括前处理、求解、后处理、生成仿真报告等。在仿真后，仿真完成工程师将仿真验证结果及分析报告反馈给设计师。

### 7.3.4 仿真工具链

仿真工具链依托云设计平台，可实现仿真模型及结果复用、仿真流程封装、多学科联合仿真封装、多物理场参数优化。为了支持国产软件替代，在模型复用场景中，以标准格式作为中间介质，为工具软件厂商和第三方文件搭建桥梁，打通多学科间的数据壁垒，快速实现已有商业模型在国产软件中的复用。仿真工具链如图 7-5 所示。

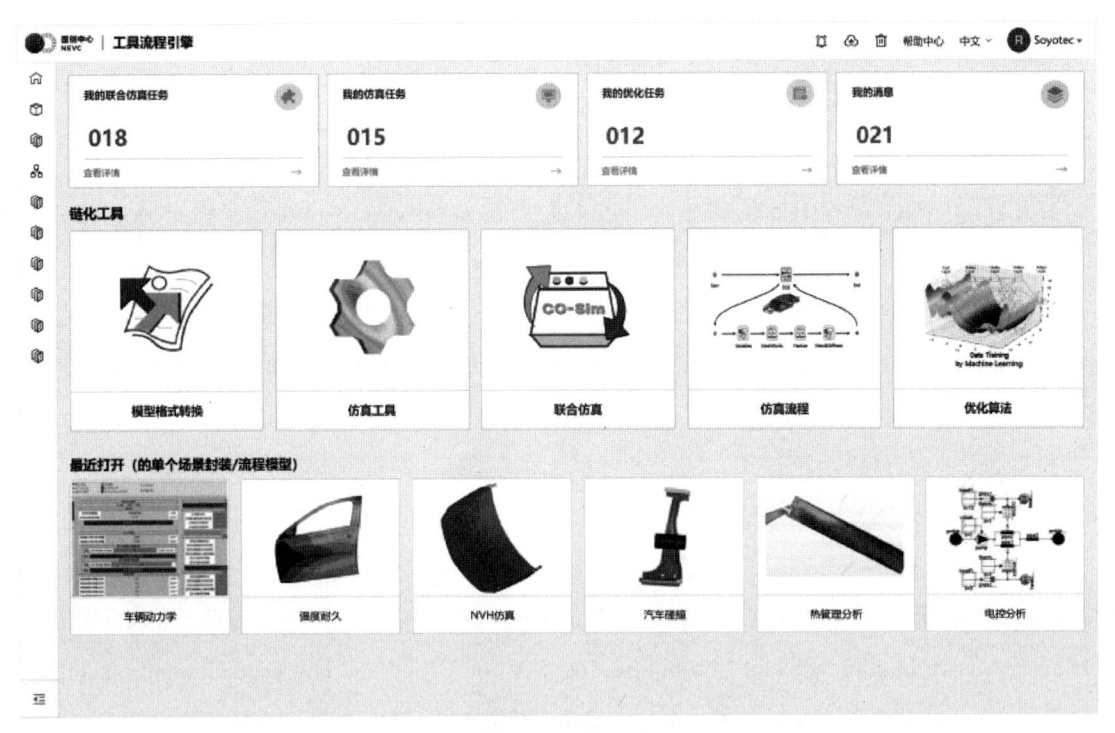

图 7-5　仿真工具链

读者可以通过扫描封底二维码查看国创数字化仿真云平台的相关操作演示。

# 参考文献

[1] 北京五一视界数字孪生科技股份有限公司．汽车自动驾驶仿真测试蓝皮书 [M]. 北京：电子工业出版社，2020：247.

[2] JIANQIANG W, SHENGBO L, XIAOYU H, et al.Driving Simulation Platform Applied to Develop Driving Assistance Systems[J]. IET Intelligent Transport Systems, 2010, 4(2): 121-127.

[3] YANG M, WAN N, WANG B, et al.CyberTORCS: An Intelligent Vehicles Simulation Platform for Cooperative Driving[J].International Journal of Computational Intelligence Systems, 2011, 4(3): 378-385.

[4] 苏致远，马育林，李建市，周晶晶．基于多缩微车的智能交通半实物仿真平台 [J]. 兵工自动化，2016，35（8）：5-8.

[5] XUE D, CHENG J, ZHAO X, et al. A Vehicle-in-the-Loop Simulation Test Based Digital-Twin for Intelligent Vehicles[C]. 2021 IEEE Intl Conf on Dependable, Autonomic and Secure Computing, Intl Conf on Pervasive Intelligence and Computing, Intl Conf on Cloud and Big Data Computing, Intl Conf on Cyber Science and Technology Congress (DASC/PiCom/CBDCom/CyberSciTech), AB, Canada, 2021: 918-922.

[6] GENG D, GUO K, ZHENG Y, et al. Rsearch on Vehicle Dynamics Based on Intelligent Driving Simulation Test[C]. Society of Photo-Optical Instrumentation Engineers (SPIE) Conference Series, 2022, 12460.

[7] SUN Y, YANG X, XIAO H, et al. An Intelligent Driving Simulation Platform: Architecture, Implementation and Application[C]. 2020 International Conference on Connected and Autonomous Driving (MetroCAD), Detroit, MI, USA, 2020: 71-75.

[8] CHIEW Y S, ABDUL JALIL M K, HUSSEIN M. Kinematic Modeling of Driving Simulator Motion Platform[C]. 2008 IEEE Conference on Innovative Technologies in Intelligent Systems and Industrial Applications, Cyberjaya, Malaysia, 2008: 30-34.

[9] KAUR P, SOBTI R. Scenario-Based Simulation of Intelligent Driving Functions Using Neural Networks[C]. 2018 9th International Conference on Computing, Communication and Networking Technologies (ICCCNT), Bengaluru, India, 2018: 1-5.

[10] 蒋文英．浅析制动故障的原因及解决措施 [J]. 装备维修技术，2015（2）：21-24.

[11] 余志生．汽车理论（第 5 版）[M]. 北京：机械工业出版社，2009.

[12] 王士焜，张峻荧，周正，等 . 一种基于 VTD 的智能驾驶仿真场景复现方法 [J]. 汽车科技，2022（3）：56-60.

[13] 俞阿龙，李正，孙红兵，等 . 传感器原理及其应用 [M]. 南京：南京大学出版社，2017.

[14] 邓彧俊 . 基于毫米波 MIMO 雷达的多目标生命体征检测 [D]. 武汉：华中科技大学，2022.

[15] 王昱昊 . 网联汽车随机预测巡航控制及参数自学习方法研究 [D]. 吉林：吉林大学，2022.

[16] 王罂 . 基于联合仿真的车道偏离预警及车道保持系统研究 [D]. 西安：长安大学，2019.

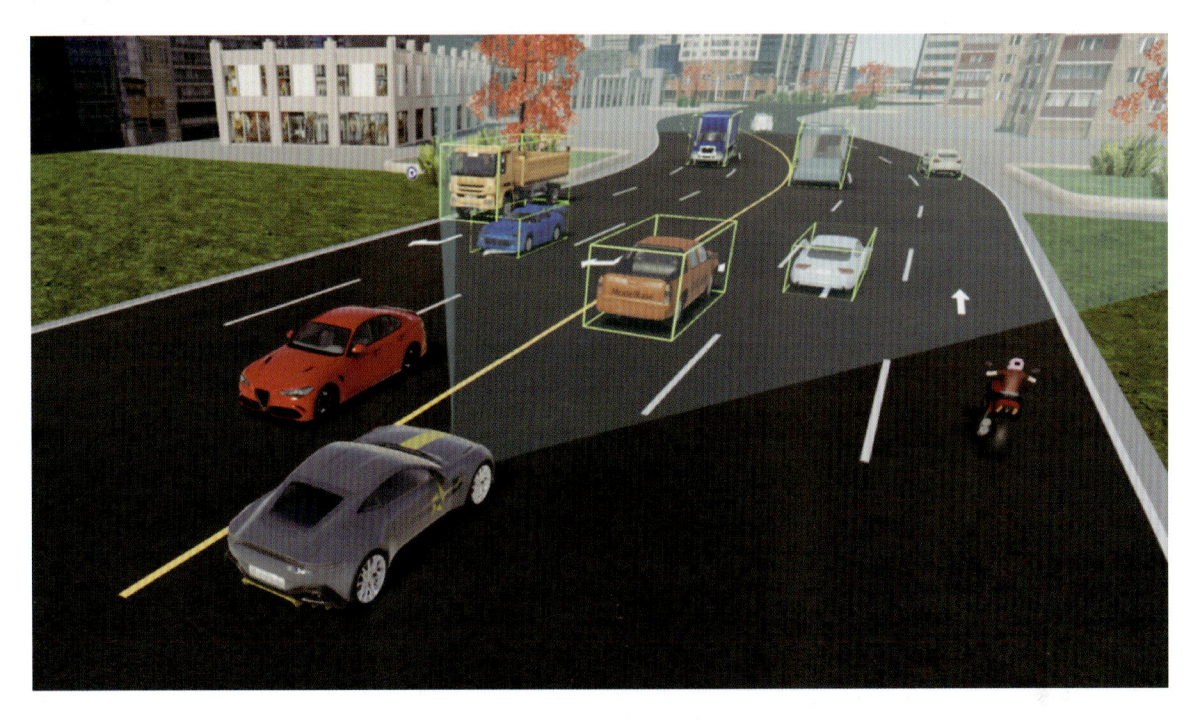

图 1-2　ModelBase 软件动画渲染效果

图 5-76　车辆进行自主代客泊车算法测试界面

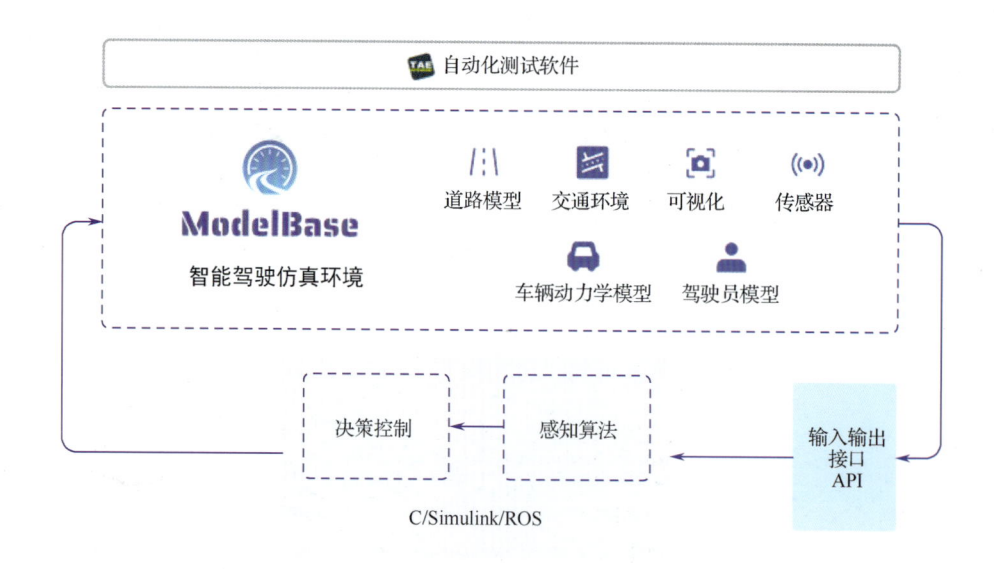

图 6-19　SIL 仿真平台

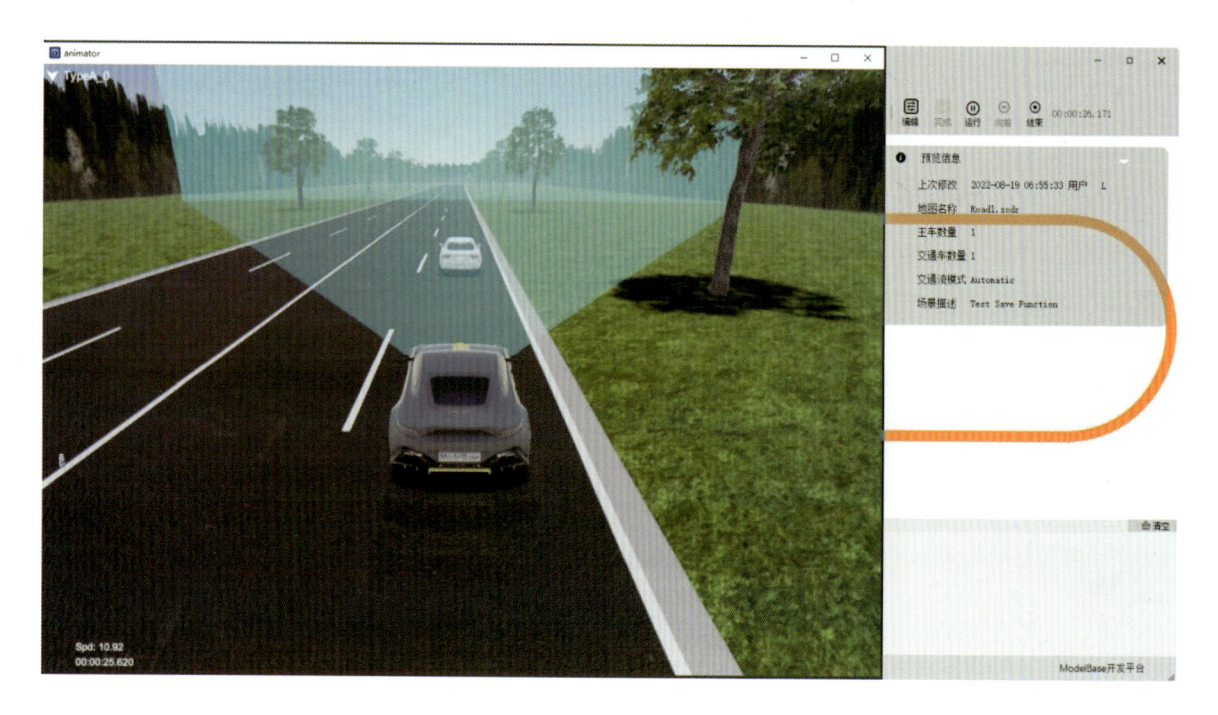

图 6-27　仿真动画运行界面